信用创造、货币供求与经济结构

Credit Creation, Money and Economic Structure

李斌　伍戈◎著

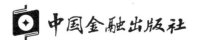

中国金融出版社

责任编辑：张　驰
责任校对：刘　明
责任印制：丁淮宾

图书在版编目（CIP）数据

信用创造、货币供求与经济结构/李斌，伍戈著．—北京：中国金融
出版社，2014.12
　ISBN 978 - 7 - 5049 - 7698 - 7

　Ⅰ．①信…　Ⅱ．①李…　②伍…　Ⅲ．①信用货币—研究 ②货币—供
求关系—研究　Ⅳ．①F820

中国版本图书馆 CIP 数据核字（2014）第 276612 号

信用创造、货币供求与经济结构
XINYONG CHUANGZAO、HUOBI GONGQIU YU JINGJI JIEGOU
出版
发行　中国金融出版社
社址　北京市丰台区益泽路 2 号
市场开发部　　（010）66024766，63805472，63439533（传真）
网 上 书 店　www.cfph.cn
　　　　　　　（010）66024766，63372837（传真）
读者服务部　　（010）66070833，62568380
邮编　100071
经销　新华书店
印刷　保利达印务有限公司
尺寸　169 毫米 × 239 毫米
印张　24.75
字数　316 千
版次　2014 年 12 月第 1 版
印次　2023 年 11 月第 11 次印刷
定价　58.00 元
ISBN 978 - 7 - 5049 - 7698 - 7
如出现印装错误本社负责调换　联系电话（010）63263947

序 一

近年来，货币金融问题已越来越成为宏观经济政策讨论的焦点领域之一，特别是 2008 年爆发的国际金融危机更为这一趋势起到了推波助澜的作用。现实中，绝大部分经济学家都没有预料到此次国际金融危机对全球经济的影响会如此巨大和深远，国际金融危机的全面爆发至今已逾六年的时间，尽管各经济体都努力从 20 世纪应对"大萧条"的冲击中汲取经验教训，也都迅速采取了逆周期宏观财政政策和货币政策，甚至是"超常规"的政策，但目前大多数发达经济体仍陷入持续的经济疲弱和结构调整不力的泥潭之中。

尽管货币金融问题如此重要，但近年来有关这方面的系统性书籍却不多见，结合中国现实国情的有价值的货币论著更少。怀着先睹为快的心情，我通读了李斌博士和伍戈博士的这本专著，掩卷沉思，不禁被这本书的结构分析视角、货币主义逻辑框架以及历史主义的演进脉络所吸引。本书既充满现代经济学的一般方法论，又饱含浓厚的中国本土气息，学术的严谨性和行文的流畅性，使得整个阅读过程充满愉悦之感。具体来说，有以下几点初步的读后感想：

一是本书创新性地采取了结构化视角来观察中国的现实货币问题。货币一般都被视作宏观经济中的总量问题，货币政策也是作为总需求调节的工具来加以运用。但近年来的国内外经济金融事实似乎更加明确地告诉我们，对货币问题的探讨不能离开对经济结构的考察，否则很可能会出现"皮之不存，毛将焉附"的思维困境；同样，运用货币政策的同时不能忽视解决深层次的经济结构性问题，否则很可能会遭遇"事倍功半"或"过犹不及"的政策迷局。对于中国这样具有新兴加转轨特征的经济体，经济结构性矛盾往往更加突出，各种结构性变化如同各类"冲击"作用于宏观经济，这也使与之紧密相关的货币问题变得更加复杂和不确定。这种影响不仅体现在货币需求、货币供给方面，也体现在货币供求均衡以及货币与通胀、产出等实体经济变量的交互动态上。因此，引入结构视角来分析和研究这些问题，就显得十分重要。

二是本书贯穿了货币主义的逻辑框架，并将其融会于中国的政策实践探讨之中。本书给人的一个直观美感在于其逻辑框架系统、论证思路完整。其分析框架与传统货币金融理论是一脉相承的：首先谈货币的起源及信用创造，这对应的是经典理论中的货币供给部分；其次论述货币需求的结构性变化；最后再探讨货币供求均衡等问题。值得一提的是，上述每个方面的论证都不是"纸上谈兵"，而是充分结合了中国货币金融领域的突出问题和货币政策实践。两位作者在传统货币数量论的基础上，创新性地探讨了货币信用创造的新渠道、时变性的菲利普斯曲线、M2/GDP 动态演进路径以及结构性通胀等诸多重要现实问题，许多概念与论证方式都让人有耳目一新的感觉，这可能与李斌博士和伍戈博士长期在中央银行货币政策操作一线工作有关，这也使他们对此类问题的把握更敏感、更前沿。通读全书，我们既可以充分感受到他们对传统货币数量论的深刻理解，也可以清晰看到他们对货币主义理念的传承、创新与发展所进行的探索。

三是该书紧扣了历史主义的演进脉络，将中国的货币金融发展与宏观经济动态有机结合。"以史为镜"，是该书行文的一个突出特点。李斌博士与伍戈博士在对基本货币规律的论证过程中，紧紧围绕了国内外经济金融历史发展的鲜活主线：从危机前全球失衡的大背景到危机后货币信用创造渠道的新变化，从产业结构变化对潜在产出的影响到通胀—产出关系的动态变化，从流动性过剩（不足）到结构性通胀（通缩）以及广受争议的存贷差和存贷比等，都无一例外地铭刻着历史变迁的印记。熟悉这段历史的读者可以清楚地看到，本书涉及了近年来国内外诸多重大的货币金融事件和热点话题。读其内容，仿佛是在观看一部中国近年来货币金融重要理论谜题的历史。在时空交错变化之间，让我们在体会货币金融时代特征的同时，理解历史岁月所积淀下来的货币经济规律与发展趋势，从而能为未来宏观经济及货币政策制订提供借鉴和启示，这也是这本书的现实价值所在。

是为序。

林毅夫
2014 年 10 月 3 日于朗润园

序　二

货币供给及其与经济增长和通货膨胀之间的关系，始终是宏观经济学和货币经济学最重要的研究领域。

在主流经济理论中，货币由中央银行供给，它的变化在短期内会影响经济增长，长期中则呈"中性"，即只影响价格总水平。由于新古典理论中的微观主体都是同质且充分竞争的，主流经济理论为我们描述的实际上是一个理想化的均匀环境。在这个从总量到总量的假定下，货币的逻辑比较容易理解，货币政策的定位与作用也十分清晰。将基于这种假定的理论运用于发达经济体，就有过于简单之嫌，用之分析如中国之类新兴加转轨经济体的更为复杂的货币金融问题，就更显得"隔靴搔痒"了。应当认识到，我们面对的经济，具有明显的结构性特征。正是这些结构性特征，显著影响着货币运行的规律，影响货币、增长与通胀的匹配关系，进而可能使货币、通胀这样的总量问题也呈现出明显的结构化特征。因此，采用多部门模型而不是单部门模型，选取结构化视角而不是简单的总量视角来分析和观察货币问题，具有十分重要的方法论价值。事实上，通过转换视角和选取新方法来展开对"老问题"的研究，正是一切科学发展的正道。这种例子，在经济学发展过程中俯拾皆是。例如，购买力平价（PPP）是汇率决定的最重要理论之一，但实证检验却发现其存在系统性偏差。为校正这偏差，巴拉萨—萨缪尔森等通过引入将经济体区分为贸易品部门和非贸易品部门的结构性方法，显著改善了理论解释力，对长期汇率决定理论进行了重要发展与完善。李斌、伍戈的《信用创造、货币供求与经济结构》一书之所以值得推荐，就在于它立足于中国的国情，将结构主义的方法贯穿于分析中国的货币供给、货币需求以及货币与产出、通胀之间的动态关系，从而在诸多问题上取得了重要而有趣的发现，深化了我们对货币经济与金融运行的认识。

中国经济运行的结构性矛盾始终十分突出，这一实体经济基础，对中国的货币政策产生了明显影响。在本世纪的头十年里，从上个世纪延续下来的储蓄率偏高、消费率过低的结构性矛盾依然突出，甚至更加恶化，大量国内产出需要外需消化，从而导致外汇以更大的规模流入。为维护汇率基本稳定，中央银行被迫购汇"吐出"基础货币，这自然很容易造成国内流动性偏多的格局，进而积累通胀的压力。对中国这样一个大型经济体而言，长期依靠外需发展显然不可持续。正是基于对经济运行矛盾的准确判断和把握，中国政府早在上世纪末就提出了推动经济结构调整和转变经济发展方式的战略。在这一总战略下，中央银行在通过汇率渐进升值和大规模对冲组合应对偏多流动性的同时，也一直强调经济结构调整，以期为从根本上解决体制机制问题作出贡献。然而，就其功能而言，货币政策是短期的总需求管理工具，它不可能从根本上纾缓结构性矛盾，反而可能处处被结构性问题掣肘。面对长期和深刻的结构调整过程，货币政策的基本着力点恐怕应置于保持货币金融环境基本稳定方面，旨在为结构调整争取时间，为产业升级创造稳定的预期。这种对货币政策发挥作用的环境和能力的冷静思考，在这部书里贯穿始终。我以为，这是本书值得一读的又一特点。

有一种看法认为，主流经济学的单部门模型更适于发达市场经济体，而多部门模型仅适用于发展中国家和发展经济学。这是误解。实际上，发达经济体也面临深刻的结构性问题。以货币政策为例，以往的主流奉所谓"单一目标和单一工具"的政策框架为圭臬，中央银行仅仅通过调节短期政策利率来实现物价稳定目标，进而影响长期利率。此次国际金融危机告诉我们，正是对这种政策范式的迷信，使得货币政策一度对泛滥的危机束手无策。国际金融危机的历程让我们认识到：维护币值稳定并不必然意味着金融稳定，保持一般商品市场供求平衡并不必然意味着资产价格和金融市场稳定，同时，货币政策传导可能极大地受制于金融机构的顺周期行为。如此等等都昭示我们，需要在中央银行的政策武器库中增添政策工具，并强化宏观审慎等政策工具的应用。在市场非完美、市场主体行为可能存在非理性和动物精神的背景下，我们需要用更接近现实的分析工具来研究经济问题，结构化的分析视角便属此类。

本书的两位作者既有扎实的理论功底，又长期在中央银行从事货币政策的研究与实际操作，这使他们得以将宏观经济和货币经济学的分析工具熟练地运用于复杂的宏观调控实践之中，写出了这部既有理论价值又有实践意义的专著。这的确可喜可贺。

当前，中国经济正处在全面转型的新常态，货币政策框架自身也在经历着重大的调整，无论是经济还是货币金融，都有大量重要问题需要我们进行深入研究，有大量谜团有待我们去破解。我希望两位青年学者继续努力，不断推出新的作品，为创造具有中国特色的货币经济学贡献力量。

李　扬

2014 年 10 月于中国社科院

目　　录

专　栏

CONTENTS

BOX

第一部分

引言

第一章　研究的现实背景与目的

　　这是一本研究货币与宏观经济问题的书，也是我们对货币政策理论与实践工作中所不断面临问题的一个系统性思考。在现代经济学中，把货币与经济联系起来的最为经典的理论框架，还属货币数量方程。货币数量方程（MV = PY）中的货币总量（M）、产出（Y）、物价（P）这几个核心变量及其之间的相互关系，是货币经济学研究的永恒焦点，也是我们思考和研究宏观经济与货币政策所不能回避的问题。具体来看，围绕货币数量的基本框架，我们实际上需要研究两大类问题：一是货币总量（M）的来源，这涉及货币供给，解决的是货币"从哪里来"的问题；二是货币总量与实体经济的关系，这涉及货币与产出、物价及货币流通速度之间的摆布与互动关系，研究的是货币进入实体经济以后在经济增长、通货膨胀以及资金运行效率上的表现，解决的是货币"到哪里去"的问题。"从哪里来"和"到哪里去"，既是一个简单的设问，也是一个终极而深刻的哲学问题。要对这些问题进行研究，必须有精准、合理的研究定位和科学、有力的研究视角与研究方法。

　　正如上文所言，本书在很大程度上是问题导向型的，这也决定了研究的定位与取舍。在政策调控的过程中，我们需要面临很多问题并对这些问题给予回答，而这些都涉及对上述货币供给以及货币与增长、通胀关系的观察和理解。比如，要保持全社会融资条件合理适度，把广义货币M2调控在合理水平，首先就需要知晓这些新增的货币从哪些渠道来，存在怎样的创造和供给机制，这样才能设计相应的调节办法。

再比如，社会上一度热议的所谓"货币超发"问题、M2/GDP 过高等问题，都需要我们理解货币供给和货币需求的规律，才能做出更为客观、准确的回答。而更为重要的是，宏观经济时刻都在变化，货币、增长与通胀之间会呈现不同的组合，我们需要理解和分析这些组合及其变化背后的机理，从而更为准确地理解中国宏观经济的运行规律，看待经济运行中的一系列问题，这其中也就包括对货币政策的看法和把握。鉴于从现实问题导向的考虑，总体上我们不刻意追求复杂的理论模型，而是尽可能使用简洁但不失规范的方法来观察和分析这些问题。

在研究方法的使用上，我们强调了结构化的思路，这也是本书的一个特点。对经济学中的结构主义，似乎并没有一个明确而简单的定义。早期的结构主义起源于中心—外围理论以及工业、农业的二元分析。我们理解，结构主义较主流的新古典经济理论，后者主要描述的是完美和理想化的市场状态，强调微观主体的同质性和统一性，而前者则更多地着眼于现实经济状况，强调不同主体、不同部门之间的差异和变化。这一点正如 Ros（2000）所指出的，经济增长理论多描述的是成熟市场体制下的情况，大多使用的是单部门模型；而发展经济理论更多地关注经济结构变化，强调多部门模型的应用。而正是因为存在这些差异和结构性因素，我们才更容易通过分析不同部门之间的关系及其互动演变来观察经济发展过程中一系列传统经典理论所难以解释的问题和现象。尤其是对一个结构性问题突出的新兴加转轨经济体而言，使用结构化方法就显得更加重要。我们试图从这样一个视角来观察和分析货币供给、货币需求以及货币供求与经济增长、通货膨胀之间的动态关系。在此基础上，也就更容易理解结构化约束下货币政策的功能与定位。

当然，结构主义并不脱离主流经济学，也不等同于发展经济学，相反其大量引入了主流经济学的模型方法和学术规范，两者是相互融合和促动的。正如一位哲人所说："不是经验观察为理论研究提供基础，而是理论研究决定我们可观察到什么。"在我们看来，结构主义更重要的是一种观察问题的方法和视角。比如通货膨胀问题，一般都被视做与货币有关的总量问题，货币政策一般也被认为是总量政策，但我们感觉到运用结构化和多部门的视角来观察和分析这些问题却是至关重要的，这样做往往会有很多新的发现和对问题有更深入的理解，从而能够更全面和深刻地理解货币与实体经济之间的关系。同样，在一个同质和平滑的市场环境和一个具有显著结构性矛盾的经济环境中，货币政策作用的机理和效果自然也会有所不同。若简单地认为只要经济下行就要放松货币，就可能把结构化环境下的复杂问题过于简化，从而可能导致新的问题。从这个意义上讲，我们需要有一个新范式和分析框架来帮助理解货币与货币政策。

专栏1　经济学中的结构主义思想

经济学关于结构方面的研究有着悠久的历史渊源①。最早是英国古典经济学创始人威廉·配第（William Petty），体现在其1690年出版的《政治算术》一书中；法国重农学派的魁奈（Francois Quesnay）也是该学派创始人之一；早期古典经济学家斯密对此也有一定的论述，他认为决定一国富裕程度的因素，除了劳动生产率外，还包括生产性劳动与非生产性劳动的比例；马克思提出并使用"经济结构"的概念，在《资本论》中将社会再生产分成生产资料生产（第Ⅰ部类）和消费资料生产（第Ⅱ部类），他认为应正确处理二者的关系，一方不能脱离另一方过快和过度增长，需要合理保持二者之间的结构关系与二者各自内部的结构问题。

---

① 樊士德：《结构主义经济学研究动态述评与中国经济结构》，载《社会科学战线》，2009（6）。

　　对经济结构构成的分析是结构主义者的主要思路之一①。典型代表实例有拉丁美洲结构主义者对农产品低供给弹性及调节滞后原因的分析、刘易斯（William A. Lewis）的二元经济结构分析、钱纳里（H. Chenery）的"两缺口"模式以及辛格（H. W. Singer）关于出口部门与国内生产部门经济结构差异的分析等。特别地，被公认在结构分析中作出了主要贡献的结构主义发展经济学家包括库兹涅茨（S. Kuznets）和钱纳里等。库兹涅茨对不发达国家经济结构按产业结构、企业类型、劳动力职业结构、要素份额与收入的规模分布、收入的使用方式、对外贸易比例、经济结构中增长趋势的横向截面共七个方面进行了剖析。钱纳里则按积累过程（包括投资、政府收入和教育三个类目），资源配置过程（含国内需求结构、生产结构和贸易结构三个类目），以及人口与分配过程（由劳动力配置、城市化、人口转型、收入分配四个方面构成），分析了发展中国家的经济结构。在钱纳里看来，结构构成表现为"一个经济和社会系统中相对稳定的关系"。

　　强调经济结构作为"深层因素"对国民经济的影响，这是结构主义分析的另一个方面的重要内容。结构主义者明确地或隐含地指出，在一个国民经济中，经济结构是其中的"深层因素"，而国民经济中的其他若干因素则是这个经济中的各种"表层现象"。"深层因素"不仅使一国国民经济构成表现出不同于其他国家的特征，而且也使一国经济发展过程呈现出某种内在趋向性。拉丁美洲结构主义的主要代表普雷维什（R. Prebisch）把"中心—外围"结构看做是深刻影响拉丁美洲国家经济发展的"深层因素"。在他看来，拉丁美洲国家经济发展中的许多问题，在很大程度上都同这一"深

---

①　马颖：《论发展经济学的结构主义思路》，载《世界经济》，2002（4）。

层因素"有关。正如钱纳里所言，结构主义思路的出发点在于"试图确认经济结构中的哪些因素影响经济调整和发展政策选择的特殊的刚性、滞后性以及其他一些特征"①。

林毅夫（2011）提出了新结构经济学的概念，他认为新结构经济学和传统的结构主义的区别在于后者把不同发达程度国家的结构差异认为是外生的，而前者则认为是内生于要素禀赋结构的差异；新结构经济学和一般新古典经济学的差异在于一般新古典经济学把发达国家和发展中国家的结构同质化，没有区分发达国家和发展中国家产业和技术的差异。②

---

① 梁怡：《"结构主义"成就了发展经济学》，载《上海证券报》，2007 - 01 - 15。
② 林毅夫：《新结构经济学（增订版）》，北京，北京大学出版社，2014。

第二章　研究的基本思路和框架

正是基于上述现实背景和考虑，本书分五个部分十二章探讨了货币供求以及货币与增长、通胀之间的关系问题。具体的研究思路和框架如下：

一是信用货币创造机理及其与经济结构变化的关系。在多年的货币政策理论研究和政策实践过程中，我们感觉到，信用货币创造可能是整个货币经济理论中最富趣味也最容易产生误解的领域。而正确理解信用创造规律，则是理解和观察诸多货币银行学问题的一把关键"钥匙"，或者说是前提和基础。但在现实生活中，关于货币创造和货币运行的误解俯拾即是。比如，很多人都认为商业银行必须"先有存款"才能"发放贷款"；认为商业银行需要用存款去缴存存款准备金，因此提高存款准备金率会导致银行存款减少；认为中央银行征收存款准备金的目的是先从商业银行那里取得一部分资金，这样一旦出现风险，中央银行手中才有钱去支持商业银行；认为存贷差大是因为商业银行吸收存款多而发放贷款少，因此存贷差越大代表商业银行闲置的资金越多、流动性越充裕。从信用货币创造的角度看，上述这些十分流行的认识都是似是而非的。而之所以容易出现这些误解，究其原因：第一，很多人习惯于用实物货币的理念来直观理解信用货币的运行规律；第二，人们往往忽视了现代资产负债表复式记账和复式变化的特点。如果我们多从信用货币创造而不是实物货币的角度思考问题，多从资产负债表复式记账的角度观察问题，对货币创造规律就会有很多新的发现和理解。在已有文献的基础上，我们试图进一步拓展有关信用货币创造机理的研究。这种拓展的一个重要方向，就是更加全面地分析货币创造的渠道及其变化，并在开放视角下引入离岸市场与货币创造的关系问题。在信用货币时代，所有货币都源于银行体系。目前我国广义货币 M2 已超 120 万亿元。这些货币都是通过哪些渠道和路径进入实体经济中的企业和个人手中，这实际上是理解货币银行运行首先需要回答的问题。在经典教科书中，对货币供给的阐释往往只有贷款一种方式，也就是贷款派生存款进而增加货币供给的机制。但现实中货币创造的渠道是多元的，商业银行购买外汇、购买非银行发行的债券以及商业银行开展的部分同业业务等都会派生存款，进而影响货币供给，而商业银行增加资本金及发行债券等又会减少货币供给。进一步看，货币创造渠道的变化，往往又是宏观经济结构性变化在银行资产负债表上的一种投影。例如，在我国持续大额双顺差的宏观经济格局下，外汇占款（商业银行购汇）就一度与贷款齐头并进成为新增货币的两大创造来源，因此当时只要能够较为准确地预测贷款和外汇占款，就可以相当准确地预估货币增长。不过，随着全球经济再平衡进程逐步推进，外汇占款在创造货币中的作用趋于下降。近两年来，商业银行同业业务开始成为货币创造新的重要渠道，但目前关于同业业务与货币创造的系统研究还基本是空白。我们研究发现，银行之间的同业往来以及银行与非银行金融机构的往来都可能对存款进而货币供给产生影响，在某些时段上同业渠道已成为仅次于贷款的货币供给来源。而这种变化，在很大程度上是影子银行的快速发展以及大量金融资源配置到财务软约束领域等经济结构性矛盾在货币供给上的反映。这也是我们用结构化视角来观察货币供给问题的重要发现。

二是运用信用货币创造理论来分析存贷差问题。这可以看做运用理论观察现实的一个案例。之所以选择存贷差作为观察的一个案例和起点，是因为存贷差概念简单直观且相当流行，但在理解存贷差形成机理上却存在诸多似是而非的认识，澄清这些误解的过程，实际上就是透彻理解信用货币创造和运行规律的过程，可以起到以点及面的作用。例如，不少人认为存贷差源于商业银行吸收存款多、发放贷款少，因此可通过多发放贷款来减少存贷差。也有观点认为央行提高存款准备金率，会使存款中的更多部分用于缴纳准备金，从而减少贷款投放，会使存贷差扩大。还有观点认为，银行吸收的存款数量是既定的，如果用于购买债券等多了，用来发放贷款的就少了，存贷差会随之扩大。实际上这些认识都不准确或不完整。我们研究发现，从基本规律或者宏观的角度看，存贷差扩大实际上来源于商业银行非贷款的资产扩张行为，如买债、买外汇、扩大同业业务等都会扩大存贷差。在这个过程中银行资产负债表是在不断扩大的，存款会不断增加，而这也就是所谓货币创造的过程。不能反向理解为银行吸收存款后将其分别运用于贷款、买债等各个渠道，只是既定数量的存款在不同用途上"切蛋糕"似的分配。从这个角度看我们会发现，多发放贷款会派生更多存款，因此不会减少存贷差，存贷差大也不一定意味着流动性充足和资金闲置。国际收支大额双顺差导致商业银行大量购汇，进而派生大量存款，扩大了存贷比的分母，是前些年我国金融机构存贷比整体较低的重要原因。近年来新增外汇占款减少，加之理财和互联网金融快速发展，部分一般存款转化为同业存款，这些都成为银行体系存贷比约束增强的重要原因。这意味着，存贷比约束增强在很大程度上是国际收支格局变化以及金融创新发展这些宏观现象在商业银行资产负债表上的微观反映。正因为如此，我们一直认为存贷比并不是衡量银行体系流动性的合理指标。随着国际收支趋向平衡以及商业银行资产和负债的多元化创新发展，存贷比趋升是必然的。不少发达经济体的存贷比都超过100%，如瑞典等甚至达到200%，但这完全不影响银行的稳健发展与运营。近期监管部门已逐步开始调整和考虑取消存贷比考核，这是符合经济规律发展的必然。近年来，国际组织已提出流动性覆盖比率（LCR）、净稳定融资比率（NSFR）等一系列新的流动性管理指标，有必要更多地发挥这些更为科学的指标的指导和约束作用。

三是离岸市场发展与货币创造的关系。国际金融危机爆发以来，顺应市场需求，人民币在跨境贸易和投资中的运用持续扩大，人民币"走出去"步伐明显加快。作为一个新生事物，离岸货币问题开始摆在国内货币理论研究和实践从业者面前。从货币经济学基本理论的视角看，这涉及离岸货币创造及其与境内货币银行体系的关系问题，同时也涉及境内外货币和流动性变化的关系问题。实际上，一个完整的货币创造理论体系，不仅应当包括境内银行体系如何创造信用货币的内容，还应当扩展延伸至离岸货币创造及其与境内货币、流动性变化之间的关系上。不过，正如在境内货币创造问题上存在很多似是而非的流行观念一样，在离岸货币创造及其与境内关系这一问题上也存在不少并不准确的直观理解。例如，一般的直观理解会认为本币跨境支付后国内的流动性和货币总量会相应减少，离岸货币资金"回流"后本国的流动性和货币供给会相应增加，但这些理解并不准确。实际上在涉及开放环境和境外因素之后，货币创造和运行机制会更加复杂，其客观本质与基于直观和实物货币理念上的一系列朴素理解可能存在更大差异，需要在理论上给予探讨和研究。遗憾的是，虽然这些都属于货币银行理论的基础性问题，但对此进行系统分析和论述的文献少之又少，在教科书中也往往处于尴尬的"两不管"地带。货币银行学教科书主要阐释国内货币创造机制，一般不会论及离岸货币创造问题；国际金融学一般包括欧洲货币和离岸市场的有关内容，但基本都不会从货币创造机制的角度来进行论述。从目前来看，主要是 Krugman 和 Obstfeld（2000）在其经典教科书中曾对欧洲货币创造的基本机制进行过论述，并得出不少富有启发性的结论。不过这些论述尚有不够全面和准确之处。由于我国目前的人民币跨境支付和清算机制有其特殊性，相应的分析结果也会与经典框架存在差异。这些都要求我们系统地分析离岸货币创造机制，并结合我国国情讨论一些现实性的问题。鉴于此，我们对离岸市场与货币创造的关系进行了全面的文献综述。研究表明，境内银行体系实际上充当了离岸人民币市场"央行"的角色，由境内银行体系提供的资金类似于境外银行体系中的"基础货币"，由此派生出整个离岸人民币市场存款体系。由于离岸本币资金需要存入境内银行来实施清算，在一般的清算机制下，这部分本币的流动性实际上始终是不离开境内银行体系的。至于这部分资金是否计入境内货币总量则取决于货币的统计口径和方法，对境外金融机构在境内银行的存款是否计入货币统计在不同经济体的做法也是不同的。

四是潜在经济增速与货币需求问题。从对这一问题的研究开始，我们暂时脱开货币供给，集中研究可能影响货币需求的几个重要问题。之所以首先要强调和研究潜在经济增速，是因为这是目前中国宏观经济面临的一个核心问题，也可能是影响未来货币需求的最重要的经济变量之一。产出缺口以及通胀变化始终是货币政策关注的关键性变量，而计算产出缺口需要正确度量和把握潜在产出的水平。研究潜在产出有很多视角，我们仍然选择从结构化的视角入手。研究发现，产业结构变迁并不是简单表现为劳动力市场的结构变化，实际上各产业的劳动生产率也在发生变化。就业从制造业向服务业转移，将导致社会整体劳动生产率下降，进而导致产出增速下降，即经济潜在增速下行，但同时就业依然会保持相对稳定。当前我国劳动力市场表现稳健，实际产出增速的放缓实际上反映的是潜在产出增速的下降。面对经济的结构性（而不仅仅是周期性）减速，如果仍坚持用传统方式去刺激经济，很难达到理想的效果。例如，过度扩张的货币政策可能会促使工资更快上涨，导致制造业比较优势减弱。当前我国面临的可能是供给曲线向左上方移动的挑战，如果盲目采取需求扩张的政策，还可能会造成宏观经济滞胀的风险。鉴于此，应审慎使用过度扩张的货币政策等需求管理政策，同时积极推进产业转型过程中供给面的改革，促使已经上升的供给曲线适度下移,以实现更好的宏观经济均衡。当然,由于观察数据期限较短,未来仍需密切关注产业结构的进一步变化,以不断修正我们的认识。此外,我们还研究了货币替代与货币需求问题。随着全球金融一体化进程的推进,传统封闭经济条件下的货币政策面临诸多挑战。本外币替代性的增强使得以数量型手段作为主要调控方式的货币政策框架受到明显冲击。我们结合当前国际金融一体化的背景以及我国的实际国情,通过创新性地加入资本管制和投资者避险情绪变量,并利用"从一般到特殊"的建模方法(from general to specific method)构建更为理想的货币替代模型,对开放经济条件下影响货币政策数量目标的因素作更细致的理论探索和计量分析。实证检验表明,资本管制程度、避险情绪波动以及人民币汇率预期等因素均对我国现阶段货币替代率有着显著影响。我们建议,应密切关注我国货币替代程度的及时变化,在必要时可酌情考虑将外币存款(主要是美元)等要素纳入更广义货币的考察范围,更准确地衡量实际货币需求。当然,对价格型指标的关注及其调控体系的建设更是当务之急,但该过程不可能一蹴而就,在价格型的"货币锚"全面形成之前,数量型的锚不宜立即放弃。

五是研究产出与通胀动态问题。旨在分析清楚产出和通胀这两个影响货币需求的重要变量之间的相互关系及其变化。研究基于对国际金融危机后产出与通胀关系最新变化的观察。我们发现在 2009 年后通胀对产出缺口的反应不仅更加灵敏且更加显著,也就是说,同等程度的产出扩张带来了更大的通胀压力。从学理上讲,这意味着菲利普斯曲线的形状可能在发生变化,而这对宏观政策而言具有重要的影响。鉴于此,我们以传统菲利普斯曲线的估计作为研究起点,结合新凯恩斯主义的厂商定价微观理论,实证考察了中国通胀—产出关系的动态变化。从研究结果看,中国通胀—产出的关系可能并非是线性的。菲利普斯曲线的斜率可能随着平均通胀水平的变化而变化,也就是说,其具有时变性特征。这一研究从实证上支持新凯恩斯主义厂商微观定价理论的有关观点：在平均通胀水平高企的时期，厂商为了避免潜在损失并实现利润最大化，往往会增加调价（涨价）的频率。这时整体价格水平将相应加速抬升，菲利普斯曲线的斜率因此变得更加陡峭；相反地，在平均通胀水平较低的时期，厂商将降低调价频率，菲利普斯曲线将因此变得更加平缓。尽管有微观基础表明，通胀—产出的关系也可能随着通胀的波动性而发生变化，但我们对中国的实证研究并不支持该结论。上述研究可能有着重要的现实意义和政策含义。一方面，它很好地解释了此次国际金融危机后，由于通胀水平高企引致菲利普斯曲线更加陡峭，从而使得中国的通胀对产出更加敏感这一事实；另一方面，该结论也预示着在物价低迷阶段，由于菲利普斯曲线的扁平化，持续的通缩可能会对产出造成影响。宏观政策应注重通胀—产出非线性动态变化特征。在物价高企特别是通胀较为严重的阶段，应高度关注由于厂商调价行为引致的物价螺旋式上升，适度加大宏观政策"逆周期"调控的力度，加强政策调整的前瞻性和有效性。值得注意的是，在此次国际金融危机之前，全球经济处于严重失衡状态，主要经济体的菲利普斯曲线都出现了明显的扁平化趋势。但实践证明，这种高增长—低通胀的发展模式是不可持续的。在国际金融危机的冲击下，各国的内、外需结构都不得不进行重大调整，其产出增长方式以及通胀形成机理也可能会随之发生变化。对于转型中的中国而言，随着经济金融结构的变迁以及微观经济主体市场化进程不断推进，今后通胀—产出的关系也可能处于不断变化的动态过程之中。结合更多可得的样本数据，未来有必要持续考察并把握好通胀—产出之间的关系，从而更好地为宏观调控提供科学的研究支持。

六是有关货币供求与产出、通胀动态变化的研究。这也是本书研究和分析的重点之一。中国宏观经济运行的一系列引人注目的现象，往往集中在宏观经济三个最重要变量，即经济增长率、货币供给量与通货膨胀率的关系上，而它们之间的变动往往使传统的经典理论难以解释，但这也为我们提供了难得的研究课题。在分别探讨了货币供给和货币需求问题的基础上，我们紧接着把货币供给与需求连接起来进行观察。研究发现，货币供求变化会直接影响流动性的状况，我们常说的流动性过剩、流动性不足以及流动性陷阱即直接对应着货币供求的不同状态。而流动性的变化又与经济增长、通货膨胀紧密相联，这些变量之间的摆布往往又是经济结构性特征的外化反映。因此通过深入研究各主要宏观变量之间的交互影响及其动态变化，可以为理解我国的宏观经济运行提供一个新的视角和框架。在具体研究上采取了分时段的办法。我们分别研究了 2003 年之前、2003 年至 2008 年、国际金融危机爆发以来这几个时期。在不同的时期里，我国的货币、增长、通胀都表现出了不同的组合关系，而揭示这些现象背后的内在机理是宏观经济研究十分重要而又充满乐趣的课题。

近几年，国内讨论所谓"货币超发"的较多，但实际上在 21 世纪之前中国已出现所谓"超额货币供给"现象，即货币供应量增速显著高于经济增长率与通货膨胀率之和，这对传统货币理论提出了挑战。快速的货币供给增长并没有带来严重的通货膨胀，这一独特现象被 McKinnon（1993）称为"中国之谜"。在我们首先研究的 1997 年至 2003 年时段，中国经济的特点是经济增长相对放慢，持续通货紧缩，但货币供给增加却相对加快，M2/GDP 值快速上升（从 1997 年的 1.22 上升到 2003 年的 1.93）。对于上述总量问题，若继续基于总量视角来研究并不会得出太多有价值的发现，或者只能得到货币流通速度下降这样并无太大意义的结论。我们感到，对这类"非典型"性的宏观经济总量变化，必须从结构性视角入手找寻原因。由此我们建立了"两部门"模型框架：一个是一般竞争性产品部门，面临的问题主要是"需求约束"，存在通货紧缩的压力；另一个是具有垄断性质或产品需求弹性很低的部门，其货币化"商品"主要在 20 世纪 90 年代中期以后出现，包括住房、医疗、养老、教育、水电燃料以及以股票等为代表的金融产品，其问题是"供给约束"，基本都出现持续的通货膨胀。我们通过两部门模型来动态分析部门间的交互影响和可能造成的结果。研究发现，在两部门经济中，货币供给增加可能形成下面的传导机制：货币量增长中的相当一部分将转化为储蓄，M2 增加，但并不反映在传统货币数量方程（MV = PY）的货币总量（M）中；剩余部分中相当数量的货币会流入资本市场、房地产等"新产品"部门，导致这类产品相对价格上升。这会使传统部门的有效需求下降，形成通货紧缩压力，导致传统部门的投资进一步下降；而传统部门的资本很可能趋于逐利目的转而投入"新产品"部门，促使这部分产品价格水平进一步上升。在这个循环过程中，两部门之间的收入差距会趋于扩大，这又会使消费倾向进一步降低。此时，经济中会同时出现以下现象：储蓄快速增加、失业增加、传统部门通货紧缩、收入差距扩大、经济增速下滑，货币扩张对经济增长的推动力下降，我们将引致这些现象的内在机制称为"两部门陷阱"。容易看出，中国经济在 20 世纪 90 年代中后期至 2003 年进入新一轮上升周期前的这一阶段，在很大程度上出现了"两部门陷阱"的特点，即使在 2003 年之后这些特征也不同程度地存在着。经济运行的上述特征提示我们：第一，在判断形势与制定政策时应当注意我国经济的"两部门"特点及其经济影响。例如，处在"两部门陷阱结构"时，经济过热的表现会与以前的情况不同，投资快速增长的效果并不一定会传导到传统产品部门，引起一般消费品市场的通货膨胀。这时，仅通过 CPI 来判断通胀就缺乏合理性；相反，在传统产品市场有效需求不足情况下，通过大幅度提高具有需求刚性的垄断类产品价格来刺激经济的办法并不可取。第二，应当进一步关注垄断类产品部门和"新产品"部门（如房地产）的规范发展。应通过政策调控，合理引导此类产品价格，抑制价格过快上升；同时加快公共和垄断部门的改革。第三，在改革推进过程中，应注意投资改革和消费改革相互协调，共同推进。应当加快投融资体制改革，适当抑制社会供给能力的过快增长。第四，要重视经济增长的协调性和可持续性。改革分配体制，缩小收入差距，进一步推动"三农"问题的解决，提高农民收入，扩大农村市场需求。应当特别关注房地产以及资本市场可能出现的泡沫经济。该部分研究的初稿是在2004年完成的，应当说我们基于结构化视角所发现的问题和提出的建议至今仍有其价值。这些问题可能是我国经济转型和结构调整过程将长期面临和需要着力解决的重大课题。

我们接着研究了2003～2007年宏观经济金融运行所发生的变化。在这一阶段，我国M2/GDP改变了持续上升的态势，成为改革开放以来这一比值增长最慢的时期，同时M2与经济增长及CPI的差距也显著缩小，"超额货币供给"问题似乎已经消失。但与此同时却出现了突出的流动性过剩和资产价格上涨问题。我们给出了几种有竞争力的解释：一是现有广义货币统计口径相对较窄，而实际货币供给增长较快。随着金融市场和金融工具的发展，准确计量货币的难度不断增加。从货币创造的机理出发，若我们一般性地将存款性公司资产扩张看做是向社会供给货币的过程，将此视为货币供给总量，则这一新口径的货币增速在2006年下半年与传统M2增速之间的差距显著扩大，由此可以部分解释货币供给相对经济增长似乎不快的原因。二是货币流通速度递减趋势逆转，货币需求显著下降。从理论上讲，货币流通速度加快是流动性过剩的必然反映，通过本书给出的流动性框架可以对此问题会有进一步的了解。而这正是这一时期宏观经济运行的突出特点。三是国际收支失衡内生了货币过度供给的风险，容易形成流动性过剩。我们发现，传统的货币数量方程（$MV = PY$）描述的是封闭条件下的情景，并未考虑开放条件下外币作为交易媒介时的情况，而这对分析我国的货币供给问题十分重要。在前些年国际收支大额双顺差及央行大量购汇的格局下，与贸易顺差对应的出口商品是以美元等外汇作为交易媒介完成交易，但国内经济主体出口商品赚得外汇后并未将其用于进口国外商品，而是被中央银行以等价人民币买走，形成国家外汇储备。在这一过程结束后，流到国外的是实物商品，留在国内的则是央行购汇所派生的等额货币。这样本国货币供给相对留在国内的实物商品将总是偏多，容易形成所谓"过多货币追逐较少商品"的状况，存在流动性过剩和通胀的潜在压力。虽然潜在压力能否转化为现实的流动性过剩和通货膨胀在根本上仍然取决于公众的预期状况，但维护汇率基本稳定和国际收支失衡格局下的货币供给机制，在很大程度上加剧了或者促动了货币市场失衡的可能，更容易引起较为严重的流动性过剩问题。这里我们还回应了一类质疑，这就是不少人认为央行的对冲行为会将大部分购汇吐出的货币回收，因此上述解释并不合理。对此需要运用货币创造的基本机理来观察。实际上，央行的对冲行为只会使商业银行的超额准备金被加快"锁定"为法定准备金，其作用在于抑制商业银行进一步派生货币的能力，而由商业银行购汇已派生出去的存款货币在这一过程中不会受到任何影响，也就是说，已经创造出的货币不会因央行的对冲而消失。这意味着，在国际收支大额顺差及维护汇率基本稳定的格局下，央行难以通过调控货币总量来根本解决流动性偏多的问题。此时中央银行只能被动购买外汇并相应派生货币，若要紧缩货币总量，则只能主要依靠紧缩国内银行信贷来进行，由顺差导致的货币供给相对商品偏多的问题并不可能得到根本解决。从本质上看，这也正是"不可能三角"原理的另一种外化反映。

　　我们还研究了2008年国际金融危机爆发之后一段时期的宏观经济和货币运行的变化。从货币创造渠道的角度看，在国际金融危机爆发之前的数年里，由信贷投放的货币和由外汇占款投放的货币数量差异并不是很大，2005年之后两者投放形成的货币供给几近平衡，不过国际金融危机爆发之后情况发生了很大变化，贷款已成为货币供给的主渠道。之所以会有这样的变化，是因为贷款主要用于支持内需特别是投资增长，而在危机之后内需尤其是投资大幅扩张，因此贷款增长较快。实证检验也表明，内外需变化、贷款投放与经济增长之间存在着较为紧密的逻辑联系。贷款增速与资本形成在 GDP 中的贡献度变化是基本吻合的。贷款增速放慢，资本对 GDP 的贡献度一般也会下降，反之反是。利用线性回归方法测算，贷款增速每上升 1 个百分点，资本形成对 GDP 的贡献将上升约 0.26 个百分点。或者说，资本形成贡献度每上升 1%，贷款增速会相应上升 3.9%。由此来看，2009 年的贷款扩张与投资增长是大体匹配的，新增货币供给主要支持了一揽子刺激政策和政府重点项目，但由此也引发了通胀预期，并导致存量货币流通速度加快，推升了房地产、黄金等一般认为具有抵御通胀作用的商品价格。这种上涨在一定程度上吸收了货币增多导致的通胀压力，由此也可以解释一段时期内各口径货币指标对 CPI 预测准确性明显下降这一现象。从中长期视角看，由于全社会货币存量较快扩张，潜在的通胀压力上升，特别是一旦出现乐观情绪加剧通胀预期，货币流动速度趋于加快，CPI 通胀就有明显上升的可能。这些意味着，短期的需求管理政策有可能引起中期的结构性变化。

七是货币总量需求和 M2/GDP 在不同经济体之间存在差异的原因和机理。上述围绕 M2/GDP 在不同时段与经济增长、流动性以及通货膨胀的关系及其变化进行的分析，实际上是从短期或者说周期性的视角所做的研究。紧接着，我们则试图从一个更长的视角研究影响一国货币/GDP 高低与变化的因素，以更客观、准确地理解一国的货币总量及其变化轨迹。随着金融创新和金融深化发展，虽然 M2/GDP 已经不是一个"好"的指标，不过由于其简单直观，易于理解，仍然是一个被广为使用和受到高度关注的指标，因此值得深入研究和探讨。我们分析 M2/GDP 这一指标，就是希望解释清楚一个问题，即在同样支持了经济增长和物价基本稳定的情况下，为什么不同经济体之间的货币总量或者说 M2/GDP 值会相差甚远。研究发现，虽然理论界和社会各界对我国 M2/GDP 值偏高存在不少流行的观点和解释，但其中相当部分的解释似是而非，看似合理，但稍一推敲就会有明显漏洞；而有些解释虽然结果可能是对的，但其对机理的分析实际上并不符合货币金融学的基本原理，难以经得起学理的检验。而要客观理解 M2/GDP 的有关问题，就需要从货币创造机制的角度入手，同时也要从货币需求的角度加以观察。我们研究发现，基于货币创造理论构建的融资结构—储蓄率框架能够更好地对 M2/GDP 变化进行横向和纵向的分析和解释。一个经济体越依赖于银行融资，且储蓄率越高，一般而言，其 M2/GDP 就会越高。这一结论不仅有理论逻辑的严谨支持，也得到了全球主要经济体面板模型实证分析的验证。这一分析框架，还可以纵向解释我国 M2/GDP 起伏波动的变化原因，实际上 2003 年之后我国 M2/GDP 连续多年稳中略降与银行资本大量增长密切相关。而这些都需要从货币创造的角度得到理解。我们还基于货币数量方程推导出了具有 Logistic 曲线性状的 M2/GDP 的动态演进路径。遵循这一路径，我国 M2/GDP 将呈现先加速上升、经过拐点后增速放缓并逐步趋近上限的变化轨迹。研究还发现，M2/GDP 缺口而不是 M2/GDP 值本身，与通货膨胀之间存在密切关系。短期内 M2/GDP 偏离其动态路径的过快增长，可能导致之后的通胀压力上升。根据研究，随着未来经济结构逐步调整转型，银行融资占比趋于下降，融资渠道更加多元，居民资产组合的选择会更加丰富，同时随着消费规模上升，储蓄率逐步下降，都会使货币增长速度趋于放缓，M2/GDP 值不会持续上升，甚至有可能逐步降低下来。因此，M2/GDP 变化背后反映的实际上是经济结构的变化。经济结构调整和融资结构变化是影响未来 M2/GDP 变化的关键因素。这提示我们，在关注货币问题时，要注意观察其背后的经济结构性问题。应加快经济结构调整和改革步伐，扩大消费内需，实现经济平衡增长。货币政策则应为结构调整和转型升级创造适宜和稳定的货币环境。

八是货币与结构性通胀问题。由货币数量论简单推导可得，通货膨胀率等于货币供给增速与货币需求增速之差，若货币供给增速超过货币需求增速，通胀率就会上升。不过在现实中，近些年，我们普遍遇到的则是所谓的"结构性通胀"问题。这既表现为在 CPI 基本稳定的同时初级产品、资产价格的大幅波动，也表现为 CPI 中在其他商品价格大体稳定的同时食品、服务业价格持续上升等现象。我们在一个考虑货币因素的巴拉萨—萨缪尔森模型（B－S）框架下对这一现象进行了分析。B－S 效应实际上也是一个"两部门"的结构化模型。我们想分析的是，在 B－S 效应所描述的结构性环境中货币与通胀将呈现怎样的匹配关系。我们还从总供给—总需求视角对以 CPI 和 PPI 相对变化为主要特征的结构性通胀进行了研究。实证研究表明，在供给方面，贸易部门相对非贸易部门劳动生产率的快速提升，加剧了通胀的结构性不平衡，这也充分体现了 B－S 效应的影响。在需求方面，诸如政府支出、居民收入和货币因素等也能解释结构性通胀的变化。此外，大宗商品价格冲击也显著影响着结构性通胀。这意味着在分析 CPI 与 PPI 变化时，除了应考虑宏观经济周期波动以及短期需求面变化之外，还应充分考虑经济转型过程中深层次结构性因素的影响，注重考察诸如劳动生产率等结构面因素的潜在冲击。通货膨胀机理的变化对宏观调控提出了新的要求。宏观政策需要更多关注更广泛意义上的整体价格水平稳定，更多关注市场预期以及经季节调整的环比数据变化，以提高政策的前瞻性和有效性。

本书还对理解近年来我国经济增长和金融运行的逻辑提供了一个结构性的视角。我们试图分析近十多年来中国经济高速增长的动力机制及其变化，其目的在于理解和分析当前中国经济的表现及其形成机理。研究发现，我国原本存在两个不利于经济增长的重要问题：一是消费率低，内需不足；二是信用环境有待完善，相对缺乏企业家。但依赖于特殊制度安排有效弥补了上述缺陷，促成了经济的高速发展。

一方面，通过加快开放、加入世界贸易组织（WTO）及赶上以美国高消费带动的全球高增长周期，通过外需与国内低成本生产要素结合带动了国内生产；另一方面，以地方政府信用及土地财政做支撑，实现了地方政府主导的大规模城市新区、基础设施和房地产建设。由此形成由外需和内需（以投资为主）"双推力"相互促动的高速发展模式。在过往十年中几乎所有城市都进行了体量庞大的新城和开发区建设，基础设施大为改善。但国际金融危机爆发后外需明显减弱，同时地方政府"经营土地"的增长模式也开始面临约束。"经营土地"高度依赖于一个基本前提，这就是房地产价格的不断上涨，只有土地不断升值，才能维持上述链条的正常运转。但房地产价格短期过快上涨很容易挤压经济进一步增长的空间。由于土地增值收益主要由政府获得，在收入分配上倾向于政府和企业，也会加剧投资过高、消费不足的不平衡格局。这种增长模式长期看是不可持续的。我们之所以认为我国经济可能在较长时间内经历一个内生动力不足、结构调整和自我修复的过程，主要就是基于对上述"双动力"模式趋弱的判断。一方面，全球经济尚在经历再平衡调整，新的强劲增长模式尚未形成，欧元区以及日本等深层次体制性问题尚未解决，外需环境短期内难以有大的改观。另一方面，国内依赖地方政府主导的高投资发展模式，在经历前几年快速膨胀之后，也面临房地产价格高企、债务杠杆快速上升、产能过剩矛盾突出、资源环境约束明显增强等多重约束，潜在风险也在上升，容忍房价进一步上涨和加杠杆的空间都十分有限。由于内生增长动力不足，在一定时期内我国经济可能会呈现出以下特征：一是经济增速会较前些年下降，与之前高增长相匹配的产能过剩问题凸显。二是经济运行呈现脉冲式的小幅和反复波动特征，总量政策放松，靠基础设施投资支持，经济会出现回升，但由于内生动力不足、刺激空间有限，一段时间后往往又会回落，如此反复。三是未来一段时期经济总体将承受去杠杆压力，经济增速应更慢一些为宜。

从金融角度看，近些年来的金融运行基本附着在上述经济发展模式上。由于有政府信用和充足抵押品的支持，加之融资需求大，金融资源自然容易流向软约束部门和房地产领域，并通过相互推动逐步强化。软约束部门和房地产业对利率往往不够敏感，加之融资量大，容易推升利率水平，导致价格杠杆扭曲，从而对其他经济主体尤其是民营经济形成"挤出"。近年来，"融资难、融资贵"问题似乎更加突出，这实际上是特殊的经济增长模式在金融领域的映射。金融资源配置的投向、风险及其可能的调整变化都可以在这个框架中得到理解。总体看，当前我国经济的主要问题，归结起来，就是依靠外需和地方政府主导大规模投资的增长模式难以持续，但新的增长动力又尚未形成，由此须依靠政府主动加杠杆来托举经济，但内生动力不足情况下债务会快速累积，又造成金融风险持续上升。解决之道可能有两个方面：一是要把握好"稳增长、调结构、促改革、防风险"之间的平衡；二是要尽快找到增长动力，带动经济走出徘徊，并通过真正提升经济内生增长动力来实现去杠杆。前者是基础，后者是根本。鉴于此，可能采取的措施包括以下几个方面：一是保持稳定适中的货币金融条件。重点是要为经济结构调整与转型升级创造适宜的金融环境，这样市场主体就能有一个合理和稳定的预期。二是结构调整过程"不破不立"，要提高对产业兼并重组和结构调整的容忍度，并提供适当的政策环境。三是要加快转变政府职能，逐步改变"经营土地"的大规模投资增长模式。四是要加快经济结构调整和改革，争取在结构调整的关键性领域取得突破进展，切实增强经济的内生增长动力和活力。

总体来看，这是一本涉及货币、增长与通胀的内容丰富的书，是我们基于对货币"从哪里来"和"到哪里去"一系列问题持续思考的结果。在全书的分析和研究中，我们坚持使用了多部门和结构主义的方法，并取得诸多有趣的发现和重要的结论。此外还值得说明的是，随着金融创新发展和利率市场化加快推进，中国的金融调控框架正在从数量型为主向价格型为主逐步转型，讨论利率调控和利率传导机制的研究正在增多，而这也是我们正在和未来将要集中研究的课题。不过我们始终认为，这种转变并不意味着有关货币及货币总量的讨论会显得"过时"。实际上，在现代货币经济理论中，对货币供求及其与增长、通胀关系的研究仍占有更多的篇幅和分量，应当说，这些问题仍是理解整个货币经济学和宏观经济学的关键，也是研究和理解价格型调控的重要前提和基础。

附：全书的研究路线图

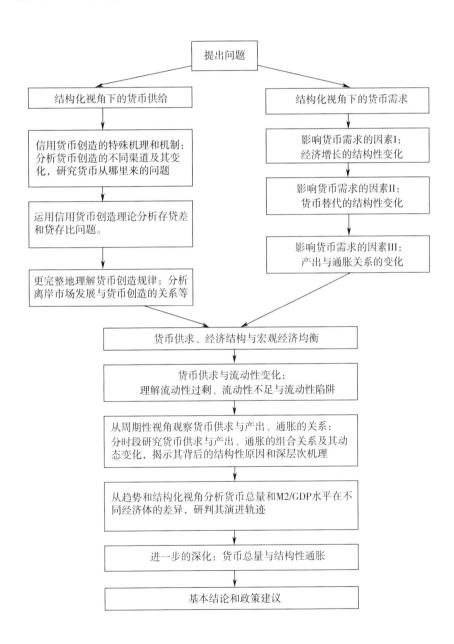

第二部分
货币信用创造与经济结构

第三章　货币信用创造的源头与渠道

一、货币信用创造及其渠道：传统货币理论的扩展

货币信用创造是整个货币银行理论中最为核心也最富趣味的部分。目前我国广义货币 M2 总量已超过 120 万亿元。这些货币都是从哪里来的，是如何进入到微观经济主体中的，这是货币经济理论首先需要回答的问题，也是理解其他货币经济学问题的基础。在理论争论与政策实践中，我们发现如下三个问题似乎能够用来检验对信用货币创造机制的理解：一是存贷差（有人也称为存差）较大往往被视做贷款相对存款发放较少所导致的结果，那么多发放贷款会减少银行体系的存贷差吗？二是很多人都有银行"可用资金"的概念（实际上也就是银行的超额准备金），那么当一家银行有 1 亿元超额准备金且不借助同业借款的情况下，是否可以一次性满足 2 亿元的贷款需求？三是人民币跨境支付后国内银行体系流动性和货币供应量是否相应减少，海外人民币回流境内支付后又是否会导致国内流动性和货币供应量增加？这几个问题都是在货币金融实践中经常遇到的，但准确回答这些问题却并不容易。之所以出现这样的情况，一个重要原因是信用货币创造及其运行的基本规律与一般直观理解之间存在着较大偏差，而这恰恰是理解信用货币供给机制的关键所在，是观察诸多与货币及货币政策有关问题的重要方法，同时也是我们从结构化视角分析货币创造渠道的前提。基于这些考虑，我们把货币创造作为全书的开篇与逻辑起点，由此展开全书的研究和写作。

概括而言，正确理解货币创造就是要多从"信用"以及资产负债表复式记账的角度来观察和理解货币供给的机理和规律。与金、银等实物货币不同，在信用货币时代，全社会所有的货币都由中央银行和商业银行凭借信用并通过扩张资产的方式创造出来，同时引起负债方的扩张，进而形成货币供给。从传导的链条看，货币供给的根源在中央银行。中央银行向商业银行提供基础货币①，构成商业银行进一步进行资产扩张的基础。而商业银行的一系列资产扩张行为，如发放贷款、购买外汇、购买债券以及开展同业业务等行为，都会在其负债方派生出等额存款。在这个过程中，银行资产负债表不断扩大，存款不断增加，而这也就是所谓货币创造的过程。虽然在现代资产负债表复式记账的方法下，资产方和负债方是同时变化的，但从理论逻辑上的顺序看，在信用货币条件下，是"先有资产，后有负债；先有贷款，后有存款"，而不是相反。有学者认为，资产负债表总归是个恒等式，区分先有资产还是先有负债并无太大意义。这种认识并不客观。在信用货币条件下，除现金外的所有存款货币都记录在银行体系的负债方。一个简单的道理是，所有企业和个人都不可能自己创造出存款货币，也就是不可能自己凭空增加自己的存款，然后再"存进"银行。若认为是"先有存款，后有贷款"，则我们实际上无法解释全社会越来越多的"存款"来自何处，无法回答存款货币不断创造和不断扩张的机制问题。在信用货币条件下，全部存款货币只能来源于银行通过扩张资产进而在负债方派生出的存款。

进一步看，在传统的货币银行学理论中，货币创造往往需要通过多家银行的多次行为才能产生，如米什金（1998）等经典著作都是如

---

① 基础货币之所以被冠以"基础"名号，一个重要原因就在于其只能由中央银行创造，在不与央行发生交易的情况下（如买卖证券、外汇、再贷款再贴现等），商业银行不可能自己增加或减少基础货币。或说，央行提供的基础货币总量不会因为商业银行或商业银行之间的任何行为而发生变化。

此描述。孙国峰（2001）对此框架进行了重要的修正和完善①，做了更深入的研究。他从最基本的银行贷款的会计分录入手，认为货币创造的功能是属于银行个体的，而不是传统货币银行理论所说的将创造货币的功能只赋予银行总体。实际上，用增加资产业务创造负债，因而创造货币，既非中央银行的特权，也并非要在一家银行进行多次存款和贷款业务才能实现，更非诸多单个银行汇集为银行总体而产生的奇妙效果，它实实在在地发生在每个商业银行的每笔贷款业务中，是属于银行个体的。当货币由金属铸币阶段进入信用货币阶段后，货币数量就可以不再受到贵金属数量的限制，此时货币就完全由银行体系来创造。也就是说，在现代信用货币体系中，银行作为一个整体，并不需要靠吸收社会上的贵金属货币来构成资金来源，在信用货币的银行体系开始运行之后，所有货币都是由中央银行和商业银行"创造"出来并被企业、个人等社会经济主体所持有。此后，李斌（2006）运用此框架成功地分析了金融机构存贷差等问题②。我们认为，上述对传统货币银行学的修正具有合理性：一方面，这是对信用货币制度下的货币创造和银行运行现实的客观诠释；另一方面，这也在很大程度上简化了货币创造过程的有关理论。不过，上述研究虽然打通了贷款与货币创造之间的直接通道，但并没有对货币创造的渠道进行完整的阐释，更没有对货币创造渠道演变及其背后所反映的经济结构变化进行研究。鉴于此，我们将在上述修正框架基础上，通过单个商业银行资产负债表的变化来分析货币创造渠道的扩展问题。我们发现，随着商业银行资产业务的多元化，货币创造的渠道也日益多样化，除了传统的贷款创造存款外，银行通过购买外汇、债券以及开展同业业务等也能创造货币。下面我们首先剖析货币创造的多种渠道，并将其扩展到一般情形。

---

① 孙国峰：《信用货币制度下的货币创造与银行运行》，载《经济研究》，2001（2）。
② 李斌：《存差、金融控制与铸币税》，载《管理世界》，2006（3）。

（一）货币创造的传统渠道：银行发放贷款

银行通过发放贷款来派生存款是货币创造的最为传统的形式。当一家商业银行进行一笔贷款业务时，其资产负债表上相应的会计分录是这样的：

借：某类贷款——××客户

　贷：某类存款——××客户

显然，在发生贷款的同时就会派生等额存款，从而增加全社会货币供给。我们用资产负债表的实例来进行演示。假如某人向中央银行出售证券后获得 100 元现金存入 A 银行[①]，银行按 20% 的比例缴纳法定存款准备金，A 银行的资产负债表如表 3.1 所示，此时存款货币总额为 100 元。

表 3.1

资产		负债	
超额准备金	80 元	存款	100 元
法定存款准备金	20 元		
总计	100 元	总计	100 元

当 A 银行用上述超额准备金 80 元第一次向客户发放贷款时，资产方形成了 80 元的贷款，同时负债方产生了 80 元的存款货币，其资产负债表即变为表 3.2。其中，存款为 100 + 80 = 180 元，法定存款准备

---

① 关于最初这 100 元原始存款的来源，米什金（1998）认为，"美联储可以通过两种途径向银行体系追加储备：向商业银行发放贷款及购买政府债券。"具体机理见米什金著，李扬等译的《货币金融学（第四版）》（中国人民大学出版社，1998 年 8 月），第 323～327 页。此外，胡庆康（1996）也是以"某人向中央银行出售证券"的形式论述原始存款的来源并展开后续存款派生分析的。但笔者认为，除了上述渠道，理论上或许可以增加一种途径，即中央银行向商业银行购买外汇。

金为（100 + 80）× 20% = 36 元，超额准备金为 180 − 80 − （100 + 80）×
20% = 64 元。

表 3.2

资产		负债	
贷款	80 元	存款	180 元
法定存款准备金	36 元		
超额准备金	64 元		
总计	180 元	总计	180 元

如果 A 银行继续发放贷款 64 元，那么其资产负债表将进一步变化
为表 3.3。其中，贷款为 80 + 64 = 144 元，存款为 180 + 64 = 244 元，
法定存款准备金为（180 + 64）× 20% = 48.8 元，超额准备金为 244 −
144 −（180 + 64）× 20% = 51.2 元。

表 3.3

资产		负债	
贷款	144 元	存款	244 元
法定存款准备金	48.8 元		
超额准备金	51.2 元		
总计	244 元	总计	244 元

类似地，A 银行还可继续发放贷款。在这些过程中，银行的资产
负债表是在不断扩张的，每次发放贷款行为都在派生存款及创造货币。

（二）货币创造渠道的扩展之一：银行购买外汇

其实，银行通过购买外汇的形式也能派生存款及货币，这也是近
十多年外汇大量流入期间中国的一个普遍情况。例如，在表 3.1 的基
础上，当 A 银行购买外汇 80 元时，负债方 80 元的存款货币就同时产

生了,其资产负债表即变为表 3.4。其中,存款为 100 + 80 = 180 元,法定存款准备金为(100 + 80)× 20% = 36 元,超额准备金为 180 - 80 - (100 + 80)× 20% = 64 元。类似地,A 银行还可以继续购买外汇。在这些过程中,银行每次购买外汇的行为都在派生存款及创造货币。

表 3.4

资产		负债	
外汇资产	80 元	存款	180 元
法定存款准备金	36 元		
超额准备金	64 元		
总计	180 元	总计	180 元

(三) 货币创造渠道的扩展之二:银行购买债券

银行通过购买非银行类公司债券的方式也能派生存款,从而创造出货币①。在一般会计处理中,当商业银行购买一笔债券(如一年期以上债券)时,其基本会计分录为

借:长期(短期)投资——债券投资

　　贷:银行存款

这意味着,在表 3.1 的基础上,当 A 银行购买债券 80 元时,资产方 80 元的存款货币就同时产生了,其资产负债表即变为表 3.5。其中,存款为 100 + 80 = 180 元,法定存款准备金为(100 + 80)× 20% = 36 元,超额准备金为 180 - 80 - (100 + 80)× 20% = 64 元。同样地,A 银行还可以继续购买债券,其每次购买债券的行为都在派生存款及创造货币。

---

① 值得一提的是,如果银行购买其他银行的债券资产,将不会派生货币。因为这种购买行为只会导致两个银行之间超额准备金的转移,并不会造成整个银行体系负债方存款的创造。

表 3.5

资产		负债	
债券资产	80 元	存款	180 元
法定存款准备金	36 元		
超额准备金	64 元		
总计	180 元	总计	180 元

（四）货币创造渠道的小结：扩展至一般情形

综上所述，无论是银行通过发放贷款，还是购买外汇、债券的渠道，在本质上都有存款派生及货币创造的功能。在这个过程中全社会存款货币是不断增加的，而不能反向理解为既有存款"存"入银行后被用于放贷、买债等不同用途。下面我们可以结合上述三种渠道，进行一般性地扩展。具体地，假定法定存款准备金率为 r_d，若最初的存款增加 ΔB，该银行的资产负债表如表 3.6 所示。

表 3.6

资产		负债	
超额准备金	$\Delta B(1 - r_d)$	存款	ΔB
法定存款准备金	$r_d \Delta B$		
总计	ΔB	总计	ΔB

那么，经过该银行第一次发放贷款（或者购买外汇、债券等资产业务）后，其资产负债表如表 3.7 所示。

表 3.7

资产		负债	
贷款（外汇或债券）	$\Delta B(1 - r_d)$	存款	$\Delta B + \Delta B(1 - r_d)$
法定存款准备金	$r_d[\Delta B + \Delta B(1 - r_d)]$		
超额准备金	$\Delta B(1 - r_d)^2$		
总计	$\Delta B + \Delta B(1 - r_d)$	总计	$\Delta B + \Delta B(1 - r_d)$

类似地，经过该银行第二次发放贷款（或者购买外汇、债券等资产业务）后，其资产负债表如表 3.8 所示。

表 3.8

资产		负债	
贷款（外汇或债券）	$\Delta B(1 - r_d) +$ $\Delta B(1 - r_d)^2$	存款	$\Delta B + \Delta B(1 - r_d) + \Delta B(1 - r_d)^2$
法定存款准备金	$r_d[\Delta B + \Delta B(1 - r_d) +$ $\Delta B(1 - r_d)^2]$		
超额准备金	$\Delta B(1 - r_d)^3$		
总计	$\Delta B + \Delta B(1 - r_d) +$ $\Delta B(1 - r_d)^2$	总计	$\Delta B + \Delta B(1 - r_d) + \Delta B(1 - r_d)^2$

类似地推导下去，经过该银行 n 次发放贷款（或者购买外汇、债券等）后，其资产负债表将变化为表 3.9。

表 3.9

资产		负债	
贷款（外汇或债券）	$\Delta B \sum_{n=1}^{\infty} (1 - r_d)^n$	存款	$\Delta B \sum_{n=0}^{\infty} (1 - r_d)^n$
法定存款准备金	$r_d \Delta B \sum_{n=0}^{\infty} (1 - r_d)^n$		
超额准备金	$\Delta B(1 - r_d)^{n+1}$		
总计	$\Delta B \sum_{n=0}^{\infty} (1 - r_d)^n$	总计	$\Delta B \sum_{n=0}^{\infty} (1 - r_d)^n$

其存款总额增至 $\Delta D = \Delta B \sum_{n=0}^{\infty} (1 - r_d)^n$

由于法定存款准备金 $0 < r_d < 1$，从而 $0 < (1 - r_d) < 1$，因此，

$$\Delta D = \Delta B \sum_{n=0}^{\infty} (1 - r_d)^n = \Delta B \frac{1}{1 - (1 - r_d)} = \frac{1}{r_d} \Delta B \quad (3.1)$$

因此，在法定存款准备金率的制约下，原始存款 ΔB 可以通过银行体系最终派生出 $\dfrac{1}{r_d}$ 倍的货币总量。

类似地，法定存款准备金 ΔR 可以变化为

$$\Delta R = r_d \Delta B \sum_{n=0}^{\infty} (1-r_d)^n = r_d \Delta B \frac{1}{1-(1-r_d)} = \Delta B \qquad (3.2)$$

可见，法定存款准备金总额的增加等于最初原始存款的数量。也就是说，存款派生以及货币创造的过程也就是原始存款（或者说最初的超额准备金）全部转化为法定存款准备金的过程。这部分"原始存款"，实际上就是基础货币。有了这部分基础货币，商业银行就可以开展资产业务，从而派生存款货币。在现实中，基础货币是由中央银行创造并提供给商业银行的。中央银行正是通过对基础货币的数量或价格的控制来达到调控货币条件的目的。这也是货币政策研究的核心内容。应该强调的是，除了上述三种主要渠道之外，理论上银行增加其他资产业务的活动，也有可能在其负债方创造出货币。例如，近年来金融创新发展较快，一些有规避监管考虑的新业务，如隐匿贷款、同业代付等都可能在银行体系的负债方创造出存款来，从而计入货币统计。今后随着金融不断发展，金融产品和金融业务日趋复杂，货币创造的渠道也会更加多样。但这并不会改变商业银行通过资产扩张创造货币的基本机理。

二、货币信用创造渠道的历史演进：基于中国的现实

为了分析上述三种重要货币创造机制在中国的实践情况，我们可以从中国人民银行按月公布的《金融机构信贷收支表（人民币）》中找到研究的线索。我们曾尝试在《存款性公司概览》、《货币当局资产负债表》、《其他存款性公司资产负债表》等其他公开的金融机构货币

统计报表中寻找上述货币创造机制的有关数据①。经过反复比较，《金融机构信贷收支表（人民币）》的数据最能全面、清楚地反映上述货币创造机制的变化②。该报表的统计原则为"资金来源＝资金运用"③，具体表现为

各项存款＋流通中的现金＋金融债券＋对国际金融机构负债＋其他＝各项贷款＋外汇占款＋有价证券及投资＋黄金占款＋财政借款＋在国际金融机构资产 　　　　　　　　　　　　　　　　　　　(3.3)④

为了更清楚地分析货币的创造渠道，我们对式（3.3）进行适当的移项处理，即

各项存款＋流通中的现金＝各项贷款＋外汇占款＋（有价证券及投资－金融债券）＋（黄金占款＋财政借款＋在国际金融机构资产－对国际金融机构负债－其他） 　　　　　　　　　　　　　　　(3.4)

进一步地，将上述式（3.4）中"各项存款＋流通中的现金"简化为"货币"⑤，"有价证券及投资－金融债券"简化为"证券净投资"，"黄金占款＋财政借款＋在国际金融机构资产－对国际金融机构负债－其他"简化为"其余项"，那么最终可得

货币＝各项贷款＋外汇占款＋证券净投资＋其余项 　　(3.5)

---

① 伍戈、李斌：《货币创造渠道的变化与货币政策的应对》，载《国际金融研究》，2012 (10)。

② 李涛（2012）通过《金融机构信贷收支表（人民币）》的数据对货币创造进行了初步论述，并尝试用其对货币供应量进行预测，但文章缺乏对理论机制与历史演变的详尽阐述和深入分析。见李涛的《资金流动周刊：下调货币供应量增速预测》，载《中银国际证券研究报告》，2012－06－05。

③ 中国人民银行调查统计司：《中国人民银行统计季报》（2012 年第 2 期），北京，中国金融出版社，2012。

④ 按照《金融机构信贷收支表（人民币）》的统计，"各项存款"包括非金融企业存款、财政存款、住户存款和其他类存款。

⑤ 本节将此处简化而成的"货币"（即"各项存款＋流通中的现金"）与货币供应量 M2 进行了对比，其绝对数值及其变化趋势大体是一致的。因此，我们认为，这种简化是合理的。

经过上述简化处理得到的式（3.5）可以帮助我们理解中国货币创造的主要渠道。简单地说，金融机构可以通过贷款、外汇占款以及证券投资这三个重要渠道派生创造货币，这与上文中对传统货币创造理论的扩展是一致的。但在中国的现实中，这三个重要渠道究竟发挥着什么样的作用以及未来会有何趋势性的变化，这是摆在政策决策者面前重要的问题。为此，我们按照式（3.5）对《金融机构信贷收支表（人民币）》的数据进行了整理（见图 3.1 和图 3.2），期待得到更直观的理解。从数据中我们发现：

从存量上来看（见图 3.1），2000 年以来各项贷款始终是货币创造的最主要渠道。尤其是 2009 年以来贷款增长较快，对货币创造的影响较大。2001 年以来，外汇占款稳步增长，从 2003 年 3 月开始，外汇占款取代了证券净投资成为货币创造的第二大渠道，这与中国加入世界贸易组织以来"双顺差"国际收支格局的大背景是一致的。近年来，证券净投资也呈平稳增长态势，但其存量仍显著低于各项贷款与外汇占款。

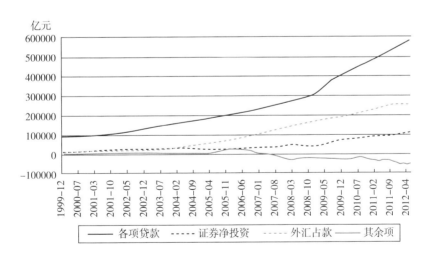

资料来源：笔者根据中国人民银行、Wind 数据计算整理。

图 3.1　货币创造的主要渠道（累计存量）

　　从增量上来看（见图3.2）①，2000年以来各项贷款也基本保持着货币创造最主要渠道的位置，但在2005年和2008年外汇大量流入时期，外汇占款曾逼近甚至超过各项贷款而跃居成为货币创造的最主要渠道。过去相当长的一段时间内，证券净投资在货币创造中处于不很重要的地位，但是近年来随着中国直接融资市场的较快发展，证券净投资的数量已经呈稳步上升趋势，其在货币创造中的作用也日益增强。值得一提的是，2008年国际金融危机以来，由于外汇流入的大量减少以及证券净投资的稳步增加，证券净投资在货币创造中的作用相对上升。2009年9~12月以及2012年以来，证券净投资创造的货币已经超出了外汇占款（如图3.2中虚线圆圈所示），这是过去十多年来未曾出现过的新现象②。

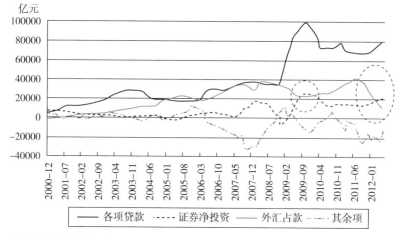

资料来源：笔者根据中国人民银行、Wind数据计算整理。

图3.2　货币创造的主要渠道（同比增量）

---

　　① 此处的"增量"是"年度增量"的概念，具体是当月存量减去去年同期存量。另外，我们也曾尝试用"月度增量"概念（即当月存量减去上月存量）进行分析，但其波动性过于剧烈，因此不便于作趋势性研究。

　　② 例如，按照《金融机构信贷收支表（人民币）》的统计，2012年1~6月，新增的货币共计72304亿元人民币。其中，新增贷款为48476亿元，证券净投资为12923亿元，外汇占款为3026亿元，其余项为7878亿元。

其宏观背景是 2009 年以来中国的外部失衡状况发生了很大的变化：贸易顺差连续缩减，经常项目顺差与 GDP 之比由 2007 年 10.1% 的峰值下降到 3% 以下，回到了国际公认的合理区间。

专栏 2　全球失衡的争论：再回顾

全球失衡（Global Imbalance）是 2008 年国际金融危机前各界讨论得最为激烈的经济话题，直至危机全面爆发后，该热点才被如何应对和处理金融危机等问题所取代。关于导致全球失衡的原因分析，可谓众说纷纭，莫衷一是[1]。现在回过头来看看当时的有关争论，也是挺有意思的事情。归纳起来，危机前的有关全球失衡原因的争论大致可归结为以下几类：

第一种观点认为，在开放经济条件下一国经济的外部失衡可能是由内部经济失衡引起的。以美国为例，危机前其经常项目逆差不断扩大的直接原因，可能是在宽松货币政策和房地产市场泡沫引发的财富效应刺激下消费需求猛增，财政赤字不断扩大。而过度消费导致居民储蓄水平下降，财政赤字扩大也即意味着政府储蓄水平下降。居民和政府的过度消费超过了国内生产能力，这不但约束了出口，而且需要大规模的进口以弥补需求缺口，这必然会导致经常项目逆差扩大。对于上述分析，国际上许多政治家和经济学家都是认同的。如国际货币基金组织（IMF）时任总裁拉托 2006 年 2 月在加州大学伯克利分校发表演说时称，全球经济失衡主要是由政府行为所致；时任欧央行行长特里谢、法国财长布莱顿、加拿大央行行长

---

[1]　中国人民银行国际司：《近年全球经济失衡的原因、潜在影响及调整途径分析》，载《国际金融调研》，2006（15）。

道奇等人发表的言论中均带有（或接近）这种观点。我们可将这种分析归纳为全球失衡的"内因说"。①

第二种观点认为，美国经常项目逆差的不断扩大是全球储蓄水平过剩所致，其中的逻辑为：近年新兴市场经济体的储蓄水平快速增长，加上德国、日本等主要工业国家的高储蓄倾向都导致全球储蓄水平过剩。而全球过剩储蓄的主要出路是流入美国的金融市场，购买美元资产，推动美国股市繁荣和财富效应，最终造成美国储蓄率下降及经常项目逆差的扩大。美联储前主席伯南克是这种观点的主要倡导者。我们姑且将这种观点称为全球经济失衡的"储蓄过剩说"或美国经济失衡的"外因说"。

第三种观点认为，全球经济失衡部分是经济全球化、外包全球化的结果。其分析逻辑以下：经济全球化和外包全球化导致许多工业化国家可以将成本较高的制造业转移至或外包给成本较低的新兴市场经济体，外国直接投资大量流入新兴市场经济体也进一步印证并促进这种局面。其客观结果是，"空心化"和"外包化"的工业化国家反过来必须从新兴市场经济体大量进口制造品，从而导致中国和马来西亚等国家在一段时间内出现较多的贸易顺差。而外包较多的工业国家未能及时地创造新的出口优势，而出现较大贸易逆差。周小川（2006）在分析近年来中国贸易顺差的原因时也明确地提出了这种观点②。美联储前主席格林斯潘也曾指出，美国经常项目逆差占 GDP 的比重上升主要是受经济全球化的力量长期推动所致。

---

① 伍戈（2006）系统总结认为，美国经常账户失衡与其经济结构中固有的"豪斯克—麦奇不对称效应"有关。详见伍戈的《豪斯克—麦奇不对称效应与经常账户失衡的结构成因》，载《世界经济》，2006（1）。

② 周小川："中国的贸易平衡和汇率有关问题"，2006 年中国发展高层论坛专题发言。

第四种观点认为，全球经济失衡或美国经济失衡主要是由人民币汇率政策不当造成的，美国的一些国会议员（如舒默、格雷厄姆等人）是这种观点的主要代表人物，国际经济研究所（美国）的一些经济学家如伯格斯坦也持这种观点。IMF 前首席经济学家拉杰也曾暗示过中国抵抗人民币升值是全球经济失衡加剧的原因之一。

第五种观点认为，全球经济失衡加剧主要是国际油价大幅上涨所致，因为油价大幅上涨使石油生产国（如俄罗斯、尼日利亚、沙特阿拉伯和科威特等国）的经常项目出现高额顺差，同时也使大多数石油进口国的经常项目逆差进一步扩大（美国也在其中）。IMF 前首席经济学家拉杰在分析近年全球经济失衡问题时明确指出了石油价格上涨的作用。

目前，全球经济正处于再平衡进程中。从全球失衡到全球再平衡，这不仅是一个深刻的结构调整过程，也必然会显著地反映到货币创造渠道的变化上。随着国际收支渐趋平衡，外汇占款在我国 M2 中的作用相应下降。根据我们的测算，外汇占款对新增 M2 的贡献，高点时的 2006 年达到 54%，2013 年则降至 21%，2014 年前 7 个月进一步降至 9.6%。

三、货币信用创造的新渠道：商业银行同业业务的影响

在上文中，我们分析了发放贷款、购买外汇和购买债券这三个创造货币的渠道。在这一部分，我们则要特别研究银行同业业务与货币创造之间的关系。之所以要对同业业务做专门的分析，主要源于我国货币供给出现的一些重要变化：以往贷款和外汇占款是货币创造的两

大主要渠道，运用这两个因素即可以较准确地预测货币增速，但近两年商业银行①同业业务增长很快，对货币供给的影响明显增大，其运用渠道及背后掩藏的问题也比较复杂。需要对同业业务及其与货币创造的关系做专门研究。②

（一）商业银行同业业务快速发展

所谓"同业业务"，是指商业银行和其他金融机构间的资金往来行为。主要可分为三类：

一是同业拆借。这部分业务通过全国银行间同业拆借市场进行，总体看运作上较为透明和规范。在金融机构的相关报表上，融出资金的一方记入"拆放同业"科目，融入资金的一方记入"同业拆借"科目，两相匹配。

二是同业存放。由金融机构在商业银行开立同业存放账户后将资金存入，存款利率由双方协商确定。融出资金的一方记入"存放同业"科目，融入资金的一方记入"同业存放"科目。

三是买入返售。指商业银行和金融机构在买卖金融资产时，约定在未来某一时点以约定的价格再买回，包括质押式回购、买入返售银行承兑汇票、买入返售信托收益权等业务。融出资金（即买入资产）的一方记入"买入返售资产"科目，融入资金的一方记入"卖出回购资产"科目。

从业务构成来看，买入返售资产和存放同业是融出同业资金的主要方式，同业存放是融入同业资金的主要方式。

除了正常的融通资金需求外，商业银行愿意发展同业业务可能有以下几方面的原因：一是"冲存款"、规避存贷比考核。2011年以来

---

① 此处的"商业银行"指银行业存款类金融机构，包括商业银行、农村信用社和财务公司，为行文简洁和理解方便以"商业银行"代称。

② 详见李文喆、李斌（2013）。

外汇流入派生存款减少，存贷比指标对商业银行贷款能力的限制开始显现，加之商业银行有"存款立行"的传统，较为重视存款的行业排名，使其有较强动力在季末、月末考核时点利用同业业务做大存款。二是规避资本充足率监管。按规定，商业银行对其他商业银行债权的风险权重为25%，其中原始期限3个月以内（含）债权的风险权重为20%，大大低于一般贷款100%的风险权重。三是为贷款腾挪空间、规避信贷总量调控。部分同业运用某种程度上具有"隐匿"贷款的功能，即钱已经给了企业等经济主体，但在资产负债表上不体现为贷款或投资。此外，也有人认为商业银行发展同业业务是为了规避存款准备金缴存，这是由于目前除保险和金融控股公司外，同业存款尚不在存款准备金缴存范围内，但这一说法可能并不成立，同业存款增加总体对应于一般存款减少，对商业银行而言并不一定是理性选择。

（二）商业银行同业业务对货币供给的影响

我们可以把商业银行通过同业业务创造货币称为"同业渠道"。近年来该渠道对 M2 的影响逐渐增大。依照交易对手方的不同，同业渠道又可进一步分为非银行同业渠道和银行同业渠道。下面具体分析这两种渠道是如何创造货币、增加货币供给的。

1. 非银行同业渠道

非银行同业渠道是指商业银行以同业拆借、同业存放、买入返售中的任一方式向非存款类金融机构融出资金，进而派生为这些机构在商业银行的存款，从而创造等量货币。之所以这一过程会有货币创造，是因为当一笔同业业务完成后，该银行资产方会增加一笔同业运用，同时在负债方会等额增加一笔同业存放，由于同业存放计入 M2 统计，这样货币供给就会相应增加。具体来看，以同业拆借为例，融出资金的商业银行和融入资金的非存款类金融机构资产负债表记账如下：

商业银行资产负债表	
资产	负债
拆放同业 +100	同业存放 +100

非存款类金融机构资产负债表	
资产	负债
存放同业 +100	同业拆借 +100

值得说明的是，同业存放之前并不记入货币统计，人民银行于2011年10月将非存款类金融机构在商业银行的存款（即商业银行负债方的"同业存放"科目）纳入货币供应统计后，非银行同业渠道就具备了和人民币贷款一样的货币创造功能。

从实际影响看，非银行同业渠道降低了 M2 指标的稳定性。这主要是由于该渠道呈现出明显的季节性波动特征，季末月份一般大幅增加，季初月份往往又大幅减少。不过，非银行同业渠道的总余额变动并不大。这意味着非银行同业业务增幅小于其他同业业务，对货币供应量总体规模的影响也不如其他因素显著，很大程度上只是增大了 M2 的月度波动。

根据观察，非银行同业渠道的交易对手可能主要是商业银行表外理财和保险公司。一是在季末向表外理财融出资金。由表外理财向投资者兑付，以增加各项存款，季初反向操作。这表现为表外理财在季末大幅减少，在季初则又大幅上升。二是向保险公司融出资金。这主要是由于保险公司存款是直接计入一般存款的，因此商业银行有可能借助这一渠道实现季末"冲存款"的意图。

2. 银行同业渠道

所谓银行同业渠道，是指商业银行向非金融企业提供类似于贷款的融资，并创造等量货币，但是通过两家银行间的操作，将本应记入贷款或投资的资金运用记入同业科目，从而规避了信贷总量调控和资本充足率监管。常见的三种操作方式分别是"买入返售银行承兑汇票"、"同业代付"和"买入返售信托收益权"。下面我们分析其运作机理和影响。

（1）银行同业渠道创造货币的原理

以"买入返售信托受益权"为例，其操作步骤：

第一步，信托公司设立由公司 A 投资于公司 B 的"信托 E"。

第二步，银行 C 从公司 A 购买"信托 E"的受益权，在购买的同时和银行 D 签订远期购买协议，由银行 D 承诺在未来某一时间以固定价格购买"信托 E"的受益权。

第三步，在入账时，由于银行 D 承诺远期购买，银行 C 就将"信托 E"的受益权按同业资金运用记入"买入返售资产"科目，而银行 D 仅将购买承诺记入表外项目。两家银行记账如下：

银行 C 资产负债表

资产	负债
买入返售　+100	公司 A 存款　+100

银行 D 资产负债表

资产	负债
没有变化	没有变化

容易看出，在上述过程结束后，银行 C 在资产方增加了一笔同业运用，同时在负债方派生出了等额存款，从而直接增加了货币供给。当然，这是单家银行信贷收支表上的反映。当我们观察金融机构合并报表时，情况就会发生有趣的变化。银行同业渠道创造的货币在《金融机构（含外资）人民币信贷收支表》上会反映到"其他"项中。该表在编制时需合并各银行的信贷收支表，"其他"项是合并报表后资产来源与资金运用的"轧差"项，在资金来源方列示。需要特别注意的是，在上面的例子中，银行 C 登记了对银行 D 的同业资金运用，但银行 D 并未登记对银行 C 的同业资金来源。这种记账上的不匹配使银行 C 所记的同业资金运用无法在合并报表时被抵消，而合并报表后的同业资金运用又只用来反映银行业和非银行业金融机构间的资金往来，因此上述不匹配只能以"轧差"项的方式记入"其他"项。当然，也不排除"其他"项可能受到银行同业以外科目不匹配的影响。总的来

看，银行同业渠道增加时，"其他"项增加值为负，对应于负债方"存款"增加。因此，我们可以通过观察"其他"项来大体判断银行同业资金运用的规模。

（2）银行同业渠道对货币供给的影响

近年来银行同业渠道对货币供给的影响越来越大。根据估算，银行同业渠道创造的货币一度仅低于人民币贷款，高于外汇占款和证券投资渠道。

值得注意的是，银行同业渠道增大也会使 M2 统计的稳定性受到影响，波动加大。受季节性、流动性水平和行业监管政策等多种因素影响，该渠道大幅变化已成为影响近年 M2 波动的主要因素。

一方面，银行同业渠道和银行体系流动性表现出共向波动特征。也就是说，当银行流动性宽裕时，银行同业渠道扩张得也快，流动性趋紧时银行同业渠道则又倾向于收缩。例如，2013 年 1 月央行新增外汇占款达 3515 亿元，资金面宽裕，银行同业渠道一改季初向下拉动存款的特点，大幅反向增加存款，导致 M2 增速上升。2013 年 6 月，流动性出现阶段性紧张，银行同业渠道一改季末向上拉动存款的特点，反而减少存款创造，成为向下拉动 M2 增速的主要因素。可见，外汇占款增加可以从两方面对货币创造产生叠加影响：首先，外汇占款增加本身就可以直接创造存款货币，其次，央行购买外汇后银行体系流动性增加，也为商业银行通过同业业务创造存款提供了空间，反之反是。外汇占款和同业渠道两者往往是"要上一块上，要下一块下"，这也明显加大了货币增速的波动。

另一方面，银行同业渠道季节性波动往往明显。季末月份大幅增加，以达到"冲存款"的目的。从目前变化看，季初月份往往只减少季末增加额的一部分，因此这部分就有可能是虚增的存款。此外，银行同业渠道还受到监管政策的影响，一定程度上也造成波动。例如，2011 年 6 月银监会发出通知要求规范"买入返售银行承兑票据"，加之流动性趋紧，银行同业渠道持续收缩，由此显著降低 M2 增速。

值得进一步说明的是，随着对同业业务的监管逐步强化，商业银行通过同业渠道创造的存款货币增长有所放缓，但出于规避监管的考虑，一些商业银行又通过资产方的"投资"和"应收应付"科目的扩张来发放隐匿贷款，由此导致"投资"和"应收应付"科目一度出现超常规的快速扩张。虽然形式不同，但从货币创造的角度看，实际上都是商业银行通过资产方扩张来派生负债方的存款货币，货币创造的机理是相同的。

四、货币信用创造的进一步量化分析：基础货币与货币乘数的关联

在上文中，我们分析了货币创造的渠道及其变化，对传统的货币创造渠道进行了创新性的拓展研究。研究表明，随着商业银行资产业务的多元化，货币创造的渠道也更加多样化，除了传统的贷款创造存款外，银行通过购买外汇、债券以及开展同业等资产业务也能派生存款及创造货币。这是在实践基础上对传统货币银行理论的补充和修正。

商业银行的资产扩张行为会直接创造货币，这是银行不同于其他经济主体最为重要的特征之一。回头看上文那几张资产负债表，虽然简单，但却能够说明一些重要问题：一是商业银行的放贷、买债、购汇、同业等资产扩张行为都可能会在负债方派生存款，从而增加货币供给。二是与直观想象不同，银行放贷、买债、购汇之后不但负债方既有存款不会减少，反而还会等额增加，也就是说全社会货币供给会随之增加。这意味着，银行并不是通过吸收存款而发放贷款的，银行的信贷来源于其"信用"扩张，并通过扩大负债的方式创造出新的存

款货币。这实际上就是货币供给的过程。商业银行因上述资产扩张行为减少的不是负债方的存款数量，而是资产方的超额准备金数量。这是因为银行放贷等会派生存款，在有存款准备金率要求的情况下，银行就必须把按存款的一定比率测算出的超额准备金转为法定存款准备金以满足要求。与直观理解不同，银行缴纳存款准备金用的并不是负债方的存款，而是资产方的超额准备金。而当超额准备金全部转化为法定存款准备金后，银行就不能再进行放贷等资产扩张。在上文的例子中，在 20% 的法定存款准备金率要求下，A 银行最初 100 元的超额准备金最多可以在负债方派生出 500 元的存款，而这一比例也就是所谓的货币乘数。由于法定存款准备金和超额准备金共同构成基础货币，因此中央银行可以通过控制基础货币数量或者调整存款准备金率的办法来调节商业银行创造货币的能力。基础货币构成的不同（超额准备金和法定存款准备金的比例不同）对银行放贷能力的影响也完全不同，因此不宜简单看基础货币总量有多少，关键还是要看超额准备金状况或者说银行的流动性水平。

下面，我们就从另一个角度来观察货币供给[1]，对我国基础货币、货币乘数以及货币内生性问题进行理论和实证研究。

按照经典的货币银行学理论，货币供应的基本分析框架为 $M = m \times B$，其中，M 为货币供应[2]，B 为基础货币，m 为货币乘数。按照 IMF 的定义，基础货币包括银行体系外的现金、存款货币银行的现金、存款货币银行在中央银行的存款、私人部门在中央银行的存款、其他政府部门以及非货币金融机构在中央银行的存款等（王曦，2003）。大体参照该定义，我国的基础货币定义为人民银行发行的现金、各金融机构在人民银行的准备金存款、邮政储蓄存款和机关团体存款（人民

---

① 见伍戈的《中国货币供给的结构分析：1999—2009 年》，载《财贸经济》，2010（11）。

② 现阶段我国货币供应量分为以下三个层次：M_0 为流通中的现金；M_1 为货币，即 M_0 + 活期存款；M_2 为 M_1 + 准货币（定期存款 + 储蓄存款 + 其他存款）。

银行，2009）[1]，更具体点，即 $B = M_0 + R + E + O$，其中，R 和 E 分别为金融机构在人民银行的法定存款准备金和超额准备金；O 为其他存款，即包含在基础货币中的非存款货币机构，主要是邮政储蓄转存款和机关团体在人民银行的存款。由此我们可以进一步推导出广义货币乘数 m_2 的基本表达式：

$$m_2 = \frac{M_2}{B} = \frac{M_0 + D}{M_0 + R + E + O} = \frac{\dfrac{M_0}{D} + 1}{\dfrac{M_0}{D} + \dfrac{R}{D} + \dfrac{E}{D} + \dfrac{O}{D}} = \frac{1 + c}{c + r + e + o}$$

$$(3.6)$$

其中，D 为各类存款（$D = M_2 - M_0$），c 为现金漏损比率，r 为法定存款准备金率，e 为超额准备金率，o 为其他存款比率。

图 3.3 和图 3.4 显示了近十多年来中国货币供给的基本状况及其各决定比率[2]。随着我国经济的持续较快发展，基础货币和货币供应呈持续上升态势，特别是 2009 年以来，货币供应大幅上升。但货币乘数存在波动性，1999 ~ 2006 年货币乘数持续上升，但 2006 年以后出现明显下滑，直至 2008 年 12 月开始逐步回升企稳。

接下来，我们先分析各决定因素对货币供给变化的贡献度，然后再分别对基础货币和货币乘数进行结构分析，最后探讨基础货币与货币乘数之间的相互影响。

根据货币供给的基本公式，货币存量的变化是由基础货币和货币乘数（现金比率、法定存款准备金率、超额准备金率和其他存款比率）这些主要因素决定。因此，我们可以考察每一个决定因素发生变化所引起的货币存量的变化及其贡献度。由于货币供应各决定变量之间的

---

[1]　见《中国人民银行统计季报》（2009 年第 3 期），第 108 页。
[2]　如无特别说明，本节数据来源为 CEIC 数据库和人民银行。

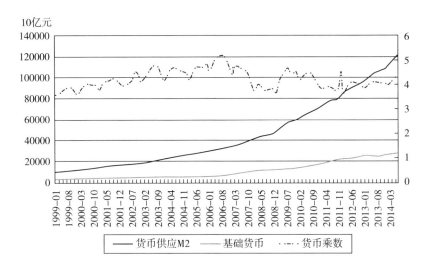

图3.3 基础货币、货币乘数与货币供应

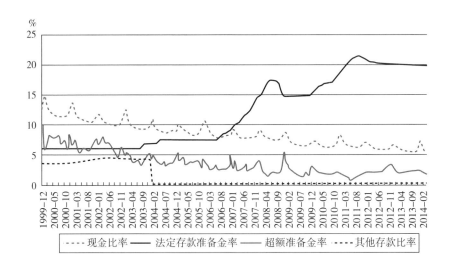

图3.4 货币乘数各决定比率

关系不是简单的线性相加关系，且变量是非连续的，我们难以按照常规方法（如计算GDP中三大需求的贡献度）来计算货币存量各决定因素对其变化的贡献度。为了解决该问题，我们采取近似办法进行估算①。首先，对货币供给公式两边同时取对数：

（一）各决定因素对货币供给变化的贡献度

$$M = B \cdot \frac{1+c}{c+r+e+o} \Rightarrow \ln M$$
$$= \ln B + \ln(1+c) - \ln(c+r+e+o) \tag{3.7}$$

在两个时点之间，$\ln M$ 的总变化为

$$\Delta \ln M = \ln M_t - \ln M_0 \tag{3.8}$$

接着，我们考察如果几个决定因素依次发生变化，而其他的变量保持初值不变时 M 的变化。因此，由式（3.7）可分别得到

$$\Delta B \text{ 的影响} = \Delta \ln M(c_t = c_0, r_t = r_0, e_t = e_0, o_t = o_0)$$
$$= \ln B_t - \ln B_0 \tag{3.9}$$
$$\Delta c \text{ 的影响} = \Delta \ln M(B_t = B_0, r_t = r_0, e_t = e_0, o_t = o_0)$$
$$= \ln(1+c_t) - \ln(c_t + r_0 + e_0 + o_0)$$
$$- \ln(1+c_0) + \ln(c_0 + r_0 + e_0 + o_0) \tag{3.10}$$
$$\Delta r \text{ 的影响} = \Delta \ln M(B_t = B_0, c_t = c_0, e_t = e_0, o_t = o_0)$$
$$= -\ln(c_0 + r_t + e_0 + o_0) + \ln(c_0 + r_0 + e_0 + o_0) \tag{3.11}$$
$$\Delta e \text{ 的影响} = \Delta \ln M(B_t = B_0, c_t = c_0, r_t = r_0, o_t = o_0)$$
$$= -\ln(c_0 + r_0 + e_t + o_0) + \ln(c_0 + r_0 + e_0 + o_0) \tag{3.12}$$
$$\Delta o \text{ 的影响} = \Delta \ln M(B_t = B_0, c_t = c_0, r_t = r_0, e_t = e_0)$$
$$= -\ln(c_0 + r_0 + e_0 + o_t) + \ln(c_0 + r_0 + e_0 + o_0) \tag{3.13}$$

式（3.9）用于估计仅 B 发生变化所产生的独立影响，而式（3.10）至式（3.13）分别用于近似估计 c、r、e 和 o 变化所产生的独

① 参见米尔顿·弗里德曼的《美国货币史：1867～1960》中的有关计算方法。

立影响。尽管根据式（3.7）分离出来的式（3.9）至式（3.13）可以用于估算相应决定因素各自单独变化所引起的 M 的变化率，但是，式（3.9）至式（3.13）的总和并不完全等于式（3.8）。式（3.8）与式（3.9）至式（3.13）总和之间的差代表一种相互影响，即模型中不能分别归因于 B、c、r、e 和 o 的那部分变化。现在，我们就可以分别将式（3.9）至式（3.13）除以式（3.8）来大致估算各因素对货币存量变化的贡献度。

从中国的现实来看，根据货币存量的变化状况，可将亚洲金融危机后十多年的时间大致划分为四个历史阶段（见图3.5）[1]：Ⅰ.1999 年12 月~2003 年8 月，亚洲金融危机后经济复苏期；Ⅱ.2003 年9 月~2008 年11 月，外汇大量流入期；Ⅲ.2008 年11 月~2009 年12 月，次贷危机期间；Ⅳ.2010 年1 月~2014 年6 月，后危机时期。由此，我们可分别计算四个历史阶段各决定因素对货币存量变化的贡献度（见表

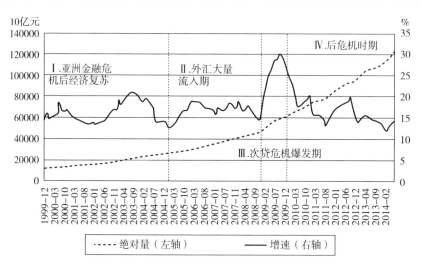

图 3.5　货币存量（M2）及其增速

---

① 感谢郑敏闵对本部分数据更新作出的贡献。

3.10）。在亚洲金融危机后的经济复苏期间，基础货币和货币乘数对货币存量变化的贡献度约各占50%。在货币乘数的各决定因素中，超额准备金率的贡献度最大，为35.83%。在外汇大量流入期间，基础货币对货币存量变化的贡献度占主导地位，为122.66%，而货币乘数（特别是法定存款准备金率）的贡献度为负，这显然与基础货币中外汇占款大幅增加以及货币乘数中法定存款准备金率多次调高的现实直接相关。而自从次贷危机全面爆发到2009年12月，随着外汇占款增速明显回落（见图3.6），基础货币对货币存量变化的贡献度显著下降至44.41%，法定存款准备金率基本保持相对稳定，超额准备金率在贡献度中再次开始发挥重要作用，贡献度为30.05%。这可能与国际金融危机期间刺激政策下商业银行大量信贷投放导致超额准备金率较快下降等因素相关。从2010年1月开始，随着人民银行连续13次上调法定存款准备金率，货币乘数尤其是法定存款准备金率对货币供应量的贡献度出现为负的情形，基础货币对货币存量的变化起决定性的正向作用。总的来看，在从亚洲金融危机后十多年来的总体情况来看，基础货币的贡献度仍占主导作用，为91.69%，货币乘数的贡献度相对较小。

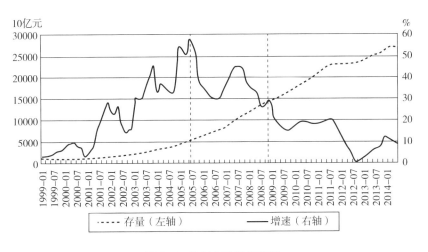

图3.6　外汇占款及其增速

表 3.10 各因素对货币存量变化的贡献度（1999～2014 年）

直接决定因素	其他条件不变，各因素变动所引起货币存量的变化				
	亚洲金融危机后复苏期	外汇大量流入期	次贷危机期间	后危机时期	亚洲金融危机以来
	1999.12～2003.8	2003.9～2008.11	2008.11～2009.12	2010.1～2014.6	1999.12～2014.6
	变化率（%）				
1. 基础货币	28.45	93.75	10.82	67.28	211.93
2. 现金比率	8.45	6.66	2.77	-1.91	20.38
3. 法定存款准备金率	0.00	-33.77	0.00	-16.35	-36.23
4. 超额储备金率	20.18	4.51	7.32	4.19	29.25
5. 其他存款比率	-2.97	19.74	0.16	-0.01	11.42
6. 各因素相互作用	2.22	-14.46	3.29	12.73	-5.61
7. 总计	56.33	76.43	24.36	65.93	231.14
	各因素对货币存量变化的贡献度（%）				
1. 基础货币	50.50	122.66	44.41	102.05	91.69
2. 现金比率	15.00	8.71	11.38	-2.90	8.82
3. 法定存款准备金率	0.00	-44.18	0.00	-24.80	-15.68
4. 超额准备金率	35.83	5.90	30.05	6.36	12.65
5. 其他存款比率	-5.27	25.83	0.67	-0.02	4.94
6. 各因素相互作用	3.94	-18.92	13.49	19.31	-2.43
7. 总计	100	100	100	100	100

（二）基础货币的结构分析

在探讨基础货币的供应结构时，我们有必要从央行资产负债表着手展开研究。为了便于理解基础货币的主要决定因素，我们对央行定期公布的《货币当局资产负债表》（见表 3.11）进行适当整理，略去且合并一些细项后得到简化表格（见表 3.12）。

表 3.11　　　　　　货币当局资产负债表（2014 年 6 月）　　　　单位：亿元

国外资产	280169.49	储备货币	279898.66
外汇	272131.01	货币发行	63260.47
货币黄金	669.84	其他存款性公司存款	216638.19
其他国外资产	7368.65	不计入储备货币的金融性公司存款	1516.55
对政府债权	15312.73	发行债券	7132.00
其中：中央政府	15312.73	国外负债	1477.31
对其他存款性公司债权	14556.64	政府存款	33282.98
对其他金融性公司债权	8809.15	自有资金	219.75
对非金融性部门债权	24.99	其他负债	6171.34
其他资产	10825.59		
总资产	**329698.60**	**总负债**	**329698.60**

表 3.12　　　　　　　　货币当局资产负债表（简化）

资　　　产	负　　　债
外汇占款	基础货币
对金融机构贷款	财政存款
各类证券及投资	央行债券
其他净资产	

根据资产恒等于负债的会计关系，我们很容易从货币当局资产负债简表中得到基础货币（储备货币）的简化决定公式：

基础货币 = 外汇占款 + 对金融机构贷款 + 各类证券及投资 + 其他净资产 − 财政存款 − 央行债券　　　　　　　　　　　　　　　　（3.14）

由此，可以描绘出近几年基础货币的供给结构（见图 3.7）。随着外汇占款对基础货币的影响日益增大，原有的政策工具难以满足冲销需要，从 2003 年开始人民银行发行中央银行票据对冲流动性。过去在基础货币供给中曾起主导作用的"对金融机构贷款"的占比近年来呈不断下降趋势，外汇占款逐步成为基础货币供应的主渠道（即使在次贷危机期间也是如此）。但自 2009 年以来外汇占款增幅逐步下降，其在基础货币供应结构中的占比也逐步下降并趋于稳定，与此同时，人民银行也相应减少了中央银行票据发行。

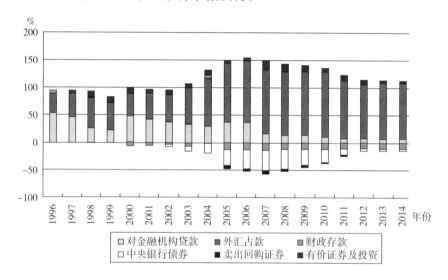

图 3.7　基础货币的供应结构

（三）货币乘数的结构分析

根据货币乘数的表达式（3.6），下面我们结合中国现实，分别从各个决定比率分析货币乘数的内部结构及其变化。

1. 现金比率（c）

如图 3.8 所示，现金比率的变动呈现出较强的规律性：1999 年以来总体呈稳步下降趋势，但在每个年度内有着十分明显的季节波动。从短期波动看，每年元旦、春节等重要节日期间由于现金投放显著增加，现金比率达到高峰。从中长期趋势看，普遍认为近年来现金比率的持续下降与支付工具的现代化进程有关，即随着金融体系的完善和金融服务手段的改进，居民在现金和存款之间日益倾向于选择既能生息又安全方便的存款（马明，1996；阮健弘等，2005）。此外，现金比率还与人均实际收入增长等因素有关，即随着收入的增加，居民持有存款的倾向大于持有通货的倾向（弗里德曼，1971；巴曙松，1998；胡援成，2000）。

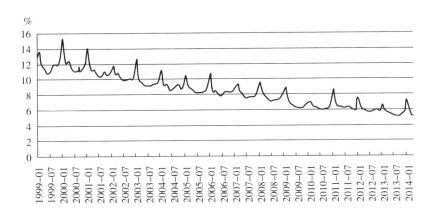

图 3.8　现金比率

2. 准备金率：超额准备金率（e）和法定存款准备金率（r）

一般而言，超额准备金是商业银行为应对日常支付而作的资金准备。广义上讲，目前我国金融机构的超额准备金除了其库存现金之外，还有相当数量是以在中央银行存款的形式出现的。近年来，随着我国商业银行流动性管理水平和支付系统电子化程度不断提高，超额准备金率出现持续下降趋势（见图 3.9）。

接着我们来观察法定存款准备金率的变化。法定存款准备金率与宏观经济形势和中央银行的调控措施直接相关。具体地：为应对亚洲金融危机的负面影响，人民银行分别于 1998 年 3 月和 1999 年 11 月两次下调法定存款准备金率，此后几年基本保持稳定。从 2006 年 7 月至

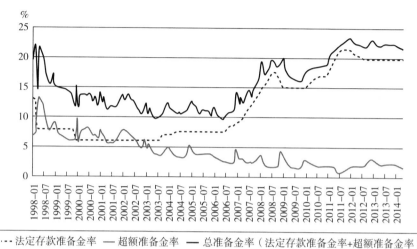

图 3.9　准备金率情况

2008 年 8 月，在外汇持续大量流入的宏观背景下，人民银行连续 18 次提高法定存款准备金率至 17.5% 以深度冻结银行体系流动性。从 2008 年 9 月开始，人民银行连续 3 次下调法定存款准备金率来应对国际金融危机。2010 年以来，随着经济企稳复苏格局的确立和流动性再次充裕，人民银行又开始逐步上调法定存款准备金率。值得一提的是，法定存款准备金和超额准备金共同形成了商业银行的总准备金。在法定存款准备金率变动频率较低的年份里（如 2003 年以前），总准备金率与超额准备金率走势基本保持一致。但近年来，随着法定存款准备金率作为流动性管理工具的频繁使用，总准备金率明显与法定存款准备金率走势趋同。

3. 其他存款比率（o）

一般而言，其他存款比率相对比较稳定，其对货币存量变化的贡献度较小（见表 3.10），绝大部分的研究几乎忽略该比率。近年来唯一的一次大幅波动出现在 2004 年 1 月，由于非金融性机构存款的大幅减少从而导致其他存款一次性急剧减少，此后其他存款比率一直稳定在极低的水平上（见图3.10）。

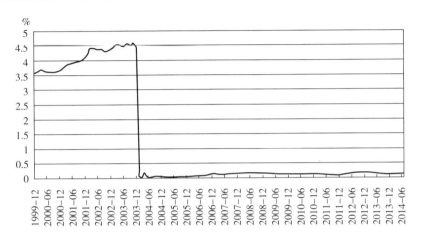

图 3.10　其他存款比率

（四）基础货币与货币乘数的相互影响

值得关注的一个有趣现象是，从图形上看（见图3.11），近年来基础货币与货币乘数增速之间存在较为明显的反向变动关系，这似乎说明基础货币和乘数之间并不是独立的，而是存在某种内在的联系。

对此可能的一种解释是，当经济出现过热苗头或是流动性过多时，基础货币快速增长，这时商业银行的超额准备金率往往呈较快上升趋势，央行也有较强的上调法定存款准备金率的动力，最终结果可能会是货币乘数下降。反之，当经济前景不乐观或是流动性不足时，基础货币投放相对较少，商业银行超额储备金率较低，央行有较强的动力去降低法定存款准备金率，导致货币乘数上升。因此，基础货币与货币乘数增速的反向变动关系背后，是央行积极的"逆周期"宏观调控行为，即当基础货币与货币乘数增速两者中有一个出现过快或过慢增长时，央行总是出台政策措施设法"熨平"，使两者增速适度"抵消"

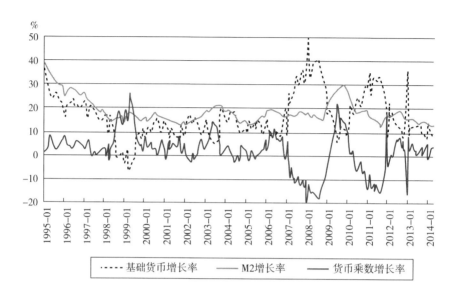

图3.11　基础货币、货币乘数与货币供应的增速

（在图形上看即反向变动关系），最终目的是货币供应保持相对平稳的增长。

总结上述研究，可以得到以下几点结论：

一是我国的货币供给具有鲜明的内生性特征，即货币供应量不是简单地由货币当局直接"外生"控制，商业银行等微观主体的行为以及外汇流入因素显著地影响基础货币和货币乘数的变化，从而使得货币供应在很大程度上"从属"或适应于货币需求。

二是从我国宏观调控的现实来看，中央银行相机抉择的货币政策有效地影响着基础货币和货币乘数的变化，从而基本实现了宏观调控目标。从这个角度来看，我国的货币供给也具有较强的外生特性。

三是从基础货币的结构变化来看，对金融机构贷款的占比在较长的一段时间里呈不断下降的趋势，外汇占款在较长的一段时间里成为基础货币供应的主渠道。此时货币政策调控的着力点在于通过各种政策工具对外汇占款进行有效的对冲操作。

四是从货币乘数的结构变化来看，法定存款准备金率和超额准备金率对货币变化的贡献度最大，对金融机构实施流动性管理的关键之一，就是要根据国内外经济金融形势变化对准备金进行调节，合理引导金融机构的信贷投放，实现宏观调控意图。

五、小结

本章旨在阐释货币创造的机理及创造渠道的变化。商业银行的资产扩张行为会直接创造货币，这是银行不同于其他经济主体最重要的一个特征。正确理解货币创造需要把握好两个视角：一是要多从"信用"而不是"实物"的角度来理解，二是要多从资产负债表复式记账的角度来观察。在信用货币条件下，从理论逻辑的次序看，是"先有资产，后有负债；先有贷款，后有存款"，而不是相反，全部存款货币只能来源于银行通过扩张资产进而在负债方派生出的存款。

在传统教科书中，一般只提到发放贷款可以派生存款。但在现实中，商业银行可以通过多种资产扩张创造存款货币，发放贷款、购买外汇、购买非银行机构发行的债券以及开展同业业务等行为甚至证券投资、应收应付等，都可以在其负债方派生出等额存款。在这个过程中，银行资产负债表不断扩大，存款不断增加，而这也就是所谓货币创造的过程。外汇占款一度与贷款并列为最主要的货币创造渠道，但随着国际收支逐步趋向平衡，外汇占款派生存款货币的作用下降，而在表外和所谓影子银行融资快速扩张的阶段，不规范的同业业务在货币创造中的作用明显上升。可见，货币创造渠道变化的背后，反映的是经济结构和发展方式的变化。而在商业银行创新加快，资产负债日趋复杂的情况下，货币创造渠道也会更加复杂，中央银行准确调控货币总量的难度会上升，数量型的调控模式面临挑战。

第四章　更完整地理解货币信用创造 I：
存贷差的视角

一、存贷差：理解货币信用创造的重要视角

作为上一章所阐释货币创造理论的一个拓展和应用，本章试图全面和深入解析存贷差（有人称为"存差"）这一重要的金融现象。之所以要对存贷差问题做专门研究，一方面是因为存贷差问题被广泛关注，与存贷差紧密相关的"贷存比"至今仍被作为商业银行流动性监管的重要指标；另一方面，则是由于围绕存贷差形成了一系列广泛流行但却似是而非的认识。而之所以会出现这样的现象，一个重要原因就在于很多人对货币创造和货币供给的理解存在偏差。我们感到，分析"存贷差"是观察和理解货币创造理论的一个很好的视角。对存贷差进行研究既是对货币创造理论的一个应用，也可以巩固我们对信用货币创造和运行规律的认识。两者之间是相互促进的。

应当说，存贷差问题由来已久。20 世纪 90 年代中期以来，我国金融机构就开始出现存贷差，并且数额迅速扩大，成为金融领域引人注目的现象。存贷差一般是指金融机构存款余额大于贷款余额的差额。近些年来我国金融机构存、贷款相比，存贷差不断扩大。根据中国人民银行公布的金融统计数据，到 2013 年末，金融机构人民币各项存款余额为 103.4 万亿元，各项贷款余额为 71.9 万亿元，存贷差已达 31.5 万亿元，占存款余额近 31%。围绕存贷差扩大这一现象，国内出现了一大批对存贷差原因及其影响进行理论和实证分析的文献（孙国峰，

2002；胡海鸥等，2002；张红地，2003；殷孟波等，2003；江其务，2003；何田，2004；李德，2004；孙工声，2005）。这其中，大部分研究从银行资产负债表中有关项目数量的增减变化入手分析，也有少数研究试图从货币创造理论、国有银行特殊资本结构等更深层面研究存贷差的原因，深化对有关金融理论和金融体制的理解（孙国峰，2001；张杰，2003）。围绕存贷差成因形成了一系列相当流行的观点，如信贷萎缩假说、过度储蓄假说、资金运用多元论、银行坏账剥离论、外汇占款论等。

　　但是，深入的研究会发现，这些相当流行并被普遍接受的关于存贷差的认识很多都是似是而非或者不够准确的，并未揭示存贷差出现的真正原因。目前研究存贷差的方法，一般都是从银行资产负债表入手分析，并推导出相关结论。利用资产负债表变化作为分析起点的思路是没有问题的，但问题在于绝大多数研究在使用这种方法时忽略了资产负债表本身的特点，从而导致对存贷差的分析产生了不少被普遍接受却似是而非的认识。为清晰地说明问题，我们将同样从资产负债表入手，在此基础上，逐个研究各项目变化与存贷差之间的关系，并最终找出已有研究使用资产负债表方法得到错误结论的根源。

　　在资产负债表中，资产＝负债＋所有者权益，根据目前我国银行资产负债表和信贷收支表，可以很容易地推出存贷差的表达式：

$$存贷差 ＝存款余额 － 贷款余额$$
$$＝外汇占款 ＋ 储备资产 ＋ 中央银行债券$$
$$＋ 对政府债权和其他债券 － 流通中现金$$
$$－ 实收资本 － 其他 \qquad (4.1)$$

　　式（4.1）显示，近年来金融机构存贷差应当与商业银行资产多元化及存贷款变化密切相关。在计划经济的一级银行体制下，人民银行既要经营商业银行业务，吸收存款，发放贷款，又要担负中央银行的货币发行任务。在这一体制下，银行资产方只有贷款这一类项目，负债方包括存款与现金发行。此时人民银行直接和完全地控制金融与信贷资源，资产负债特点决定了银行体系只能有贷差出现。1984年后银行体制向二级银行体制转变，人民银行专司中央银行职能，开始从两方面进行金融与信贷控制：一方面实施信贷额度管理，对各专业银行发放信贷指标；另一方面开始要求专业银行向中央银行上缴准备金和备付金。为了加强和确保中央银行对专业银行信贷资金的控制，人民银行规定了相当高的存款准备金率，初期时曾高达40%。这样，商业银行资产方开始出现储备资产项目。此后，随着专业银行业务的拓展以及商业化程度的增加，商业银行资产方项目不断增加，有价证券与投资规模不断扩大，1994年建立外汇结售汇制度后，外汇占款开始成为商业银行的重要资产构成。外汇占款、储备资产以及有价证券与投资的增长与存贷差表现出基本同步的扩大趋势，这使人们很自然地将金融机构资产多元化当做存贷差出现并不断扩大的主要原因，看做是银行体制变化、金融资产与融资方式多元化的结果（江其务，2003）。另一个巧合是，我国金融机构存贷差开始出现在1995年，而20世纪90年代中后期以后我国宏观经济运行发生了显著变化，居民储蓄大幅增长，1997年亚洲金融危机后商业银行普遍出现"惜贷"现象，经济增长进入持续放缓的时期，因此不少研究也将存贷差与宏观经济运行变化相联系，将其视为宏观形势变化在金融机构微观资产负债表上的反映（何田，2004）。

但是，上述结论是正确的吗？这需要我们围绕式（4.1）做更深入的分析。首先需要注意的是，单纯贷款数量的变化并不影响存贷差的变化。很多研究认为，20世纪90年代中期后出现的银行"惜贷"行为是造成存贷差扩大的主要原因，虽然中央银行多次通过降息等方式试图增加商业银行贷款，但货币政策效果并不显著，同时由于住房、医疗改革、社会保障制度不健全以及金融深度不够等原因，居民储蓄大幅度增长，储蓄存款较快增长与贷款增长下降的共同作用导致存贷差快速扩大。由此引出一种相当流行的观点，即应当引导商业银行多放贷款来使存贷差减少，提高资金使用效率。进一步的分析则认为，存贷差出现的背后是我国资本和供给能力相对过剩、产业结构调整升级的信号（李德等，2004）。但是，这种观点并不符合信用货币创造规律。我们可以再回到上一章所讲的信用货币创造机理上去，再看看前面展示过的这几张图表。假设客户在 A 银行存入 100 元现金，银行按20% 的比例来缴纳法定存款准备金，则有：

表 4.1

资产	负债
现金 80 元	存款 100 元
法定存款准备金 20 元	

当 A 银行向客户发放 80 元贷款时，银行资产负债表将变为

表 4.2

资产	负债
贷款 80 元	存款 100 + 80 = 180 元
法定存款准备金 36 元	
现金 64 元	

显然，银行在为客户提供贷款的同时也为其提供了相等数量的存款，银行资产方的贷款和负债方的存款将同时增长，从而实现借贷相等。现代商业银行具有创造货币的力量，而这一职能很大程度上是通过提供贷款来完成的，银行通过贷款创造出存款构成了货币供给的过程。可以看到，由于贷款总会在同时创造相等数量的存款，因此在商业银行其他资产负债项目不变的情况下，贷款增长不会使存贷差变小。在式（4.1）中，表现为贷款项与存款项将同时增长，总的存贷差不会受到影响。因此我们不可能希望通过实施政策促进商业银行加大贷款

数量的办法来缩小存贷差。在关于存贷差的争论中，这一点国内最早被孙国峰（2001）提出并系统论证。事实上，2003 年初之后我国经济开始进入新一轮上升周期，信贷增长相当迅猛，例如 2003 年金融机构贷款增长 16.2%，增速比 2002 年快了 2.5 个百分点，但这一时期存贷差不断没有缩小，反而继续扩大。

排除了贷款增加会减少存贷差这一可能解释之后，式（4.1）显示，储备资产、有价证券与投资、外汇占款等的变化会对存贷差产生影响，相当多研究正是从这一公式推出存贷差是银行资产多元化结果这一观点。不过这种认识并不完全正确，我们需要对上述项目逐项进行分析与检查。

首先我们来观察商业银行储备资产变化与存贷差之间的关系。很多理解认为，在存款增长的同时，如果商业银行将更多的资金作为法定存款准备金或超额准备金上存央行，会使可用于放贷的资金减少，从而增大存贷差。实际上，商业银行储备资产的增加只是一种资产调整，不会影响存贷款差额。我们仍以 A 银行为例。假设在表 4.2 的资产负债结构基础上，A 银行继续发放贷款。第一种情况是存款准备金率仍为 20%，发放贷款 64 元，资产负债表变为

表 4.3   单位：元

资产	负债
贷款 80 + 64 = 144	存款 100 + 80 + 64 = 244
准备金 36 + 64 × 20% = 48.8	
现金 64 − 64 × 20% = 51.2	

这样，在发放了 64 元贷款后，存贷差仍为 100 元。

第二种情况是中央银行将存款准备金率提高到 30%（或理解为商业银行上存 10% 的超额准备金），此时 A 银行发放贷款 64 元，资产负债表变为

表4.4 单位：元

资产	负债
贷款 80 + 64 = 144	存款 100 + 80 + 64 = 244
准备金 36 + 64 × 30% = 55.2	
现金 64 - 64 × 30% = 44.8	

可见，存款准备金率上调或超额准备金增加后，存贷差也仍为 100 元。

为进一步说明问题，在表4.3和表4.4基础上，我们观察 A 银行在 20% 和 30% 存款准备金率要求下再分别发放一次贷款后的情况。在 20% 存款准备金率下再发放一次贷款51.2 元，表4.3将变为

表4.5 单位：元

资产	负债
贷款 80 + 64 + 51.2 = 195.2	存款 100 + 80 + 64 + 51.2 = 295.2
准备金 48.8 + 10.24 = 59.04	
现金 51.2 - 10.24 = 40.96	

在 30% 存款准备金率下再发放一次贷款44.8 元，表4.4将变为

表4.6 单位：元

资产	负债
贷款 144 + 44.8 = 188.8	存款 244 + 44.8 = 288.8
准备金 44.8 + 13.44 = 58.24	
现金 44.8 - 13.44 = 31.36	

观察表4.3至表4.6可以看到，提高存款准备金率和增加超额存款准备金会使银行的贷款规模和可持有的有价证券与投资数量下降，同时使派生出的存款总规模下降，但并不影响存贷差变化。在上例中，

无论存款准备金率是 20% 或 30%，A 银行存贷差始终是 100 元，也就是 A 银行最初吸收的那笔存款数量。如果 A 银行仅是一家商业银行，那么它可以通过与其他银行争取存款的方式来获得这笔资金，但如果将 A 银行理解为整个商业银行体系，那么这 100 元初始存款只能来自中央银行的基础货币。还有一点值得一提，不少人直观地认为提高法定准备金率会使准备金总量增加（也就是误认为更多存款会转变为法定存款准备金），实际上提高法定存款准备金率只会改变基础货币中法定存款准备金与超额准备金之间的比例，准备金总量不会变化。正如第三章提及的，基础货币之所以被冠以"基础"名号，一个重要原因就在于其只能由中央银行创造，在不与央行发生交易的情况下（如买卖证券、外汇，再贷款、再贴现等），商业银行不可能自己增加或减少基础货币。或者说，央行提供的基础货币总量不会因为商业银行的任何行为而发生变化。在上面的例子中，超额准备金全部转化为法定存款准备金后可以在负债方创造出 500 元存款，货币乘数（全部货币/基础货币）将为 5，它等于法定存款准备金率的倒数（1/0.2）。值得一提的是，上面例子中虽然基础货币（法定存款准备金 + 超额准备金 + 现金）始终都是 100 元，但其构成的不同（超额准备金和法定存款准备金的比例不同）对银行放贷能力的影响也完全不同，因此不宜简单看基础货币总量有多少，关键还是要看超额准备金状况或者说银行的流动性水平。

　　在存贷差问题上之所以容易形成似是而非的理解，很大程度上与实物货币观的长期影响有关，人们很容易有意无意地将"资金"看做一种"有形"财物，这种财物会从居民或企业手中流入银行等金融中介，再由银行通过贷款、购买债券、上缴准备金等方式流入其他经济主体。事实上，实物货币与信用货币有很大的不同。前者本身具有价值，可以被看做"有形"的财物，可以在不同经济主体间流动。在一个时点上，一个社会实物货币的数量是一定的，只能在总量既定前提下在不同经济主体间进行分配，但不可能通过银行创造的办法使货币总量增长。而后者则完全以信用作为支持，在现代信用货币体系下，货币一般以国家信用作为支持，全部由中央银行与商业银行创造，所有信用货币都是在银行"账面"创造出来的，并不需要相应的实物货币作为对应。社会经济主体包括个人持有的货币是由银行体系创造出来的，不存在其他方面的货币来源。在信用货币年代，必须摒弃将资金看做一种"实物"的观念，对信用货币的理解应当遵循货币创造规律。如果仍然套用实物货币条件下的观念分析信用货币社会中的问题就很容易形成错误理解。例如，很多人认为居民储蓄快速增长是存贷差扩大重要原因，提出应当扩大居民消费来减少存贷差带来的资金闲置，这一观点是不够准确的。居民持有的货币完全是由银行创造出来的，无论它是用来储蓄还是用来消费，除少量现金外，都会反映在不同经济主体的银行存款中，只是存款类型以及存款银行可能发生变化，但不会使银行体系中的存款总量扩大。即使动态考虑居民消费增长会促进企业投资增加，从而对银行贷款的需求增长，但贷款又会同时创造出存款，两者将同时增加，因此居民消费或者储蓄的变化不会对存贷差造成明显和直接的影响。

多缴准备金会引起银行存贷差扩大，这一结论是我们利用式（4.1）得到的，那么，为什么使用式（4.1）这样一个恒等式会产生如此错误结论呢？原因在于，很多研究忽视了式（4.1）来源于资产负债表这一特点，将其视同为一般的数学等式。例如，在观察式（4.1）时，人们很自然地会认为购买债券的增加会扩大存贷差，但这实际暗含着一个假定，即债券投资项增加时其他项目并不会发生变化。实际上，由于资产负债表复式记账的特点，任何一个科目变化会同时引起一个或更多科目同向或反向的变化，当一个科目变化时，其对存贷差的影响就是不确定的，需要具体分析。正因为如此，式（4.1）中实收资本项的增加由于会引起资产方项目的同时增加，因此相互抵消，不会对存贷差产生影响。

下面我们观察有价证券与投资变化对存贷差的影响。一般认为，商业银行资产多元化或者多渠道使用资金会形成存贷差，这是因为，存款是商业银行的资金来源，在存款既定的条件下，资金可以被用于放贷、购买债券和外汇等渠道，用于购买债券与外汇的资金越多，可用来发放贷款的资金就会越少，因此存贷差就会越大。但事实上，在一般会计处理中，当商业银行购买一笔债券（如1年期以上债券）时，存款总量是增加的，但贷款并不发生变化。如果假设只存在A银行一家银行，那么上述过程就会表现在A银行的资产负债表上。假设在表4.2的基础上，A银行再购买64元的债券，其资产负债表将最终变为

表4.7

资产	负债
贷款 80 元	存款 100 + 80 + 64 = 244 元
长期（短期）投资 64 元	
存款准备金 36 + 12.8 = 48.8 元	
现金 51.2 元	

显然，商业银行购买债券将创造出等额存款，这在上文我们已经讨论过。在表4.7中，A银行在第一期发放80元贷款基础上购买了64元债券，这一过程将创造出了64元存款，使存款总额增加到244元，而资产方的贷款并未发生变化。如果我们以式（4.1）来理解这一现象，则其变化机制是这样的：在其他项目不变情况下，当商业银行购买有价证券时，式（4.1）等号左边的存款项也会相应增加，而贷款项并不发生变化，从而使存贷差扩大。商业银行资产多元化的过程，也是存款创造的过程，在这个过程中存款是会增加的，而并不能反向理解为既定的存款数量在不同用途间的分配。

但是，上述分析只是商业银行购买债券时一般的会计处理方法，实际上描述的是商业银行通过一般柜台业务购买债券时的情况。商业

银行购买债券（包括国债和央行票据等）的资金使用方式与上述情况有差异，需要进一步说明。目前我国商业银行购买债券基本都是与财政部、其他银行和中央银行等金融机构直接进行交易，与财政部和中央银行的交易通过中央国债登记结算系统，商业银行之间债券买卖则通过在上海的银行间债券交易市场，在这些交易中，商业银行动用的都是准备金而不是银行存款或现金。商业银行向中央银行和其他商业银行购买债券时只涉及资产方的一增一减，不影响负债变动，实际并不创造存款，不会对存差产生影响。但商业银行直接向财政部购买国债时情况则不同。在向财政部购买国债时，商业银行准备金减少，长期投资增加，不影响负债方存款的变化；同时，向商业银行卖出国债得到的资金会在中央银行派生出财政存款，促使存差扩大。可见，在目前的交易制度下，购买债券的确是银行存差出现的原因，但并不是所有的买债行为都会扩大存贷差，主要是商业银行直接购买非金融机构发行的债券会引起存差扩大。随着商业银行逐步向企业等一般客户购买债券（如目前的短期融资券）的增加，由资产多元化引起的存贷差将逐步扩大。

在现有关于存贷差的研究中，还可以找到的存贷差影响因素是不良贷款核销。认为不良贷款核销可以造成存差的道理在于，不良贷款剥离会使商业银行资产结构调整，贷款数量下降，但并不影响负债方的存款，因此存差额会相应扩大。商业银行用利润冲销不良贷款也会产生同样效果。1997 年以后，国家加大了处理商业银行不良贷款的力度，尤其是通过成立资产管理公司的方式集中剥离了 1.4 万亿元不良贷款。2004 年，我国又通过向中国建设银行、中国银行和中国工商银行注入外汇储备补充资本金方式核销了大量不良贷款。这些，都使人们容易相信不良贷款核销是促使银行存差扩大的重要原因。近年来，我国银行不良贷款剥离与核销主要有两种方式，第一种是通过资产管理公司收购银行不良资产。收购资金主要有两个渠道：央行再贷款和向商业银行发债。第二种方式是银行用资本金与利润核销不良贷款。目前商业银行利用自身利润冲销不良贷款的数量并不大，而主要的方式是国有银行将全部资本金用来冲销不良资产，然后国家利用外汇储备注入补充资本金。无论采用哪种方式，都会造成贷款相对存款减少，存贷差扩大。

比较而言，外汇占款是造成目前我国存贷差较大的主要原因。1994 年以后，我国开始实行新的结售汇制度，形成两极外汇市场体制，即银行间外汇市场与银行结售汇市场。结汇过程中，商业银行资产方外汇增加，负债方人民币存款增加。商业银行在银行间外汇市场上将外汇卖给中央银行时，体现为资产方外汇减少，同时准备金增加，只是资产结构的调整，不涉及负债方的变化。因此外汇占款的增长会导致商业银行存款相对贷款净增加。即使进一步考虑央行对冲外汇占款进行的公开市场操作，也不会对存款产生影响，公开市场操作只是涉及商业银行资产结构的调整。

2013 年末，全部金融机构人民币存贷差扩大到 32.8 万亿元，同期外汇占款接近 28.6 万亿元，占存贷差额的 87%。很明显，外汇占款是造成存贷差的主要原因。1994 年我国推动外贸、外汇体制改革，实行了新的结售汇制度，国际贸易和外国直接投资（FDI）持续快速增长，中央银行外汇占款增长很快。1993 年底，我国外汇储备只有 212 亿美元，到 2000 年底达到近 1656 亿美元，2005 年末已接近 8200 亿美元，目前已达到约 4 万亿美元。图 4.1 是根据《中国人民银行统计季报》公布的资料描述的 1997 年第一季度至 2014 年第二季度末国外净资产与金融机构存贷差变化情况，我们容易看出，两个时间序列高度相关，呈现出相当一致的变化趋势，相关系数达 0.99。由于外汇占款增加的同时即会派生存款，并直接影响当期的存贷差水平，因此严格来说无须使用带有滞后期的格兰杰等因果检验方法，而应从理论逻辑上理解两者之间的因果关系。总体来看，外汇占款的变化可以很好地解释和预测存贷差的变化，外汇占款持续增长是导致近年来金融机构存贷差持续扩大的主要因素。从图 4.1 中也可看出，2012 年以来存贷差与外汇占款之间的缺口似有所扩大，这主要与银行同业业务和证券投资等渠道创造存款增多有关。

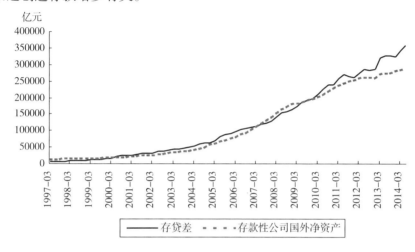

图 4.1 我国的存贷差与外汇占款变化

对存贷差有重要影响的另一个因素是流通中的现金。当流通中的现金增加时，会使存款减少，导致存贷差缩小。最后一个需要考虑的因素与我国金融体制特殊性有关。国家开发银行和中国进出口银行并不吸纳存款，其发放贷款所派生的存款主要被其他商业银行所吸纳，使商业银行存款增加，同时贷款不发生变化，这就反映为存款货币银行存贷比下降。当然，如果是从全部金融机构而不是存款货币银行角度衡量，那么政策性银行的上述行为并不会对存贷差产生影响。

综上所述，造成金融机构存贷差出现和扩大的主要原因有三项，即外汇占款、商业银行购买非金融机构发行的债券以及不良贷款的核销与剥离。其中外汇占款增加是主要原因。同时，流通中的现金的增加会相应冲抵上述因素的影响，缩小存贷差规模。从最近几年的情况看，由于银行借助同业业务渠道也会派生存款，因此也会对存贷差扩大产生影响。另外，政策性银行派生存款流入商业银行会对存款货币银行存差产生影响。除此之外，商业银行之间以及向中央银行购买债券（包括国债和央行票据等）、增加在央行的法定存款准备金与超额准备金都不会影响存贷差，信贷增长放缓和居民储蓄大幅上升也不会使存贷差扩大。这意味着，降低准备金利率和贷款利率等手段可以促进商业银行贷款增加，但并不会使存贷差缩小，刺激居民消费增长的方法也不会影响存贷差。

二、存贷比：是衡量流动性的科学指标吗

贷存比指贷款余额与存款余额之间的比率，和存贷差只是同一个硬币的不同侧面，影响其高低及变化的因素在本质和基本机理上与存贷差是完全相同的。对存贷差的客观理解也会使我们对贷存比有更为客观的认识。结合前文的研究，我们可以清楚地看到，存贷比并不适宜作为衡量银行体系流动性的合理指标。将存贷比列为监管指标，实际上是实物货币理念或者说是"先有存款、后有贷款"理念的体现。例如，要求存贷比不超过75%，实际上是假定商业银行不能把自己吸收来的存款全部用于发放贷款，而要保留一定的存款作为"流动性"。但其实在逻辑上是"先有贷款、后有存款"，银行资产运用越多元化，其存贷比就会越低。简而言之，商业银行是通过一系列资产扩张行为，如发放贷款、购买外汇、购买债券等，引起负债和存款增长，在这个过程中银行资产负债表不断扩大，存款不断增加。不能反向理解为银行吸收存款后将其分别运用于贷款、买债等各个渠道，只是既定存款在不同用途上"切蛋糕"似的分配。从这个角度看我们就会发现，多发放贷款不会减少存贷差，存贷差大也不一定意味着流动性充足或资金闲置。国际收支大额双顺差导致商业银行大量购汇，进而派生大量存款，扩大了存贷比分母，是前些年我国金融机构存贷比整体较低的

主要原因。随着国际收支逐步趋于平衡，外汇占款减少，加之金融创新、理财及互联网金融发展后更多一般存款转化为同业存款，这些都成为银行体系存贷比约束增强的重要原因。可见，存贷比约束增强很大程度上是国际收支格局变化这一宏观经济现象在商业银行资产负债表上的微观反映，与银行体系流动性是否充裕之间并无必然联系，而随着国际收支趋向平衡以及商业银行资产和负债的多元化创新发展，存贷比趋于上升也就可能是一个必然的现象。对此应有客观认识。目前，发达经济体银行存贷比普遍高于100%，像瑞典这样的经济体银行较大程度地依赖债券融资，其存贷比已达到200%左右。不合理的存贷比要求可能使商业银行为完成存款考核扭曲经营行为，甚至通过同业等渠道派生存款来冲时点。因此，应从信用货币创造的视角重新审视存贷比指标，多使用国际上推荐的 LCR、NSFR 等新指标，逐步废止存贷比考核，完善流动性管理与考核方法。

三、小结

透彻地理解存贷差形成和变化的原因，可以帮助我们更准确地理解和把握货币创造的机理。存贷差的扩大并不同于直观理解的那样，即把既定存款中的更多部分用于非贷款的支出，类似于蛋糕已做好，只是如何切分的问题；相反，存贷差之所以会扩大，是由于银行非贷款的资产扩张派生出了更多存款，在这个过程中存款不是"既定"的，而是在不断增长和扩大的。除贷款外，外汇占款、购买非银行机构发行的债券、开展部分同业业务等都会创造存款，都会使银行体系存贷差扩大。多发放贷款并不会减小存贷差，而国际收支的变化、银行购买债券等则会对存贷差产生影响。存贷差并不能反映银行体系的流动性状况，其背后实际上反映的是经济结构及其变化的影响。从货币创造规律的角度看，有必要废弃存贷比考核，改用更为科学、合理的流动性管理指标。

第五章　更完整地理解货币信用创造Ⅱ：影子银行创造货币吗

此次国际金融危机爆发以来，影子银行体系（Shadow Banking System）的迅速发展及其影响成为热点讨论话题。但从国内外现有的文献来看，绝大部分局限于影子银行体系发展对金融稳定和金融监管的影响，很少论及影子银行体系的信用创造功能及其对货币政策的影响。本章结合此次国际金融危机前后影子银行体系的典型运行模式，运用货币创造理论，着重从其信用创造的角度，创新性地研究其对货币政策的挑战，并探索现阶段中国"影子银行"的具体实践，最终得出若干政策建议。

一、影子银行及其信用创造：西方的实践

随着近年来金融创新的迅猛发展，各种证券化产品和衍生工具层出不穷（Panageas，2009），越来越多的观点将其视为由影子银行体系创造的"广义流动性"的有机组成部分，这实际上大幅拓宽了传统意义上关于流动性的概念。据估算①，由各种衍生产品创造的流动性约占全球广义流动性的78%，为世界GDP总值的9.64倍；而广义货币M2

---

① 详见 Bollard, Alan. Easy Money – Global Liquidity and Its Impact on New Zealand [J]. BIS Review, 2007, No. 25。

仅占全球广义流动性的10%，为世界GDP总值的1.22倍（见图5.1）。从货币政策的角度来看，这种广义的流动性并不是中央银行能直接控制的，其对货币政策的理论和实践带来了挑战。影子银行体系及其衍生产品创造功能在西方发达国家已经十分发达。在我国，部分商业银行的信托理财、资产证券化产品也表现出影子银行的初步特征，这也给我国货币政策带来了一些新的挑战。

占世界GDP的964%　　衍生产品（Derivatives）　　占流动性的78%

占世界GDP的138%　　证券化债务（Securitised Debt）　　占流动性的11%

占世界GDP的122%　　广义货币（Broad Money）　　占流动性的10%

占世界GDP的9%　　高能货币（Power Money）　　占流动性的1%

图5.1　对全球广义流动性的估算

我们以此轮次贷危机为典型案例对影子银行的信用创造功能进行说明。次级贷款机构和投资银行等在次贷危机中扮演了十分重要的角色，它们为次级贷款者和市场富余资金搭建了桥梁，成为次级贷款融资的重要媒介，类似于商业银行这样的金融中介。在整个次级贷款运作模式中，所有次级贷款机构和投资银行等在总体上形成了一个巨大的影子银行（汤震宇等，2009）。这个巨大的影子银行可能不仅仅特指某个单一的金融机构，而是各次级贷款机构和（或）投资银行相关业务部门的联合体①。

---

① 详见李波、伍戈的《影子银行的信用创造功能及其对货币政策的挑战》，载《金融研究》，2011（12）。

专栏3 美联储主席眼中的影子银行①

所谓影子银行，是指至少部分游离于传统银行体系之外的，由一些机构、工具和市场组合而成的信用中介。举例来说，想想如何在银行体系之外获得汽车贷款就可以了解影子银行的运作。金融公司可以发放汽车贷款，并将汽车贷款与其他贷款组合成证券化产品。投资银行将部分证券化产品出售给投资者。资产支持商业票据（ABCP）通过在货币市场发行票据筹集资金会购买部分低风险的证券化产品。此外，通过回购形式进行抵押贷款融资的一些证券交易商也会购买部分低风险的贷款证券化产品，而货币市场和机构投资者从中充当了贷款人。

尽管影子银行作为一个整体发挥了传统银行的职能（包括信用中介和期限转换），但与银行不同的是，它不能依靠存款保险的保护或美联储的贴现窗口来确保其稳定性，而是依靠合同和监管制度的保护，比如在短期借款的交易中公布担保品的范围等。它也依赖于对主要实体一定的监管限制，比如为确保充足的流动性并避免信贷损失，货币市场基金的重大投资规定需遵守美国证券交易委员会（SEC）的规则。然而在国际金融危机中，此类措施也没能阻止影子银行体系中典型的、自我强化的恐慌情绪。这种情绪最终还是在整个金融体系中广泛蔓延。

影子银行的一个重要特征就是始终有商业银行和清算银行（即更"传统"的银行机构）的参与。例如，商业银行纵容了证券化和ABCP发行的渠道与协议（直到最近，这些协议还在允许那些银行通过将相关资产置于资产负债表外来提高杠杆率）。清算银行处于三方回购协议的中介位置，管理现金和证券的交易，同时为交易双方提供保护和流动性。此外，为减少操作纠纷，清算银行每天还为

---

① 该专栏内容摘自美联储时任主席伯南克在2012年度亚特兰大联邦储备银行金融市场会议上的演讲，标题由笔者自行添加的。详见李志军、司马亚玺的译文《系统重要性金融机构、影子银行与金融稳定》，载《中国金融》，2012（12）。

借贷双方提供大额临时性的日间透支。这种临时性的日间透支平均约 1.4 万亿美元，允许证券交易商在交易时间内买卖自己的证券（如部分贷款证券化产品）。

因此，影子银行体系中的恐慌和其他紧张情绪会对传统银行业产生溢出效应。事实上，我提到的市场和机构，包括回购市场、资产支持商业票据市场和货币市场基金，在国际金融危机中都在一定程度上受到恐慌情绪的影响。结果，许多传统的金融机构失去了重要的融资渠道；另外，由于声誉和合同的原因，许多银行支持了其附属基金和发行渠道，加剧了自身日渐增加的流动性压力。让我备受鼓舞的是：鉴于巨大风险，监管机构和私人部门都已经开始采取措施来防范影子银行体系中未来的恐慌和其他混乱状况。然而，在很多关键性领域，这些努力都还处于初期阶段。

国际监管组织也已经开始关注解决影子银行导致的金融稳定风险。二十国集团领导人已经要求金融稳定委员会（FSB）加强对影子银行体系的监管。目前，FSB 有五大主要项目致力于认识影子银行的风险及提供政策建议。研究领域则包括货币市场基金、资产证券化、有价证券借贷和回购市场、银行与影子银行的相互交易、其他影子银行的参与者。鉴于不同国家的影子银行结构存在巨大差异，FSB 的任务显得非常艰巨。影子银行对金融稳定的潜在风险，以及影子银行能够很容易地创造跨境中介链的问题，也很关键。国内外为使影子银行体系走到阳光下做出了不懈的努力，我们也必须保持警惕。事实上，新规定不可避免的副作用是，金融体系会进行调整，将风险从监管严格的领域转向监管较松的领域，因此越来越需要把影子银行当做一个整体进行认真的监测和监督。不幸的是，影子银行部门的数据由于其自身特性而更难获取。因此，我们在监控这个重要领域的风险时必须更加创新。

具体地，如表 5.1 所示，甲影子银行通过发行以次级按揭抵押贷款为基础的各种 CDO（担保债权凭证）产品及其他衍生品从市场募集资金 10000 美元，形成甲影子银行的负债 8000 美元，与此同时，保留权益级（Equity）的 CDO 资金 2000 美元（为了使问题简化，假设各影子银行留存的权益资金比例相同，且均为 20%），这构成影子银行甲的权益资金；甲影子银行的资产业务主要是运用融来的资金购买次级抵押贷款 10000 美元（这些贷款就移到了银行的表外）。

表 5.1 　　　　　　　　　　甲影子银行　　　　　　　　单位：美元

资产		负债和所有者权益	
次级贷款池	10000	CDO 及其他衍生品 I	8000
		权益资金	2000
总计	10000	总计	10000

然后，乙影子银行通过从市场募集资金 8000 美元，形成乙影子银行 CDO 及其他衍生品 II 的负债 6400 美元，同时通过保留或出租相关权益级 CDO 1600 美元；乙影子银行的资产业务主要是运用融来的资金购买 8000 美元的 CDO 及其他衍生品 I。

表 5.2 　　　　　　　　　　乙影子银行　　　　　　　　单位：美元

资产		负债和所有者权益	
CDO 及其他衍生品 I	8000	CDO 及其他衍生品 II	6400
		权益资金	1600
总计	8000	总计	8000

类似地，丙影子银行以上述乙影子银行 CDO 及其他衍生品 II 为基础的产品从市场募集资金 6400 美元，形成丙影子银行 CDO 及其他衍生品 III 的负债 5120 美元，同时通过保留或出租相关权益级 CDO 1280 美元；丙影子银行的资产业务主要是运用融来的资金购买 6400 美元的 CDO 及其他衍生品 II。

表5.3　　　　　　　　　　　　　　丙影子银行　　　　　　　　　　　单位：美元

资产		负债和所有者权益	
CDO 及其他衍生品 II	6400	CDO 及其他衍生品 III	5120
		权益资金	1280
总计	6400	总计	6400

丙影子银行CDO及其他衍生品Ⅲ的5120美元将被丁影子银行作为基础进一步通过发行CDO及其他衍生品从市场募集资金……这个过程可以无限地继续下去。在这个过程中，每一家影子银行都在创造信用（见表5.4）。

表5.4　　　　　　　　　　　影子银行系统信用创造过程

N	资产	负债	权益资金
1	ΔB	$\Delta B (1-r_d)^1$	$r_d \Delta B$
2	$\Delta B (1-r_d)^1$	$\Delta B (1-r_d)^2$	$r_d \Delta B (1-r_d)^1$
3	$\Delta B (1-r_d)^2$	$\Delta B (1-r_d)^3$	$r_d \Delta B (1-r_d)^2$
…	…	…	…
N			
…			
总计	$\Delta A = \Delta B \sum\limits_{n=1}^{\infty} (1-r_d)^{n-1}$	$\Delta L = \Delta B \sum\limits_{n=1}^{\infty} (1-r_d)^{n}$	$\Delta E = r_d \Delta B \sum\limits_{n=1}^{\infty} (1-r_d)^{n-1}$

由表5.4可知，若最初的次级贷款池增加 ΔB，经过影子银行系统的 n 次扩张后，其资产总额增加到 $\Delta A = \Delta B \sum\limits_{n=1}^{\infty} (1-r_d)^{n-1}$。

假设各影子银行留存的权益资金比例均为 r_d，且 $0 < r_d < 1$，$0 < (1-r_d) < 1$，因此，

$$\Delta A = \Delta B \sum_{n=1}^{\infty} (1-r_d)^{n-1} = \Delta B \frac{1}{1-(1-r_d)} = \frac{1}{r_d} \Delta B \quad (5.1)$$

此处，r_d 有点类似于传统商业银行的法定存款准备金率，但与传统商业银行信用创造不同的是，r_d 值大小并不受中央银行的强制约束，可由各影子银行根据其融资情况自行把握。因此，理论上讲，如果式（5.1）中 r_d 很小（甚至趋向于 0），那么，乘数 $\frac{1}{r_d}$ 趋近于无穷大，导致资产总额 ΔA 随之趋向于无穷大。现实中，相对于传统商业银行而言，由于无法定存款准备金率和其他金融监管指标的约束，乘数 $\frac{1}{r_d}$ 可以很大（r_d 很小），因此，影子银行体系具有更强的信用创造功能。

如果考虑相反的情形，若最初次级贷款池的资产减少 ΔB，那么经过影子银行系统的收缩后，其资产总额也将以 $\frac{1}{r_d}$ 的乘数比例迅速缩减，由此可见，影子银行体系具有极高的杠杆性和金融风险。但与传统商业银行信用创造不同的是，影子银行并不直接创造传统狭义流动性特征的货币资产，而是创造广义流动性特征的各种金融资产。值得注意的是，上述 CDO 等证券化产品具有一定的"货币"属性，因为它们随时可以通过回购交易变成现金（剔除一定折扣），形成对资产市场或实体经济的需求。

二、影子银行及其信用创造：中国的情形

在宏观经济调控和金融监管措施不断强化的背景下，商业银行过度的货币信贷投放行为往往受到抑制。因此，商业银行通常会转而加强与信托公司合作，积极开展表外理财等业务，规避信贷调控。操作上，商业银行通过转让信贷资产和发放信托贷款"曲线"将自身现存（或潜在）信贷资产转移出去，使得商业银行表内资产直接转移至表外或将信贷资产间接转化为银行理财产品，从而提升自身资本充足率，

突破宏观部门有关信贷总量的宏观审慎管理。不少人将中国商业银行为规避调控而开展的表外理财等通称为影子银行业务。

现阶段我国的影子银行可以初步定义为"从事金融中介活动，具有与传统银行类似的信用、期限或流动性转换功能，但未受《巴塞尔协议Ⅲ》或等同监管程度的实体或准实体"[①]。我国的影子银行体系具体包括商业银行表外理财、证券公司集合理财、基金公司专户理财、证券投资基金、投连险中的投资账户、产业投资基金、创业投资基金、私募股权基金、企业年金、住房公积金、小额贷款公司、非银行系融资租赁公司、专业保理公司、金融控股公司、典当行、担保公司、票据公司、具有储值和预付机制的第三方支付公司、贫困村资金互助社、有组织的民间借贷等融资性机构。

虽然国内外影子银行有相似的定义和功能，但是二者还是存在较大区别。一是表现形式不一致。国外的影子银行是通过证券化连接起来的完整的信用链条，系统中的每个影子银行都发挥着某一银行中介功能，整个影子银行是作为一个整体而存在的。而中国的影子银行大多都是独立存在的，与银行和相互之间并没有太多复杂的联系，是一个较为分散的体系。二是运行机制不一致。国外的影子银行是以证券化为核心，在各种证券化和再证券化产品交易的基础上，将机构、业务联系起来，属于交易型金融机构。而中国的金融市场发育并不成熟，证券化发展也相对滞后，影子银行更多的是充当补充银行融资的角色，是典型的融资型金融机构。三是融资模式不一致。国外影子银行通过发行资产支持商业票据、资产支持证券等金融工具进行批发性融资，为其提供融资的是货币市场基金、养老基金等金融机构。而中国影子银行的融资方式与银行相似，主要通过向企业和个人募集资金进行融

---

① 详见中国人民银行调查统计司与成都分行联合课题组的《影子银行体系的内涵及外延》，载《金融发展评论》，2012（8）。

资，本质上还是一种零售性的融资方式。四是与传统银行的关系不一致。在国外影子银行体系中，一方面通过证券化方式帮助银行将信贷进行表外转移，银行反过来又为影子银行提供了信用违约担保；另一方面银行本身也持有影子银行所发行的金融衍生品。国内的影子银行与银行并没有产生太多复杂的关系，其融资性决定了对传统银行更多的是一种融资方式的替代品和补充品。

总体上看，我国影子银行体系还处于发展初期，未形成国外的成熟的资产证券化信用链条。尽管如此，笔者认为，这些金融创新也具有西方影子银行的部分特征，但由于缺乏实质性的证券化过程以及发达的衍生品市场，中国的影子银行仍不是国际上通行的影子银行的概念，而类似于"银行的影子"。不管是哪个模式，与发达国家成熟的影子银行业务相比，中国现阶段的影子银行业务都只是些简单的"信贷腾挪术"，其信用创造功能并不十分明显，对货币总量的影响可能也是相对有限的，表5.5和表5.6就描述了现阶段在我国被普遍认为具有影子银行特征的理财产品对货币总量的大致影响机理。

表5.5 理财产品发行对我国货币供应量的初步影响

场景	购买主体	对商业银行存款的影响	对货币供应内部结构的影响	对货币供应量的影响
1	居民购买理财产品	居民储蓄存款减少A元，同业及其他金融机构存款增加A元	M1和M2都不变	货币供应量不变
2	企业购买理财产品	企业存款减少A元，同业及其他金融机构存款增加A元	M2不变	货币供应量不变
3	金融性公司购买理财产品	同业及其他金融机构存款在减少A元的同时，也增加A元	M1和M2都不变	货币供应量不变
理财产品发行的净影响				货币供应量不变

资料来源：伍戈、李斌：《成本冲击、通胀容忍度与宏观政策》，北京，中国金融出版社，2013。

表5.6　　　　　理财产品资金运用对我国货币供应量的初步影响

场景	资金投向	对商业银行存款的影响	对货币供应内部结构的影响	对货币供应量的影响
1	理财资金投向实体经济	同业及其他金融机构存款减少A元，企业存款增加A元	M2 不变	货币供应量不变
2	理财资金投向金融性公司	仅在同业及其他金融机构存款内部变动	M1 和 M2 都不变	货币供应量不变
理财产品资金运用的净影响				货币供应量不变

资料来源：伍戈、李斌：《成本冲击、通胀容忍度与宏观政策》，北京，中国金融出版社，2013。

值得一提的是，影子银行是否创造货币的关键取决于其行为是否对商业银行的资产负债表特别是对负债方的存款货币数量造成直接影响，若没有造成存款货币的明显变动，我们则可认为该影子银行没有创造货币。当然，这在很大程度上也取决于现阶段大家对中国式"影子银行"的定义，如果有人将本书第三章商业银行的部分同业业务也视做影子银行业务的话，那么该影子银行事实上也具有货币创造功能。

三、影子银行体系如何影响货币政策

一是影子银行体系通过金融稳定渠道对货币政策产生系统性影响。货币政策一般是通过金融体系传导而实现对整体经济的调控的，因此，金融体系的稳健程度直接影响着货币政策的实际实施效果。影子银行杠杆率高，且游离于常规监管之外，给金融稳定带来了挑战。尽管关于国际金融危机教训的讨论很多，甚至以《巴塞尔协议Ⅲ》为代表的新监管措施也陆续出台，但其主要针对受监管的商业银行，影子银行的资本比率等仍不在其监管之内。影子银行的高杠杆行为对相关金融机构经营、资产质量等稳健性指标仍有着重要影响，并最终对货币政策形成挑战。当影子银行造成的系统性风险和金融危机真正发生时，央行往往需要承担最后贷款人的角色，其救助行为以及事后采取的数量宽松等措施很可能对中长期通货膨胀和货币政策造成影响，这也是各界关注的焦点问题之一。

二是影子银行体系可能对货币政策调控目标形成挑战。从货币政策的最终目标来看，国际金融危机后国际社会对央行过分强调单一盯住 CPI 表示出了质疑，资产价格至少应成为货币政策重要的关注指标，而影子银行所创造的各类金融资产的价格应成为中央银行关注的内容。从货币政策的中间目标来看，传统的货币供应量似乎难以完全涵盖流动性状况，影子银行创造的流动性可能也有必要纳入广义流动性的范畴。此外，影子银行体系的活跃还可能会加快货币流通速度，对货币政策调控也有影响。

三是影子银行体系可能对货币政策工具效力造成冲击。首先，影子银行体系使得融资行为"脱媒"，将贷款通过各种形式包装、销售或转移等，会导致以货币信贷数量为目标的调控模式效力削弱。其次，影子银行内部金融资产价格可能对官方政策利率形成干扰，不利于货币政策传导。此外，从公开市场操作工具来看，影子银行的发展丰富了金融市场产品，增加了市场的广度和深度，但反过来，这些新产品的出现及其价格波动可能牵动整个市场，央行公开市场操作中传统证券的价格会受到更多不确定性的冲击，其对利率期限结构的调控能力也会受到更多现实挑战。

四是影子银行与资产价格之间的关系加大了货币政策调控的难度。从上述分析中可以看出，影子银行创造的信用主要形成了对金融资产的需求，与资产泡沫的形成密切相关。由于影子银行受传统货币政策调控的程度有限，其可能导致的资产泡沫有可能增大经济风险。如何全面判断影子银行创造的信用规模及其对资产价格的推动作用，如何科学测度资产价格变化对流动性水平和实体经济的影响等都是货币政策面临的现实挑战。

四、小结

影子银行的定义与概念在西方金融市场发达的国家与中国之间存在着明显的差异，因此其信用创造功能也有很大的不同。对影子银行体系及其信用创造功能对货币政策形成的挑战，宏观经济决策者应积极应对，有的放矢地制定科学的宏观政策。首先，应强化调查统计，密切洞察影子银行运行机制。影子银行是正在演进中的新事物，对此的理论研究和实践探索仍处于初级阶段。但由于影子银行大多是规避金融监管的产物，具有一定的隐蔽性，其数据和信息的可得性存在较大难度。因此，"获得数据、弄清机制"应该是深入研究和制定政策的前提，目前有必要对商业银行的金融创新业务及其有关会计报表处理等进行全面调查统计。其次，进一步探索影子银行体系及其信用创造功能对货币政策的影响。目前大量的研究侧重于影子银行体系对金融稳定的影响，其信用创造功能及其对货币政策的影响的研究正处于起步状态。许多有关的重要命题依然"悬而未决"，例如，影子银行体系创造的工具和资产属于广义流动性的范畴，但它是否会有潜在的货币功能，或者说对狭义流动性（如货币供应量 M2）是否会有实质性影响等。随着未来影子银行的不断创新发展，这些都值得深入探究。但无论如何，影子银行是否创造货币的关键取决于其行为是否对商业银行的资产负债表特别是对负债方的存款货币数量造成直接影响。最后，应不断完善货币政策分析框架，努力创新货币政策工具以应对影子银行的挑战。应全面地分析金融体系和市场的发展，尤其是更加多元化的融资方式及其货币政策传导功能，监测广义流动性的创造对货币政策的影响。在市场深化和金融创新的大背景下，应进一步强化流动性总闸门和价格型调控的作用，同时完善宏观审慎政策框架，有效应对影子银行的现实挑战。

第六章　更完整地理解货币信用创造Ⅲ：
离岸市场发展的影响

　　2008 年国际金融危机爆发以来，顺应市场需求，人民币在跨境贸易和投资中的运用持续扩大，人民币"走出去"步伐明显加快。作为一个新生事物，离岸人民币问题开始摆在国内货币理论研究和实践从业者面前。从货币经济学基本理论的视角看，这涉及离岸货币创造及其与境内货币银行体系的关系，同时也涉及境内外货币和流动性变化的关系问题。实际上，一个完整的货币创造理论体系，不仅应当包括境内银行体系如何创造信用货币的内容，还应当扩展延伸至离岸货币创造及其与境内货币、流动性变化之间的关系上。不过，正如在境内货币创造问题上存在很多似是而非的流行观念一样，在离岸货币创造及其与境内关系这一问题上，也存在不少并不准确的直观理解。例如，一般直观理解会认为本币跨境支付后会减少国内的流动性和货币供给，离岸货币资金"回流"本国后会增加流动性和货币供给，但这些理解并不准确。实际上在涉及开放环境和境外因素之后，货币创造和运行机制会更加复杂，其客观本质与基于直观和实物货币理念上的一系列朴素理解可能存在更大差异，需要在理论上给予探讨和研究。遗憾的是，虽然这些都属于货币银行理论的基础性问题，但对此进行系统分析和论述的文献则很少，尤其在教科书中往往也处于尴尬的"两不管"地带。货币银行学教科书主要阐释国内货币创造机制，一般不会论及离岸货币创造问题；国际金融学一般包括欧洲货币和离岸市场的有关内容，但基本都不会从货币创造机制的角度来进行论述。从目前来看，主要是 Krugman 和 Obstfeld（2000）在其经典教科书中曾对欧洲货币创造的基本机制进行过论述，并得出不少富有启发性的结论。不过，这些论述尚有不够全面和准确之处，此外，由于我国目前的人民币跨境支付和清算机制有其特殊性，相应的分析结果也会与经典框架存在一些差异。这些都要求我们比较系统地分析离岸货币创造机制，并结合我国国情讨论一些现实性的问题。

一、离岸市场对货币政策的影响机理：欧洲美元为例

离岸市场是指在货币发行国之外形成的关于该货币的市场，其诞生于 20 世纪 50 年代末，且以美元的离岸市场即欧洲美元（Eurodollar）市场为主。20 世纪 60 年代末至 80 年代初是欧洲美元市场迅速发展的时期，也是关于欧洲美元的研究最为集中深入的时期。关于离岸市场的研究涉及各个方面，包括离岸市场成因、特点、运行机制以及离岸市场对货币政策、境内外利率汇率和金融稳定的影响等。其中，离岸市场发展对本国货币政策的影响这一问题对学术界和政策制定部门而言都具有重要意义，也涌现出了诸多有价值的研究，但目前对于这些研究仍缺乏全面、系统的梳理和总结。鉴于欧洲美元市场是规模最大、最为典型的离岸市场，我们以欧洲美元市场为例对 20 世纪 60 年代以来近 50 年来的离岸市场相关研究文献进行综述[1]，并特别关注欧洲美

---

① 专门研究其他货币离岸市场对本国货币政策影响的文献不多，主要原因在于与欧洲美元市场相比，其他货币在全球离岸市场所占比例很小。根据 Altman（1963）的统计，20 世纪 60 年代初，在欧洲离岸市场上，85% 的外币存款为欧洲美元存款。Swoboda（1968）则指出美元在欧洲货币市场的主导地位可以归因于美元作为国际金融交易中最重要的媒介货币的角色所产生的货币偏好。但本币离岸市场的迅速发展对本国货币政策的影响仍然引起了各国尤其是新兴市场国家政策制定当局的担忧。1997 年亚洲金融危机后，亚洲新兴市场的各国当局担心本币离岸市场的增长将导致资本流动和汇率的波动更加剧烈，并增加当局调控货币供给的难度。Ishii（2001）总结了泰国、马来西亚、韩国、印度尼西亚等亚洲新兴市场经济体为限制本币离岸使用所采取的政策措施，评估了相关政策的实施效果并比较了发达市场和新兴市场在限制离岸市场发展措施上的异同。

元市场发展对美国货币政策的影响，在此基础上进一步对离岸人民币市场发展的相关问题提出政策建议以及未来的研究方向（伍戈、杨凝，2013）①。

关于欧洲美元市场的早期研究侧重于对该市场的描述，包括基本结构、运行特点、发展意义等，其中关于欧洲美元市场与境内美元的关系、欧洲美元市场的资金流动等问题与关于欧洲美元市场对货币政策影响的研究密切相关。随着对欧洲美元市场运行机制和特点了解的逐步深入，学术界开始构建欧洲美元市场的理论模型，为后续研究奠定了理论基础。20 世纪 60 年代末至 70 年代中期涌现出了大量关于欧洲美元市场存款创造的研究文献，涉及欧洲美元市场迅速增长的内在动因、欧洲美元市场存款准备金率、货币乘数等。而对于欧洲美元市场对美国货币政策的影响这一核心问题，一直存在非常激烈的争议，争论贯穿 70～80 年代。总的来看，可以将相关研究划分为欧洲美元的三个不同环节对美国货币政策的影响：美元资金从美国境内转移至欧洲美元市场、欧洲美元市场的存款创造以及美元资金从欧洲美元市场回流美国境内。而影响的对象则包括货币供应量规模、货币调控指标有效性以及货币流通速度的波动性等。欧洲美元市场迅速发展引发学界热议的同时，也引起了政策制定者对本国货币政策有效性的切实担忧，因此 20 世纪 80 年代前后也出现了许多关于各国当局是否需要应对欧洲美元市场迅速发展，以及采取何种措施应对的文章，此外也有文章就实际推行的政策措施的效果和影响进行了分析与评估。90 年代以后，随着欧洲美元市场发展日益完善成熟，关于欧洲美元市场发展对美国货币政策影响的争议逐渐平息，对于欧洲美元市场的研究文献也相应减少，对于离岸市场的关注逐渐转移至新兴市场经济体。按照

---

① 伍戈、杨凝：《离岸市场发展对本国货币政策的影响——一个综述》，载《金融研究》，2013（10）。

相关研究的历史发展脉络进行梳理，离岸市场对货币政策影响的逻辑
主线大致如图6.1所示，我们也将按此框架逐步展开述评。

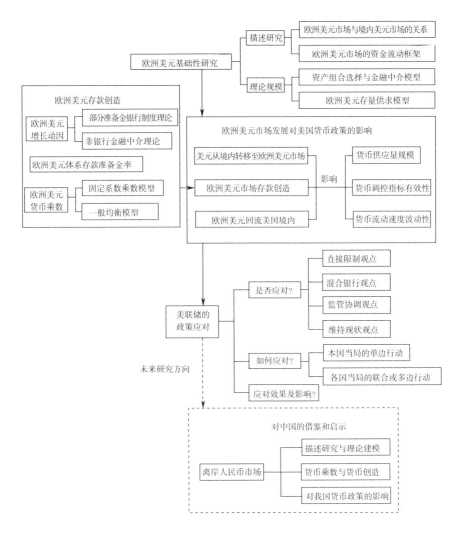

资料来源：伍戈、杨凝（2013）。

图6.1　离岸市场对本国货币政策影响分析的逻辑框架

（一）关于欧洲美元市场的基础性研究

20 世纪 60 年代关于欧洲美元市场的早期研究侧重于对这一新兴市场的描述，其中比较有代表性的是 Altman 在 1961～1965 年发表的 4 篇 IMF 工作论文，描述了 20 世纪 60 年代美元、英镑及其他西欧货币的境外市场①的发展，包括欧洲美元市场的基本结构、运行特点、资金来源和用途、发展意义等。此后的文献，如 Swoboda（1968）、Klopstock（1968a）、Einzig（1970）等也涉及部分描述性研究。在描述性研究的基础上，20 世纪 70 年代初开始出现建立欧洲美元市场基础理论模型的尝试。

1. 欧洲美元市场与美国境内美元市场的关系

欧洲美元市场产生于美国境内的美元市场，两者之间存在着非常密切的联系。Dufey 和 Giddy（1978）认为，离岸市场与在岸银行体系的联系是离岸市场得以迅速发展的必要条件，如果离岸金融机构与货币所在国境内银行能够就该国货币维持自由的账户往来和头寸调拨的话，那么该货币的离岸金融市场就可以繁荣发展。但另一方面，欧洲美元市场与美国境内美元市场在交易特点、存贷款特征、准备金要求等方面也存在着显著不同，其具体差异见表 6.1。

表 6.1　　　　　　　欧洲美元市场与美国境内美元市场的对比

		欧洲美元市场	美国境内美元市场
交易特点		以大宗批发交易为主的银行间市场	零售、批发
存款	存款人	外国央行为主，个人、企业为辅	个人、企业为主
	存款期限	均为定期，以超短期限为主	以活期为主

---

① 在 Altman 1961～1963 年的 3 篇工作论文中，Altman 仍主要使用货币境外市场（foreign market）的表述，在 1965 年的第四篇工作论文中才主要使用欧洲美元（Eurodollar）的概念。

续表

		欧洲美元市场	美国境内美元市场
贷款	借款人	公共机构①为主	个人、企业
	贷款利率	LIBOR 加点，浮动为主	固定、浮动
	贷款形式	以银团贷款为主	单笔、银团
准备金要求	法定存款准备金	无	有
	其他准备金	审慎准备金②	超额准备金
资金传导链		通过一系列银行中介，链条较长	一般仅通过一家银行，链条较短

资料来源：笔者根据 Altman（1961）、Swoboda（1968）、Einzig（1970），Frydl（1979）等文献整理。

2. 欧洲美元市场的资金流动

欧洲美元市场的货币供应最初源于美国在岸银行体系的资金流出，而欧洲美元市场的资金支付结算最终仍需通过美国境内的银行账户完成（He 和 McCauley，2010）。欧洲美元市场与美国在岸市场之间的资金流动具体过程如图 6.2 所示。

从图 6.2 可以看出，欧洲美元银行体系的初始美元资金的主要来源包括：一是各国央行或货币当局的美元外汇储备。各国央行和货币当局通过与其商业银行进行货币互换（①）、在其商业银行直接存放美元（①）、通过国际清算银行（BIS）在他国商业银行存放美元（②）等方式向美国境外的银行体系提供美元资金③，BIS 自身也可通过与美联储的货币互换获取美元存放于美国境外的商业银行（②）。二是企业和个人等私人部门（包括美国居民和非居民）的美元存款（③）。这

---

① 公共机构是指外国政府、央行、国有或共同部门的公司和金融机构。

② 审慎准备金（Precautionary Reserve）是指欧洲美元银行出于应付短期流动性需求等原因而自愿持有的通常存放于美国境内银行体系的存款准备金，其性质与美国境内银行的超额准备金有一定类似。

③ 很多央行进行上述操作是出于货币政策考虑，如意大利央行在其商业银行存放美元是为了提高国内流动性但又不影响本国商业银行的国际信贷运作。

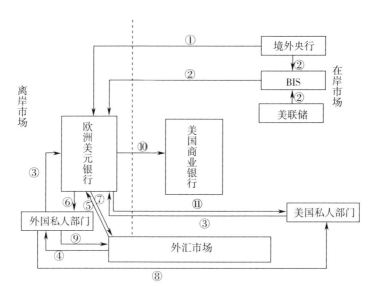

资料来源：笔者根据 Altman（1963）、Klopstock（1968a）等文献整理绘制。

图6.2　欧洲美元市场与美国在岸市场之间的资金流动

部分存款来自于其在美国境内的现有美元存款、外汇市场兑换（④）或出售商品、服务及金融资产所得美元。私人部门将美元转移至美国境外市场存放的动机主要包括境外利率更高、存款规模和期限更为灵活、降低货币兑换成本以及规避政治风险[①]等。三是美国境外商业银行以美元形式持有的其自身的超额现金储备（⑤）。

　　欧洲美元银行体系的美元资金的主要用途包括：一是转存至其他的欧洲美元银行，这在欧洲美元市场很普遍，通常是为了赚取利差。二是向外国私人部门发放贷款，包括直接发放美元贷款（⑥）或在外汇市场上兑换成本币后发放本币贷款（⑦）。美元贷款中一部分用于进出口企业支付从美国的进口（⑧）[②]，一部分兑换成本币为外国企业的国内交易

---

　　① 如冷战时期，苏联等社会主义国家担心其在美国的美元存款被冻结而转移至欧洲，以及20世纪70年代，OPEC国家在石油冲击中积累的大量财富也因担心被没收而不愿存放在美国银行。

　　② 进出口企业也可能将美元用于支付从其他国家的进口，但这部分美元最终也主要将流回美国，只是其中的传递链条更长。

提供支持（⑨）。三是运用于美国境内，包括存放于或借款给美国境内银行（⑩）、向美国私人部门发放贷款（⑪）及在美国金融市场进行投资。从上述用途看，大部分欧洲美元资金都是用于美国境内的存贷款操作，而不是用于美国境外的贷款和投资交易（Klopstock，1968a）。从另一个角度看，对于美国境外商业银行而言，欧洲美元也是其进行流动性管理的新兴的、不受管制的、灵活的、国际化的货币市场工具。

在最新的研究中，He 和 McCualey（2012）根据 Dufey 和 Giddy（1978、1994）的有关内容进一步总结了上述欧洲美元资本流动过程的四种类型：一是纯离岸交易（pure offshore transactions），即欧洲美元的来源和用途均在美国境外①；二是纯环流交易（pure round - trip trans-actions），即欧洲美元的来源和用途均在美国境内②；三和四是单向的净国际借贷（net international lending），包括流出和流入两个方面，即欧洲美元从美国居民流向非居民或从非居民流向美国居民。该文通过分析20世纪70年代中期至今38年的 BIS 公布的欧洲美元数据得出，在欧洲美元资本流动过程中，前两种类型占主导地位，后两种类型占比很小。

3. 欧洲美元市场的理论模型

随着对欧洲美元市场运行机制和特点了解的逐步深入，学术界开始尝试构建欧洲美元市场的基础理论模型。其中比较有代表性的 Rich（1972）的资产组合选择与金融中介模型以及 Makin（1972）的欧洲美元存量供求模型。

（1）Rich 的资产组合选择与金融中介模型

欧洲美元市场的发展对各国金融和外汇市场产生了深远影响，各

---

①　例如，一家中东央行将美元存放在伦敦的银行，后者将资金贷给巴西的原油进口商。这种类型的交易在20世纪70年代中东石油国出现经常项目盈余而巴西出现经常项目赤字的时期非常普遍。

②　这类交易的主要动因是监管套利（regulatory arbitrage），如欧洲美元市场通常不存在境内市场的存款准备金要求、存款保险费用、利率上限等监管限制（Aliber，1980，2002）。

国政府开始担心欧洲美元交易对国际收支和货币政策有效性的冲击，但仍很难准确评估这一影响，Rich（1972）认为其主要困难在于欧洲美元市场缺乏基本理论模型。Rich 进一步指出，欧洲美元市场迅速发展的主要因素除规避监管和打破垄断等因素①之外，还在于该市场使得一方面外国金融机构能够提供美国境内资产的有吸引力的替代品，另一方面外国市场主体能够通过持有美元降低货币兑换成本。因此，他试图在资产组合选择和金融中介模型的框架内构建欧洲美元存贷款的供求函数，并进一步分析在岸利率水平和汇率等因素对欧洲美元存贷款利率的影响。通过实证检验，Rich 证明欧洲美元资产是英镑和在岸美元资产的替代品，且美国和英国国债利率及汇率预期的变化会影响欧洲美元存贷款利率。该研究是欧洲美元市场理论建模的一次有意义的尝试，有助于揭示国际资本流动与国际利差之间的密切联系及解决各国金融市场的整合问题，但并没有揭示欧洲美元交易对国际收支和货币政策的影响。

（2）Makin 的欧洲美元存量供求模型

Makin（1972）同样构建了欧洲美元存量的需求方程、供给方程以及描述欧洲美元银行审慎准备金率（precautionary reserve rate）的方程，并认为：欧洲美元存款需求与欧洲美元持有者之间的国际支付流动指数（index of the international flow of payments）正相关，与替代性资产的回报率负相关；存款供给取决于欧洲美元银行持有的准备金存量；且与国内市场的存款准备金率由央行外生给定不同，欧洲美元银行的审慎准备金率是内生决定的。与 Rich（1972）相比，Makin 研究的进步之处在于，一方面其证明了存在关于欧洲美元存款的稳定的供求函数；另一方面他还运用上述模型实证分析发现，1964 年第三季度至 1970 年第四季度之间的欧洲美元存款增长的 40% 归因于欧洲美元市

---

① Friedman（1969）将欧洲美元市场视为规避美国当局对美国银行业施加的"Q 条例"、法定存款准备金要求及外汇管控等管制措施的手段；而 Swoboda（1968）则认为欧洲美元市场发展反映了外国银行试图打破美国银行在发放美元贷款方面的垄断地位。

场的存款多倍扩张过程（multiple deposit expansion process），其余的60%主要归因于从美国在岸市场转移至欧洲美元市场的新增美元存款。这一研究对深入探讨欧洲美元市场的存款创造过程以及欧洲美元市场对本国货币政策的影响奠定了较好的基础。

（二）欧洲美元市场的存款创造

研究欧洲美元市场对本国货币政策影响的前提是搞清楚欧洲美元市场的存款创造过程，20世纪60年代末到70年代中期，有大量文献通过理论阐述、数学建模、实证检验等方式对这一问题进行了探讨。这些研究的基本共识在于：一是欧洲美元银行在美国银行体系的美元存款相当于欧洲美元体系的存款准备金，由此派生出整个欧洲美元体系的存款总量，而欧洲美元存款回流境内则代表了欧洲美元体系的存款漏损（leakage）。二是尽管欧洲美元体系的准备金率很低，但由于存在大量的存款漏损，其货币乘数并不大，因此欧洲美元市场不会无限制地扩张。

1. 关于欧洲美元存款规模增长的原因

关于欧洲美元市场存款创造的早期研究主要是为了回答这一问题：欧洲美元存款规模为什么会迅速增长？Bell（1965）、Yeager（1966）等文献均有所涉及，但比较有代表性的是 Friedman 的部分准备金（fractional reserve）银行制度理论和 Klopstock 的非银行金融中介（non-blank financial intermediary）理论。前者认为欧洲美元存款迅速增长的主要原因在于离岸市场的存款创造，后者认为主要原因在于在岸市场的初始资金转移。[①]

---

① 此外，也有文献（如 Klopstock，1968a）提到欧洲美元银行间的转存款（redeposit）与欧洲美元存款规模增长的关系。一方面，转存款现象确实很频繁，但不会无限延续，因为存款链拉长后引致的风险溢价会侵蚀转存款的利差收益；另一方面，银行间转存款并不增加可用于商业交易的支付手段，这部分存款通常不计入存款总额。因此，频繁的转存款行为并不是欧洲美元存款规模迅速增长的原因。

（1）Friedman 的部分准备金银行制度理论

Friedman（1969）认为，欧洲美元市场的存款创造过程与美国银行体系类似，是部分准备金银行制度的产物。欧洲美元存款迅速增长的主要原因不在于美国国际收支赤字、外国央行持有的美元储备或发行欧洲美元债券的收益，而在于欧洲美元银行只需保留很小比例（远小于法定存款准备金比率）的审慎准备金。随后，他运用三个典型案例描述了欧洲美元市场存款创造过程，并进一步区分了欧洲美元的货币创造（eurodollar creation）与货币乘数（eurodollar multiplier）的概念[1]，如图 6.3 所示。

假设：10 亿美元初始资金从美国银行体系转移至欧洲美元银行；后者审慎准备金率为 10%。

情形 1：欧洲美元银行将 1 亿美元作为准备金存放于美国银行，其余 9 亿美元发放贷款，借款人将资金存放于其在美国银行的账户。

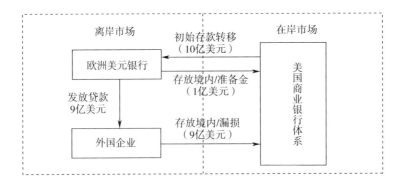

欧洲美元存款总额 = 10 亿美元；欧洲美元银行在美国银行的存款总额 = 1 亿美元

货币创造倍数 = 10/1 = 10；货币乘数 = 10/10 = 1

---

① 货币创造倍数 = 欧洲美元存款总额/欧洲美元银行在美国银行的存款（即准备金）；货币乘数 = 欧洲美元存款总额/初始流出存款总额。

情形 2：欧洲美元银行将 1 亿美元作为准备金存放于美国银行，其余 9 亿美元发放贷款，借款人将资金存放于另一家欧洲美元银行，以此无限类推。

欧洲美元存款总额 = 10 + 9 + 8.1 + ⋯ = 100 亿美元；欧洲美元银行在美国银行存款总额 = 10 亿美元

货币创造倍数 = 100/10 = 10；货币乘数 = 100/10 = 10

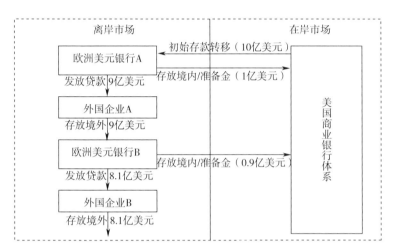

情形 3：欧洲美元银行将 1 亿美元作为准备金存放于美国银行，其余 9 亿美元用于向外国央行购买英镑，外国央行将美元存放于其美联储账户上，而后又用于购买美国国债。结果与情形 1 类似。

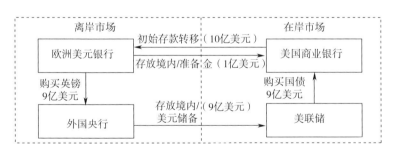

资料来源：笔者根据 Friedman（1969）的相关内容绘制整理。

图 6.3　欧洲美元市场存款创造流程图

通过上述分析，Friedman 得出如下结论：欧洲美元市场的存在增加了美联储体系的货币创造以及全世界的非银行主体所能持有的美元存款的总量，既增加了全世界的美元货币供给，又推高了世界价格水平；如果将欧洲美元存款排除出美元货币供给的定义，则欧洲美元市场在不改变货币供应量的同时将提高世界货币供给的周转率，但 Friedman 认为上述影响从数量上而言是极其微小的，同时他也指出，尽管准备金率很小，但由于存在从欧洲美元市场回流境内的存款漏损，欧洲美元市场不可能无限创造美元存款。

（2）Klopstock 的非银行金融中介理论

Klopstock（1970）对 Friedman 的部分准备金理论提出异议，他认为欧洲美元体系与美国银行体系的货币扩张背后的实际运作是截然不同的。Klopstock 在文中强调了存款漏损问题：在美国银行体系中以非银行公众持有现金的形式漏损的存款很有限且可以预测；而欧洲美元银行更像存贷款协会等非银行金融中介，其贷款和投资中只有一小部分作为存款留在欧洲美元体系，大部分都回流美国境内，存款漏损规模非常庞大[1]。Klopstock 认为，欧洲美元存款迅速增长的原因在于存款创造之外的货币过程：通过提供更具有吸引力的投资便利以及优于美国境内的利率水平，欧洲美元银行能够吸引世界各地的银行和非银行公众将美元存款集中至其账户；此外，外国央行也往往出于货币政策的原因将其大量美元储备转移至欧洲美元银行或通过货币互换操作将美元储备卖给其本国商业银行，从而形成欧洲美元存款。因此，欧洲美元市场的美元存款，主要都是由美国银行体系而非欧洲美元银行体系创造的。

2. 关于欧洲美元体系的存款准备金率

现有研究普遍认为，欧洲美元市场一般没有法定存款准备金要求[2]，欧洲美元银行自发持有的审慎准备金比率较低。如 Schaffner（1970）

---

[1] Klopstock（1968a）已指出，欧洲美元银行体系存款漏损的主要原因是欧洲美元存款基本都是通知存款（call deposit）和定期存款，只承担很有限的支付手段职能。

[2] 但一些国家要求本国商业银行针对其对外国人的净美元负债在本国央行存放相应的本币存款（Klopstock，1968a）。

提出，欧洲美元银行在美国持有的准备金相对于其存款负债很低，原因包括没有法定存款准备金要求、欧洲美元银行能够从美国的美元资本市场上获得应急储备等。Aliber（1980）也认为，离岸市场实际降低了有效准备金比率，或者提高了给定的银行准备金的货币乘数。但对于欧洲美元准备金率较低的原因以及准备金率变化的动因，学术界存在不同意见。

Makin（1973）认为欧洲美元银行以在美国商业银行的活期存款形式持有审慎准备金，并使用 Whalen（1966）的预防性现金需求理论建立了欧洲美元银行最优审慎准备金模型①。其得出的基本结论为，1964～1970 年准备金率下降是因为随着金融中介收支规模上升，对审慎准备金的有效管理实现了规模经济；而持有准备金的原因在于金融中介"借短贷长"，需要持有准备金以应对提款风险。但 Niehans（1971）和 Hayes（1971）则认为欧洲美元银行的资产负债期限结构基本匹配，不需要针对净提款持有准备金，低准备金率与欧洲美元银行在美国银行的存款余额仅仅出于交易目的，即用于欧洲美元银行清算相一致。

3. 关于欧洲美元货币乘数

为了更准确地测算欧洲美元市场的存款创造过程，20 世纪 70 年代上半期，大量文献从不同的角度运用理论和实证的方法对欧洲美元货币乘数进行了探讨和估算，比较有代表性的是固定系数乘数模型（Fixed Coefficient Multiplier Model）和一般均衡模型（General Equilibrium Model）。

（1）固定系数乘数模型

固定系数乘数模型认为，整个美国商业银行体系充当欧洲美元体系的"央行"，欧洲美元银行在美国银行的存款充当欧洲美元市场的准备金，且准备金率很小；存在以资金回流美国境内为形式的存款漏损；

---

① Whalen 的预防性现金需求理论认为，最优审慎性准备金规模的决定因素包括流动性不足的成本、审慎准备金的机会成本以及银行收支的平均规模和波动性，可以通过最小化总成本计算出最优审慎准备金率。

准备金率和漏损率均相对稳定，因而可以推算出较为稳定的欧洲美元货币乘数。

Friedman 和 Klopstock 都是固定系数乘数模型的支持者，但两人对于欧洲美元货币乘数的大小存在分歧。Bell（1965）和 Friedman（1969）认为，由于没有存款准备金要求，欧洲美元市场的潜在货币乘数是相当大的；而 Klopstock（1968a）等观点则认为欧洲美元银行体系的存款漏损率非常高，其货币乘数的数值可能仅在 0.5～0.9 区间内。Clendenning（1971）试图协调这两种相反的观点，进一步提出如果外国央行（指美国以外的其他国家央行，下同）不将其部分美元储备存放于欧洲美元市场，货币乘数可能较小；而当外国央行存放时将会显著减少欧洲美元体系的存款漏损，从而提高货币乘数。

关于固定系数乘数模型的后续研究沿用了 Clendenning 的思路，即考虑外国央行在欧洲美元市场再存款（redepositing）的影响，如 Makin（1972）和 Lee（1973）。Lee 认为从美国银行体系转移到欧洲美元银行的初始美元存款构成了欧洲美元体系的基础货币，且假设基础货币外生给定。他还进一步将欧洲美元体系的存款漏损细化为两种形式：非美国居民获得欧洲美元贷款并存放于美国银行账户或进行货币市场投资，类似于国内银行体系的现金提款；美国居民获得欧洲美元资金并存放于美国银行，类似于国内银行体系的准备金损失。通过一些关键假设[1]，Lee 估算出欧洲美元货币乘数从 1963 年的 1.2663 上升至 1969 年底的 1.9213。他进一步认为，外国央行对欧洲美元货币乘数稳定增长的作用最大，因为外国央行倾向于将其部分超额美元储备存放于欧洲美元市场

---

[1] 这些关键假设包括：（1）欧洲美元存款与欧洲美元货币基础的关系相当于国内货币供给与国内货币基础的关系；（2）欧洲美元市场货币基础外生给定；（3）欧洲美元银行在美国银行的活期存款相当于欧洲美元银行为欧洲美元存款持有的准备金；（4）非美国居民在美国银行的短期存款在欧洲美元市场的职能相当于现金在国内货币体系中的职能；（5）整个美国银行体系充当欧洲美元体系的中央银行。

而非在美国货币市场进行常规投资，从而实质上提高了美元存款留在欧洲美元市场的可能性[①]。但同样考虑央行再存款因素的 Makin（1972）却估算出 1964 年第三季度至 1970 年第四季度之间欧洲美元体系的长期存款扩张乘数（long-run deposit expansion multiplier）高达 18.45。

（2）一般均衡模型

利用固定系数乘数模型得出的迥异的实证结果引起了大家对该理论框架的质疑。如 Machlup（1972）认为欧洲美元银行并不持有明确界定（well-specified）的储备资产，也不须遵守任何统一或稳定的存款准备金要求，因此我们"既不知道乘数，也不知道被乘数"。Niehans（1971）则指出该模型的固定漏损率假设是不恰当的，并阐述了如果再存款比率（redeposit ratio）及存贷款规模不是外生给定的，而是利率水平的函数，那么将如何影响固定系数乘数，从而提供了一条不完全资产组合研究途径（partial portfolio approach）。Masera（1972）也对欧洲美元体系存在"固定"或"稳定"的漏损率和确定的"外生"欧洲美元基础货币这一假设提出质疑，并认为在解释现有欧洲美元总量时必须同时考虑借款人和贷款人的偏好问题。但上述研究都没有提出可以替代固定系数乘数模型的根本性解决方案。20 世纪 70 年代中期，Hewson 及其合作者的一系列文章运用资产组合选择及一般均衡理论从新的视角对欧洲美元市场的存款创造过程进行了阐释。

Hewson 和 Sakakibara（1974）认为，在存在显著管制的国内银行体系中，固定系数乘数模型可能在某些情况下是对货币供给过程的有用近似，但对于欧洲美元市场这样的无管制竞争性市场，可能是不合适的[②]；

---

① Geoffrey（1965）对于外国央行在欧洲美元体系的作用也持有类似观点。

② 该文通过对 Tobin（1967）的理论进行延伸得出，货币乘数模型在国内银行体系的有效性基于三个条件：（1）银行贷款和投资的边际收益与存款的边际成本之间存在差异；（2）在现行贷款利率下存在对贷款的超额需求；（3）在存款利率上限的水平上存在对存款的需求。但在无管制的竞争性的欧洲美元市场上，欧洲美元银行仅承担国际收支的中介职能，上述条件并不满足。

在无管制情况下，乘数甚至可能变成除数。该文提出，欧洲美元体系
的漏损率并非固定，而是市场参与者进行资产组合选择的结果，该比
率的数值可能随市场利率的变化而变化。资金从美国到欧洲美元市场
的初始转移将降低欧洲美元市场的相对利率水平，从而降低欧洲美元
存款的相对吸引力，导致资金流出欧洲美元市场，因此存在第三种存
款漏损形式，即利率漏损（interest rate leakage）。该文运用资产组合方
法，建立了两地区七部门[①]的一般均衡模型，并在此基础上估计了欧洲
美元存款乘数的值，得出在没有外国央行在欧洲美元银行再存款的情
况下，欧洲美元市场对于初始存款流入的乘数介于 0 和 1 之间，存款
的初始转移将被净"利率漏损"抵消，这是源于财富所有者对初始存
款流入导致的相对利率变动进行的资产组合调整；如果存在外国央行
再存款，则乘数介于 0 和 $1/(1 - cd)$ 之间，其中，cd 为外国央行将其
美元储备存放于欧洲美元市场的固定比例。

　　Hewson 和 Sakakibara（1976）对上述一般均衡模型进行了细化和完
善，并在此基础上进一步评估了在美国市场、欧洲市场与欧洲美元市场
相互依存的世界中货币政策的有效性及国际短期资本流动管制等政策举
措的影响。该文认为，美国和欧洲货币政策的影响呈现显著非对称性，美
国货币政策紧缩将提高所有市场的利率，但在没有对冲的情况下，欧洲
货币政策紧缩的影响不确定，这是由于美国的国际货币地位使得美联储
可以不受任何外汇约束地实施其货币政策，因为任何私人的资金流出都
将以外国央行官方美元储备的形式回流到美国境内。而国际资本流动管
制对于利率水平和国际收支的总体影响为，由于派生的具有抵消效果的

---

　　① 两地区为美国和欧洲，七部门包括美国商业银行、美国公众（包括欧洲跨国公司的美国
分支机构）、美国央行、欧洲商业银行、欧洲公众（包括美国跨国公司的境外分支机构）、欧洲央
行、欧洲美元银行（包括美国银行境外分支机构和欧洲商业银行的欧洲美元运作部门）。

资本流动①的存在，具体影响并不确定，除非对所有私人资本转移渠道施加直接管制，否则抵消性资本流动很可能使得任何资本管制措施无效。

Hewson 和 Niehans（1976）对固定系数乘数模型和一般均衡模型进行了系统性的回顾和总结，并提出在欧洲美元市场中，流动性创造仅发挥次要作用，该市场主要是流动性美元资金的有效分配网络。而欧洲美元市场规模的主要影响因素是美国银行和欧洲美元银行的不同的交易成本，即向客户提供的存贷款利率的差异，而这些差异主要来自于地理位置、法律及运行效率。因此，欧洲美元市场增长的决定理论不是货币创造理论，而是在比较优势基础上的劳动力分割理论（Basic Theory of the Division of Labor）。

综上所述，欧洲美元市场存款创造过程本身并不"可怕"。Niehans（1982）就认为，欧洲美元市场形成了近似的完全市场，降低了金融交易成本，对于本国货币当局没有危害，对于全球货币和资本配置而言是有效率的，而且欧洲美元市场也几乎没有创造新的全球货币或信贷。Swoboda（1980）也同意欧洲美元市场仅创造很少的新增货币和贷款，但强调其在货币存量创造上的次要作用并不意味着没有潜在问题，欧洲美元市场的发展可能影响不同类型的金融中介之间的有效合理的信贷分配，进而影响银行间市场的审慎和稳定。

（三）欧洲美元市场发展对美国货币政策的影响

相对于欧洲美元存款创造问题而言，学术界关于欧洲美元市场发展对货币政策影响的争论更为激烈，观点莫衷一是，主要围绕欧洲美

---

① 国际资本流动管制措施包括对商业银行从境外的借款以及欧洲非银行借款征收存款准备金，境外借款成本的提高降低了政府债券需求以及银行贷款供给，从而对这些资产的利率构成上行压力，但同时，境外借款成本的提高也会减少境外借款，从而对其他国家市场及欧洲美元市场的贷款市场利率构成下行压力，利率的相对变化又会导致资金从境外流入境内，从而对资本管制措施产生抵消性影响。

元市场的发展是否会使得各国当局的宏观调控复杂化以及欧洲美元市场所提供的稳定的融资来源是否会引起世界范围内的通货膨胀等问题展开。Frydl（1979）对相关的论点和论据进行了系统性的总结（如表6.2所示）。

表6.2　　　　关于欧洲货币市场对货币政策影响的争论

欧洲货币市场对货币政策有显著影响	欧洲货币市场对货币政策无显著影响
观点1：欧洲美元市场容易使通胀恶化，从而削弱或至少复杂化各国货币政策。 理由：欧洲美元市场能够比国内银行体系创造更多货币（存款准备金率较低）。	观点A：承认观点1、2所述事实，但认为其无关紧要，只要货币当局试图通过影响最能代表交易货币的货币供应量（M1）来实现最终经济目标。
观点2：美元存款从国内银行体系到欧洲美元市场的转移通常会导致世界范围内银行负债的净增长。 理由：国内银行负债持有的储备不因该交易而减少，而欧洲美元存款没有准备金要求，因此现有准备金仍支持等量的国内负债，而创造了新的欧洲美元市场负债，导致世界范围内信贷扩张。	理由：欧洲货币存款均为定期存款，可以承担价值贮藏职能，但不能作为交易媒介，想要用于支付时必须转化为美国活期存款，因此欧洲货币市场扩张并不创造货币。如果国内货币交易余额和国内支出水平之间存在稳定关系，货币当局原则上可以通过控制国内货币供给来影响支出水平。
观点3：反对观点A 理由：（1）资金从国内市场转移至欧洲美元市场可能提高国内货币供给的流通速度，使得国内货币和支出之间的关系不稳定。如果货币流通速度的提高没有及时被当局对冲，则可能会引发通胀。 （2）欧洲货币能否发挥交易媒介作用只是个市场实践问题，如加勒比海地区、大型跨国企业都有可能直接使用欧洲美元交易。	

续表

欧洲货币市场对货币政策有显著影响	欧洲货币市场对货币政策无显著影响
观点4：对观点B持保留意见 理由：（1）很难估计包含部分欧洲美元存款的货币总量与国家支出之间的稳定的统计关系； （2）很难收集可供货币当局政策制定使用的关于欧洲货币市场存款变化的充分可靠、及时的数据。 （3）尽管理论上欧洲美元扩张效果可以通过更紧的美联储公开市场操作来抵消，但紧缩的国内货币政策的后果会不成比例地落到与欧洲美元市场联系较少的美国银行和借款人头上。	观点B：承认在通胀环境下欧洲货币市场的快速发展会使货币当局处境困难，但没必要通过减缓欧洲货币市场增长来实现对世界通胀的有效调控，传统的国内货币政策操作已经足够。 理由：任何快于预期的欧洲货币市场扩张只需要通过进一步的国内货币抑制就能抵消，这或多或少可以机械化地通过将欧洲货币纳入适当的国内货币总量目标来实现。

资料来源：笔者根据 Frydl（1979）归纳整理。

具体而言，关于欧洲美元市场发展对美国货币政策影响的研究可以粗略地分为三个方面：一是资金从美国境内转移至欧洲美元市场对美国货币政策的影响；二是欧洲美元市场存款创造对美国货币政策的影响；三是资金从欧洲美元市场回流美国境内对美国货币政策的影响。已有文献通常都会涉及上述三个方面问题的探讨，但各有侧重。比较有代表性的论述具体如下：

1. 资金从美国境内转移至欧洲美元市场对美国货币政策的影响

在关于资金从美国境内转移至欧洲美元市场对美国货币政策影响的研究中，比较有代表性的是 Balbach 和 Resler（1980），其使用 T 账户方法和货币乘数框架考察了欧洲美元交易，特别是美元资金从美国境内转移至欧洲美元市场对使用不同口径的狭义货币供应量标准衡量的美国货币供给的影响程度。该文首先假设：（1）美联储不参与欧洲美元交易或不因为这些交易而转变其货币政策，即美联储以既定的常数速率提供基础货币;(2)美国境内的活期存款与其他银行负债(包括从欧洲美元银行的借款)的法定存款准备金率不同,前者较高;(3)欧洲美元银行将美元资金以在美国银行存放活期存款或借给美国银行的方式持有准备金。然后,该文使用美国银行、欧洲美元银行和公众三部门的 T 账户方法考察了欧洲美元交易的四种不同情形对三种不同口径的狭义货币供应量的影响,T 账户变化如图 6.4 所示。

假设:100 美元资金从美国境内转移至欧洲美元市场。

情形 1:美国活期存款转变为欧洲美元,欧洲美元银行以美国银行活期存款形式持有准备金。

公众		美国银行		欧洲美元银行	
资产	负债	资产	负债	资产	负债
公众活期存款 −100 美元			公众活期存款 −100 美元	欧洲美元银行活期存款 +100 美元	欧洲美元存款 +100 美元
欧洲美元存款 +100 美元			欧洲美元银行活期存款 +100 美元		

情形 2:其他美国银行负债(如存款证)转变为欧洲美元;欧洲美元银行以美国银行活期存款形式持有准备金。

公众		美国银行		欧洲美元银行	
资产	负债	资产	负债	资产	负债
存款证 −100 美元			存款证 −100 美元	欧洲美元银行活期存款 +100 美元	欧洲美元存款 +100 美元
欧洲美元存款 +100 美元			欧洲美元银行活期存款 +100 美元		

情形**3**：美国活期存款转变为欧洲美元，欧洲美元银行以从美国银行"应收款项"形式持有准备金。

公众		美国银行		欧洲美元银行	
资产	负债	资产	负债	资产	负债
公众活期存款 −100 美元			公众活期存款 −100 美元	应收款项 +100 美元	欧洲美元存款 +100 美元
欧洲美元存款 +100 美元			应付款项 +100 美元		

情形**4**：其他美国银行负债（如 CD）转变为欧洲美元；欧洲美元银行以从美国银行"应收款项"形式持有准备金。

公众		美国银行		欧洲美元银行	
资产	负债	资产	负债	资产	负债
存款证 −100 美元			存款证 −100 美元	应收款项 +100 美元	欧洲美元存款 +100 美元
欧洲美元存款 +100 美元			应付款项 +100 美元		

资料来源：Balbach 和 Resler（1980）。

图6.4　欧洲美元交易对各部门 T 账户的影响

上述四种情形对美国狭义货币供应量的影响如表6.3所示。

表6.3　　欧洲美元交易对不同口径的狭义货币供应量的影响

情形	原 M1 *	M1A	M1B
1	不变		下降或不变（如果欧洲美元银行不持有准备金而是发放贷款，而借款人又将资金存回境内）
2	直接影响为上升，但超额储备金下降导致存贷款收缩和货币存量下降，净效应为扩张		直接影响为不变，但超额储备金下降导致存贷款收缩和货币存量下降，净效应为收缩

续表

情形	原 M1 *	M1A	M1B
3	直接影响为下降，但超额储备金上升导致存贷款进一步扩张，部分抵消了货币供给的初始下降		
4	不变		

    *   原 M1 = 美国非银行公众持有的活期存款 + 境外商业银行在美国银行的活期存款 + 流通中现金；

        M1A = 美国非银行公众持有的活期存款 + 流通中现金；

        M1B = 美国非银行公众持有的活期存款 + 付息支票存款 + 流通中现金。

    资料来源：笔者根据 Balbach 和 Resler（1980）归纳整理。

该文进一步指出，欧洲美元交易引起的境内外相对利率变动会导致欧洲美元存款相对于国内银行存款的偏好变化，并使用货币乘数模型分析商业银行和公众的资产组合选择决策变化如何影响国内货币供给。但实证结果显示，即便考虑上述利率效应，欧洲美元交易对于美国货币供给的影响也很小。该文得出的基本结论包括：欧洲美元交易对货币供给的影响与货币供应量统计口径有关；欧洲美元流动会通过改变美国银行资产负债组合构成间接影响美国货币乘数和货币存量，产生上述影响的部分原因在于美国银行不同负债类型的存款准备金要求不同；欧洲美元市场并不会对美联储调控货币供给的能力构成严重威胁，美联储可以使用适当的公开市场操作抵消欧洲美元流动对货币供给的影响。

2. 欧洲美元市场存款创造对美国货币政策的影响

美元资金从美国银行体系转移到欧洲美元市场后所派生的存款创造过程只是增加了欧洲美元市场的存款总量，这部分存款不属于美国银行体系，其规模增长并不会直接导致美国货币供应量的上升。而学术界关于欧洲美元市场规模增长对美国货币政策影响的担忧主要在于其可能削弱某些货币调控指标的有效性。

Trestrail（1972）认为，欧洲美元市场的迅速发展使得现行的货币定义过时，不再能够作为预测工具和经济政策指标。他还认为，货币供应量的变化成为有用的预测工具和经济政策指标的必要条件是，货币定义近似等于非银行公众持有的货币。而美国银行对境外银行和官方机构的活期存款负债（包括欧洲美元银行在美国银行的活期存款）并不影响美国非银行公众的支出行为，应从货币定义中剔除，剔除后的货币供给称为有效货币供给（effective money supply）。Trestrail 进一步指出，欧洲美元市场发展导致的货币定义失效进而影响了货币流通速度（income velocity of money）指标的稳定性，从而使得无法运用货币供给准确预测经济增长。这可能也是 20 世纪 70 年代末美国狭义货币供应量指标从包括境外银行在美国银行活期存款的原 M1 转变为不包括这部分存款的 M1A 和 M1B 的原因之一。图 6.5 为 20 世纪 70 年代初以前不同货币定义下的美国货币供应量与货币流通速度的对比。

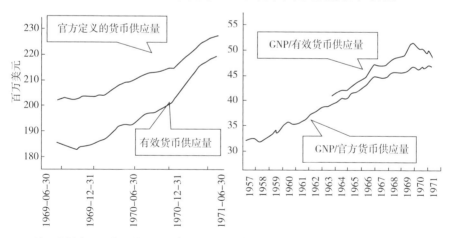

注：左图为 1969 年 6 月至 1971 年 8 月的美国货币供给与"有效货币供给"走势；右图为 1957 年至 1971 年第二季度的货币流通速度与 1963 年第三季度至 1971 年第二季度的"有效货币"流通速度走势。

数据来源：根据 Trestrail（1972）绘制整理。

图 6.5 不同货币定义下的美国货币供应量与货币流通速度对比

Frydl（1982）也认为，欧洲美元市场的交易会使美联储货币政策复杂化。尽管大部分在境外持有的美元不计入美国的货币总量目标，但对美国国内银行的存款产生替代效应。欧洲美元存款的变化会导致美国货币总量的周转率发生不可预测的变化，从而可能降低现行定义的货币总量作为货币政策中间目标的可靠性和有效性。他指出，尽管目前由于欧洲美元市场规模相对较小，上述影响并不明显，但欧洲美元存款增长速度远超美国国内货币存量，因此未来可能成为货币调控的重要障碍。He 和 McCauley（2010）也认为，原则上，本国居民持有的离岸存款应纳入货币供应量，因为这类存款与在岸存款具有高度替代性，并建议将其计入 M2 或 M3。

由此可见，诸多研究都认为欧洲美元市场规模的迅速增长确实影响了现行货币供应量定义的有效性，但对于如何修正货币定义、应将哪些欧洲美元存款纳入货币定义、纳入何种货币定义、以何种权重纳入等问题，并没有形成一致意见。

3. 资金从欧洲美元市场回流美国境内对美国货币政策的影响

20 世纪 60 年代末，在美联储实施紧缩货币政策和规定存款利率上限的"Q 条例"的双重压制下，美国银行存款证出现大量流失。为补充存款，许多美国银行转而让其境外分支机构以较高的利率在欧洲美元市场上吸收存款，再以从分支机构借款的方式将欧洲美元转移至境内，由此导致 1966～1969 年欧洲美元借款（即美国银行从其境外分支机构借入的欧洲美元）规模迅速增长。欧洲美元资金以上述方式回流美国境内市场引发了学术界对美国货币政策有效性的担忧，也使得美联储于 1968 年 8 月发布规定，要求对欧洲美元借款征收准备金，且不允许在计算准备金时将欧洲美元相关的现金项目从活期存款总额中剔除。

作为研究该问题的基础，Klopstock（1968b）从实务操作层面深入阐释了这一时期美国银行从其境外分支机构借入欧洲美元的动因及具体途径；Black（1971）则从银行流动性管理的角度推导了欧洲美元借款的供给和需求函数，解释了欧洲美元供求规模与国内存款证规模、欧洲美元利率、联邦基金利率、美国国债利率、其他货币利率等因素的关系，并使用 1966～1968 年的周度时间序列数据对上述因素的影响进行了实证检验。

部分美国银行对于欧洲美元作为资金来源的强烈依赖会产生哪些直接后果呢？一方面，对美国境内而言，由于境外银行在美国银行的存款不需缴纳准备金，因而欧洲美元回流使得给定的国内准备金可以支持更大规模的货币总量，并导致准备金和存款在不同美国银行之间的不均衡分布（Klopstock，1968a），从而削弱美联储对国内的货币调控。另一方面，对美国境外而言，美国银行吸收欧洲美元存款将消耗外国央行的美元储备，从而减少其可用于投资美国国债的美元资产以及全球外汇市场上的美元供给；但也有观点认为，这种状况反而保证了美国国际收支的强势地位，否则外国央行的这部分美元就要用于消耗美国黄金存量或互换额度，此外欧洲美元回流也确实为美国银行缓解存款证流失的压力提供了安全渠道。

就货币政策而言，现有研究普遍认为欧洲美元回流会增加美国货币调控的复杂性。如 Brimmer（1969）指出，拥有境外分支机构的美国银行的确可能通过求助于欧洲美元而推迟或规避紧缩货币政策的影响，但这并不意味着美联储没有能力控制银行储备规模，反而其有能力随时抵消欧洲美元流入所导致的贷款和投资总量的任何扩张。但他也担心，欧洲美元的回流使得美联储可能需要施加更大的压力以实现既定的货币政策目标，且无法从欧洲美元市场获得资金的美国银行将承受不合理的政策压力，因为其他银行可以享有欧洲美元回流的缓冲效应。因此，Brimmer 承认，欧洲美元回流美国境内确实使得美国货币调控变得更加复杂。

Gibson（1971）也针对"资金短缺的美国银行购买欧洲美元并转回境内发放贷款的行为降低了美联储货币调控的有效性"这一逻辑提出了类似的观点，认为欧洲美元市场发展及资金回流对美国国内货币总量的影响有限，且美联储能够很迅速地察觉并通过公开市场操作等方式抵消这方面的影响。但 Gibson 也强调，欧洲美元市场对美国货币调控最严重的威胁在于其可能引起美国货币存量与收入等其他变量的关系发生变化，欧洲美元存款的变动可能导致货币流通速度发生意料之外的波动，从而增加货币调控的难度。

（四）美联储应对欧洲美元市场发展的政策措施

学术界关于离岸市场发展是否会对本国货币政策产生负面影响以及是否应采取应对措施的争论一直没有平息，但无论学术界的争论结果如何，欧洲美元市场的迅速发展还是引起了美国政策制定者对本国货币政策有效性的担忧，并促使当局采取相应的应对措施。

1. 如何应对欧洲美元市场发展的政策争论

Frydl（1979）系统总结了关于如何应对欧洲美元市场迅速发展的四种代表性观点（如表 6.4 所示）。

表 6.4　　　　关于如何应对欧洲美元市场发展的政策争论

观点	依据	措施
直接限制观点	欧洲美元市场脱离控制，在全球范围内产生过量的信贷创造并促进过度竞争的贷款行为，从而对国际货币体系稳定性构成威胁。	制定国际协调政策并对欧洲美元银行资产负债表的结构和可发放的贷款类型施加限制。
混合银行体系观点	欧洲美元市场不受国内管制，促成了银行运作从国内市场向欧洲美元市场转移的动机，形成混合银行体系，破坏了本国货币当局维持国内银行体系独立性的意图。	一是向欧洲美元市场施加管制以使其更像国内银行市场；二是消除国内银行市场管制以使其更像欧洲美元市场；三是欧洲美元市场和国内银行体系同时做出改变以确保实践和动机的趋同。具体路径的选择取决于国内银行监管法律和管理的可行性和兼容性。

续表

观　点	依　　据	措　　施
监管协调观点	欧洲美元市场运行基本良好，不需要系统性的管制，但该市场的治外法权性质需要有组织的监管协调框架。	各国货币当局要持续密切合作以实现监管协调和信息共享。
维持现状观点	欧洲美元市场不仅证明了其作为金融市场的高效运作，也证明了其作为国际贸易融资机制的不可或缺性。任何损害欧洲美元市场的尝试都将促使目前通过国际银行体系达成的业务转移至更缺少监管和系统性监测的非银行渠道。	应维持现状。目前没有证据显示欧洲美元市场对本国货币调控造成困难，即使有进一步的证据证明这些问题，靠传统货币政策也足以解决。

资料来源：笔者根据 Frydl（1979）归纳整理。

从最近的研究看，He 和 McCauley（2010）认为，离岸市场的发展提高了本国央行准确界定和调控货币供应量，以及衡量和控制银行信贷的难度，由此对本国货币和金融稳定性构成的风险需审慎管理。美联储和其他主要储备货币经济体应对离岸市场的经验表明，可以通过有效的政策安排管理这些风险。值得学习的教训是，本国货币当局应警惕这些风险，并在制定货币和金融政策时将离岸市场对国内货币环境和金融风险的额外影响纳入考虑。

2. 应对欧洲美元市场发展的具体措施

Frydl（1982）进一步深入阐述了美联储应对欧洲美元市场迅速发展的具体措施以及各种措施的利弊。一是在制定货币政策时将欧洲美元存款纳入考虑，包括正式途径和非正式途径：前者是指修改货币总量目标以包含某些类型的境外存款，问题在于很难确定境内外居民持有的欧洲美元中有多少比例应计入货币总量以及应计入何种口径的货币总量；后者是指研究欧洲美元市场行为并适时做出调整，如通过转变货币目标路径调整的速度或改变货币目标范围。上述途径的共同缺陷在于大部分数据无法及时获得。二是消除境内银行体系和欧洲美元市场的风险调整利差，改变境内外银行部门的相对风险。

综合各方面文献来看，具体应对途径包括两个方面：

一是本国当局的单边行动。包括消除或进一步降低国内存款准备金要求；对国内银行的法定存款准备金支付利息；对本国银行境外分支机构的欧洲美元存款或本国银行从境外的欧洲美元借款（eurodollar borrowing）征收法定存款准备金；对本国银行境外存款施加资本资产比率要求等。

二是各国当局的联合或多边行动。包括对所有欧洲美元存款统一征收存款准备金；央行的联合公开市场操作或协调央行放款（central bank placement）；混合监管体系，即某些国家征收法定存款准备金，某些国家施加资本资产比率要求[1]；提高欧洲美元市场的相对风险，从而使得对于任何给定的收益率利差，欧洲美元变得更没有吸引力[2]；对欧洲美元贷款进行联合信息披露等[3]。

3. 政策应对的效果和影响

上述途径中，对欧洲美元存款征收法定存款准备金的问题尤其引起了学术界和政策制定部门的热议。理论上而言，本国货币当局可以通过向离岸存款单向征收存款准备金来控制离岸存款的增长，美联储

---

① Usher（1980）认为，能够设计一种混合监管体系，既限制欧洲美元市场增长，又不扭曲欧洲美元市场在不同银行体系中的份额。但这些比率的相对取值必须随着资本成本的变化而不断调整以避免市场份额的扭曲。因此，该体系的设计和运行将非常复杂。

② 例如，限制对欧洲美元市场的最后贷款人支持。问题在于该措施可能对欧洲美元市场造成巨大的一次性收缩影响，但并不会改善由于境内外之间的资金转移所导致的货币调控问题。

③ Greenberg（1983）认为，欧洲美元市场最适合的监管方式是要求银行关于其欧洲美元贷款进行某种形式的披露。具体而言，他提出要求欧洲美元银行披露借款人的性质和特点，接受国际多边机构的审核，信息披露程度根据欧洲美元银行和货币当局的经验确定。

也确实曾经研究过这一措施的可行性（BIS，1980）①。Henderson 和 Waldo（1980）进一步运用国际金融市场的两国模型，分别考察了在固定汇率制和浮动汇率制下，向欧洲美元存款施加存款准备金要求对本国货币总量调控的影响。但这一途径的问题在于，单向征收，即向美国银行境外分支机构征收准备金的举措很可能无效，因为存款将被转移至不受美国监管的其他欧洲美元银行，长期看会导致美国银行体系份额的巨大损失，而对总体市场的影响微乎其微。其替代方案是各国之间签订协议，对全球范围内的欧洲美元存款征收存款准备金。美国曾于 1980 年在 BIS 提出该建议但未被采纳，主要问题是会造成其他国家的国内银行体系和欧洲美元市场运营之间的不平衡。而且，仅对欧洲美元征收存款准备金是不够的，如市场主体可以在存入不需缴纳准备金的欧洲马克存款的同时卖出马克对美元远期，从而创造不需缴纳准备金的欧洲美元存款。因此只有对所有货币的欧洲美元存款征收法定存款准备金才能阻止这些重定计价货币的动机。但这又会使得对国内银行不征收存款准备金的其他国家情况复杂化。向离岸存款征收存款准备金的上述困境源于各国使用的货币调控和国内金融监管手段的差异，打破这种困境要求各国银行体系之间更紧密的协调合作。

Hewson 和 Sakakibara（1975）则运用其一般均衡资产组合模型考察了欧洲美元流动管制措施的定性影响，并得出在高度融合、相互依存的世界经济体中，对从境外的银行或非银行借款征收存款准备金等单边措施很可能无效，除非当局能对所有跨境交易进行管制，否则管制效果很可能被国际收支其他项目的变动所抵消；但主要工业国家可以通过货币政策协调等多边行动提供调节货币流通速度的手段，从而缓解欧洲美元市场的影响。

---

① BIS 曾成立一个由美联储理事会货币事务部主管 Stephen Axilrod 牵头的研究组，其中有个分课题就是关于对欧洲货币存款征收存款准备金。

（五）基本结论

综上所述，自 20 世纪 50 年代末欧洲美元市场诞生以来，学术界从不同角度对该市场进行了深入研究，其中涉及欧洲美元市场发展对美国货币政策影响的文献也为数不少。尽管在欧洲美元市场为何迅速发展，是否会影响美国货币政策的有效性以及美联储如何应对该影响等问题上仍存在诸多争议，但通过对相关文献的总结整理，仍可以得出一些倾向性的共识与基本结论。

第一，从美国银行体系到欧洲美元市场的美元存款转移构成了后者的初始资金来源，欧洲美元银行存放在美国银行体系的美元存款相当于欧洲美元体系的存款准备金，由此派生出整个体系的存款总量，而私人部门的欧洲美元存款回流美国境内则代表了欧洲美元体系的存款漏损。

第二，尽管欧洲美元体系的存款准备金率很低（因为没有法定存款准备金要求），但由于存在大量回流美国境内的存款漏损，欧洲美元体系的货币乘数或许并不高，且其数值与外国央行是否将其美元储备存放于欧洲美元银行密切相关。

第三，欧洲美元市场对美国货币政策的影响与货币定义密切相关：一方面，是否有影响以及影响的程度部分取决于货币供应量的定义；另一方面，欧洲美元市场发展确实可能影响现行定义的货币供应量作为货币政策中间目标的有效性。

第四，由于欧洲美元存款基本不计入美国货币供应量，属于体外循环，因此欧洲美元存款扩张并不会对美国货币供给产生直接的显著影响，但与欧洲美元交易相关的资金跨境流动可能导致美国货币流通速度发生意外波动，从而增加美国货币调控的复杂性。

第五，欧洲美元市场发展对美国货币政策的影响引起了政策制定部门的关注，且对于如何应对该影响存在较多争议。但部分实证结果表明，欧洲美元市场发展对美国货币政策的影响有限，且美联储有能力对上述影响进行监测并通过公开市场操作等政策措施进行有效应对。

二、离岸人民币市场与跨境资金流动渠道

上述关于离岸美元市场货币创造机制的历史为研究离岸人民币市场的问题提供了参考，但研究现阶段离岸人民币市场货币创造机制的前提是理清现行政策框架下人民币资金的跨境流动过程，而境内外人民币账户体系是人民币跨境流动的载体（伍戈、杨凝，2013）[1]。因此，本节拟结合目前的跨境人民币业务相关政策，详细描述人民币资金在该账户体系内的跨境流动过程。现阶段人民币跨境流动过程主要包括三个环节：境内人民币资金流到境外、境外主体持有的人民币存放境内、境外人民币资金回流境内。[2]

（一）境内人民币资金流到境外

境内人民币资金流到境外进入离岸市场主要通过四条渠道：个人、非金融企业、商业银行及央行。现阶段各条渠道的基本实现形式及相应的人民币资金流向如表6.5所示。

表 6.5　　　境内人民币资金流到境外的基本渠道一览表[3]

渠道	方式	资金流向
个人	携带现钞出境	现钞（境内）→现钞（境外）
	兑换	境内金融机构账户→境外参加行账户→境外个人账户

① 伍戈、杨凝：《离岸人民币市场货币创造机制及其对我国货币供应量的影响》，中国人民银行货币政策二司研究论文，2013。

② 当然，人民币在境内或境外银行体系内部的流动不属于跨境流动。

③ 随着跨境人民币业务以及人民币资本项目可兑换进程的发展，此表内容仍会不断更新演进。

续表

渠道	方式	资金流向
非金融企业	跨境贸易人民币结算	境内企业在境内结算行的账户→境外企业在境外参加行的账户
	境外直接投资（ODI）人民币结算	境内企业在境内银行的账户→境外企业在境外银行的账户
金融机构	境内银行业金融机构境外项目人民币贷款	境内金融机构账户→境外银行账户→境外企业账户
央行	货币互换	人民银行账户→境外央行在人民银行开立的账户

资料来源：笔者根据公开资料整理编制。

目前，境内人民币通过个人业务流入离岸市场主要有两条渠道：一是携带现钞出境，人民币现钞从境内转移至境外，[①] 这是人民币在境外最原始的渠道和积累方式；二是兑换，境外参加行可为个人客户提供人民币双向兑换服务，人民币资金从境内金融机构账户通过境外参加行账户最终流入境外个人账户[②]。

境内人民币通过非金融企业流入离岸市场主要有两条渠道：一是跨境贸易人民币结算，人民币资金从境内企业在境内结算行的账户流入境外企业在境外参加行的账户，[③] 这已成为目前离岸人民币市场最重要的资金来源。二是境外直接投资（ODI）人民币结算，人民币资金

[①] 以香港为例，内地居民每次入港时可携带的现钞人民币限额是 2 万元，超出的限额要主动向海关申报。

[②] 目前，境外个人可以通过存款账户兑换每天不超过等值 2 万元，以现钞兑换每次不超过等值 2 万元。参加行向个人客户兑出人民币后形成的人民币空头寸可以与清算行或境内代理行进行平盘，清算行又可以在境内银行间外汇市场进行平盘，最终导致人民币资金从境内金融机构账户通过境外参加行账户最终流入境外个人账户。

[③] 根据 2009 年 7 月《跨境贸易人民币结算管理办法》，境内进口企业可以选择通过跨境贸易人民币结算方式下的代理行或清算行模式向境外出口企业支付人民币。

从境内企业在境内银行的账户流入境外企业在境外银行的账户。①

境内人民币通过金融机构流入离岸市场的渠道主要为境内银行业金融机构境外项目人民币贷款，人民币资金从境内金融机构账户转移至境外参加行账户并最终流入境外企业账户。②

境内人民币通过央行流入离岸市场的主要渠道为人民银行与其他国家或地区的中央银行或货币当局间（以下简称境外央行）的双边货币互换协议。同时，央行之间还可以通过签订双边协议进一步便利本币结算。人民币资金从人民银行账户转移至境外央行在人民银行开立的账户。③

（二）境外主体持有的人民币资金存放境内

境内人民币通过上述渠道流入离岸市场后，由于人民币的清算最终仍然只能通过境内银行体系完成，流到境外的人民币初始资金仍将存放于境内银行体系。图 6.6 描述了现行的境内外人民币账户体系，包括境外主体在境外银行体系的账户、境外主体在境内银行体系的账户以及境内主体在境内银行体系的账户。具体地，离岸人民币资金存放境内主要有以下几种模式：

---

① 根据《境外直接投资人民币结算试点管理办法》（中国人民银行公告［2011］第 1 号），境内非金融企业可以使用人民币资金通过设立、并购、参股等方式在境外设立或取得企业或项目全部或部分所有权、控制权或经营管理权等。

② 根据《中国人民银行关于境内银行业金融机构境外项目人民币贷款的指导意见》（银发［2011］255 号），即境内银行可以为境内机构"走出去"过程中开展的各类境外投资和其他合作项目提供人民币贷款，包括但不限于境外直接投资、对外承包工程以及出口买方信贷等。根据贷款需要，银行可以向其境外分行调拨人民币资金，也可以向其境外子行或境外代理行融出人民币资金。

③ 人民银行通过与境外央行签署货币互换协议确定互换的额度和期限，境外央行启用额度后，相应的人民币资金将从人民银行账户转移至境外央行在人民银行开立的账户，进而境外央行可以将互换获得的人民币资金向其本国商业银行卖出或融出，以提供流动性支持。截至 2013 年 3 月底，人民银行已与 19 家境外央行签署货币互换协议，总额度超过 2 万亿元人民币，但实际动用的较少。

　　一是清算行模式（含托管账户），即境外参加行已在境外人民币清算行开立清算账户，清算行进而在人民银行开立清算账户或经清算行于人民银行直接开立托管账户的方式存放离岸人民币资金。在人民银行开立的清算行账户和参加行托管账户的存款，共同构成了现行清算行模式下离岸人民币资金的境内存放。① 二是代理行模式，即境外参加行可在境内代理行开立人民币同业账户。② 境外参加行可以自行选择通过清算行或代理行模式存放人民币资金并进行跨境贸易人民币结算。三是 NRA 账户模式，即境外非金融机构可以在境内银行开立人民币银行结算账户。③ 四是央行货币互换模式，即境外央行在人民银行开立人民币账户。④ 五是人民币特殊/专用账户模式，即境外机构可以在境内银行开立人民币特殊/专用账户，用于境内证券投资。⑤ 需要注意的是，上述人民币资金虽然存放在境内银行体系，但属于境外机构账户，这些账户与境外银行账户之间的人民币资金划转不属于跨境流动。

---

　　① 根据 2011 年 3 月 31 日香港金融管理局《关于人民币托管账户的安排》，自 2011 年 4 月起，香港金融管理局为加强清算行业务风险防范，对清算行模式进行了调整，境外参加行可以经人民币清算行于人民银行另行开立托管账户，以转存超越其日常业务及结算所需的人民币资金。

　　② 根据 2009 年 7 月《跨境贸易人民币结算管理办法》，境内代理行可以与境外参加行签订人民币代理结算协议，并为其开立人民币同业往来账户，代理境外参加行进行跨境贸易人民币支付。

　　③ 根据《境外机构人民币银行结算账户管理办法》（银发〔2010〕249 号），境内银行应对境外机构的本、外币账户以及境外机构与境内机构的银行结算账户进行有效区分、单独管理，境内银行在编制境外机构人民币银行结算账户账号时，应统一加前缀"NRA"。

　　④ 境外央行与人民银行签署货币互换协议后，需在人民银行开立人民币账户。任意一方发起互换之后，相应的人民币资金将从人民银行账户划入境外央行账户，境外央行进而可以动用这部分人民币资金，如拨付给市场主体。

　　⑤ 目前，境外央行、港澳清算行、境外参加行三类境外机构可运用人民币资金投资境内银行间债券市场，并在境内银行开立人民币特殊账户，纳入人民币专用存款账户管理，专门用于债券交易的资金结算。人民币合格境外机构投资者（RQFII）可运用在境外募集的人民币资金投资于境内证券市场，并在境内银行开立境外机构人民币基本存款账户和境外机构人民币专用存款账户，三类专用存款账户分别用于银行间债券市场、交易所债券市场和股票市场交易的资金结算。

（三）境外人民币资金回流境内

境外人民币资金回流境内与存放境内的主要区别在于，前者的人民币资金的所有权已转移至境内主体，而后者的资金所有权仍属于境外主体。境外人民币回流境内同样是通过个人、非金融企业、金融机构及央行等渠道。各条渠道的具体实现形式及相应的人民币资金流向如表6.6所示。

表6.6　　　　境外人民币资金回流境内的基本渠道一览表①

渠道	方式	资金流向
个人	携带现钞入境	现钞（境外）→现钞（境内）
	兑换	境外个人账户→境外参加行账户→境内金融机构账户
	汇款	境外个人账户→境内个人账户
非金融企业	跨境贸易人民币结算	境外企业在境外参加行的账户→境内企业在境内结算行的账户
	外商直接投资（FDI）人民币结算	境外投资者的境外参加行账户/NRA账户→境外投资者在境内开立的专用存款账户→外商投资企业的境内账户
金融机构	境外机构投资境内证券市场	境外机构在境内银行的同业账户→境外机构的人民币特殊/专用账户→境内金融机构账户
	跨境人民币贷款	境外参加行在境内银行的账户→境内借款企业在境内开立的一般存款账户
央行	货币互换	境外央行在人民银行开立的账户→境内金融机构账户

资料来源：笔者根据公开资料整理编制。

①　随着跨境人民币业务以及人民币资本项目可兑换进程的发展，此表内容仍会不断更新演进。

　　目前，境外人民币通过个人业务回流境内主要有三条渠道：一是个人携带人民币现钞入境；二是个人将人民币兑换为外币后，参加行将人民币通过清算行或境内代理行平盘；三是通过境外银行汇入境内。①

　　境外人民币通过非金融企业回流境内主要有两条渠道：一是跨境贸易人民币结算，境内出口企业可以选择通过跨境贸易人民币结算方式下的代理行或清算行模式向境外进口企业收取人民币。人民币资金从境外企业在境外参加行的账户流入境内企业在境内结算行的账户。二是外商直接投资（FDI）人民币结算。②

　　境外人民币通过金融机构渠道回流境内主要有两条渠道：一是境外机构投资境内证券市场，境外人民币资金转移至上述境外机构在境内银行开立的人民币特殊账户，进而通过证券投资转移至境内金融机构账户。③ 二是跨境人民币贷款，境外银行的人民币资金转移至境内借款企业开立的一般存款账户。目前，境内企业从境外银行进行人民币

---

　　① 目前港、澳、台三地对于人民币汇入境内有不同的要求：香港、澳门居民以汇款人为收款人的汇款（即同名汇款），每人每天汇入境内的最高限额分别为8万元和5万元；台湾居民可办理经常项下往来大陆汇款（包括以账户持有人为收款人或其他收款人的汇款），每人每天汇入境内的最高限额为8万元。

　　② 根据《外商直接投资人民币结算业务管理办法》（中国人民银行公告［2011］第23号），境外投资者（包括境外企业、经济组织或个人）可以选择以人民币来华投资。人民币资金从境外投资者的境外参加行账户或NRA账户转移至境外投资者在境内开立的专用存款账户，进而转移至外商投资企业的境内账户。

　　③ 2010年8月，人民银行批准港澳清算行、境外参加行及参加跨境服务贸易试点的其他境外金融机构（包括境外保险公司）运用跨境贸易和投资人民币业务获得的人民币资金投资于境内银行间债券市场；2011年12月，中国证监会、中国人民银行、外管局批准境内基金管理公司、证券公司的香港子公司（RQFII）运用在香港募集的人民币资金投资于境内证券市场，2013年3月，中国证监会将RQFII范围进一步扩展至境内基金管理公司、证券公司、商业银行、保险公司等香港子公司，或者注册地及主要经营地在香港地区的金融机构。尽管合格境外机构投资者（QFII）也可以使用人民币投资境内证券市场，但其操作模式为从境外汇入外币，在境内兑换为人民币后进行投资，不涉及人民币跨境流动，故不属于境外人民币资金的回流渠道。

贷款仍属于地区性试点。①

　　境外人民币通过央行回流境内的主要渠道为境外央行运用人民币投资银行间债券市场。2010 年 8 月，人民银行批准境外央行或货币当局（包括部分国际金融机构）可运用央行货币互换获得的人民币资金投资境内银行间债券市场。人民币资金从境外央行在人民银行开立的账户转移至境内金融机构的账户。

三、离岸人民币市场的货币创造机制

　　在传统的货币银行学理论中，货币创造过程包含四个主要参与者——央行、商业银行、存款人和借款人（Mishkin，2002）；流通中的现金和银行存款准备金构成了基础货币，基础货币通过银行贷款等途径的存款派生功能实现货币创造，最终形成货币供给。上述货币创造机制适用于封闭环境，即资金仅在境内居民之间流动时的情况。而资金的跨境流动和离岸市场的形成一方面使得境内的货币创造机制复杂化，另一方面离岸市场本身的货币创造机制也值得认真审视。本节重点关注后一方面的问题，而离岸市场对境内货币创造和货币供给的影响将在下一节中进行详细阐述。在分析离岸市场的货币创造机制之前，需要先界定两个概念，即"广义"和"狭义"的离岸市场存款。广义的离岸市场存款是指境外主体持有的本币存款总额，包括境外主体在境外银行的本币存款和境外主体直接存放于境内银行的本币存款；而狭义的离岸市场存款仅包括境外主体在境外银行的本币存款。

---

　　① 2012 年 12 月，中国人民银行深圳市中心支行发布《前海跨境人民币贷款管理暂行办法》（深人银发［2012］173 号），人民银行批准在深圳前海注册成立并在前海实际经营或投资的企业可以从香港经营人民币业务的银行借入人民币资金。

关于离岸美元市场存款的创造机制，20 世纪六七十年代的诸多研究已形成基本共识，即离岸美元市场也存在类似于境内市场的多倍存款扩张机制，同样包含四个主要参与者——央行、商业银行、存款人和借款人。两者的不同之处在于：一是在离岸美元市场担任"央行"职能的是整个美国境内银行体系[1]，只不过离岸市场的"央行"并不承担货币政策相关职能；二是境外主体（相对于美国而言）在美国境内银行体系的美元存款构成离岸美元市场的基础货币，但基础货币的组成部分与境内体系不同，境外银行在美国境内银行的存款相当于"存款准备金"，而境外非银行主体在美国境内银行的存款相当于"现金"[2]；三是离岸美元存款通常不需要缴纳法定存款准备金，而只需保留很小比例的"审慎准备金"；四是境外主体的美元存款回流美国境内形成离岸市场的存款漏损，相当于境内央行通过公开市场操作等工具回收流动性，但这一过程完全由市场自发决定，并不具备类似于境内央行的主动性。

我们认为，上述关于离岸美元市场货币创造机制的分析框架同样适用于离岸人民币市场，如图 6.6 所示。离岸人民币市场的货币创造机制与上述人民币跨境流动过程密切相关，可以分为三个阶段，即初始资金形成、存款派生和存款漏损，其中涉及两个关键概念——基础货币和货币乘数。

（一）离岸人民币市场的初始资金形成及基础货币

通过个人、非金融企业、商业银行及央行等渠道从境内流到境外

---

[1]　这一点可以从清算角度去理解，离岸市场的资金清算最终仍需通过境内银行体系完成，就像境内银行体系的资金清算最终仍需通过央行完成一样。

[2]　这一点并不难理解，境外银行在美国境内银行的美元存款可以通过在境外发放贷款等途径实现存款派生，而境外非银行主体在美国境内银行的美元存款不具备存款派生功能，和同样属于广义的离岸美元存款的组成部分。

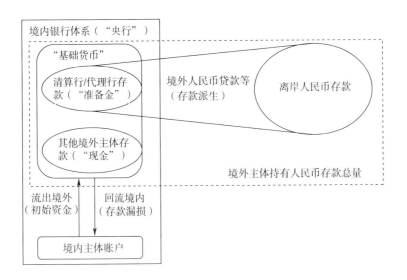

注：离岸人民币市场货币乘数＝境外主体持有人民币存款总量/基础货币。

图6.6　离岸人民币市场货币创造机制示意图

的人民币资金构成离岸人民币市场的初始资金来源，相当于境内货币
创造机制中商业银行获得的初始存款。

　　由于清算体系的原因，在境内货币创造机制中，商业银行所获得
的初始存款最终都将存放于央行或以现金形式存在，成为央行的负债；
类似地，由于人民币最终必须通过境内银行体系进行清算，流到境外
的人民币资金仍将通过不同方式存放于境内银行体系。整个境内银行
体系充当离岸人民币市场的"央行"，而流到境外并最终存放于境内的
初始资金将成为离岸人民币市场的"基础货币"，从而派生出整个离岸
人民币存款体系。在境外人民币存放境内的五种模式中，清算行模式
下和代理行模式下的存放于境内银行体系的人民币资金可通过境外人
民币贷款派生出更多存款，因而可充当离岸市场的"存款准备金"，而
其他模式下存放于境内的人民币资金不具备存款派生功能，因而视为
离岸市场的"现金"。

（二）离岸人民币市场的存款派生

根据传统货币理论，存款派生过程主要依靠银行贷款，离岸人民币市场的情况也是如此。人民币资金流到境外后，境外主体可以选择将资金存放于境外银行（相当于境内的"存银行"）或通过 NRA 账户等模式直接存放于境内银行（相当于境内的"持有现金"）。若存放于境外银行，境外银行可选择通过清算行或代理行模式将资金存放于可以境内银行（相当于境内的"存放准备金"）或将资金贷给境外非金融企业或个人（相当于境内的发放贷款）。若企业或个人将所贷资金继续存放于境外银行体系，则将导致境外银行体系人民币存款规模增长，存款出现派生。图 6.7 简要分析了人民币流到境外后的几种存放形式及其对离岸人民币市场存款派生的影响。

基本假设：10 亿元初始资金从境内银行体系转移至境外企业。

情形 1：境外企业将 10 亿元全部存入其在境内银行开立的 NRA 账户。

分析：该情形相当于离岸人民币市场的现金漏损率为 100%，境外银行未发挥存款派生作用。

离岸人民币货币供给 = 广义的离岸人民币存款 = 基础货币 = 现金 =10 亿元

狭义的离岸人民币存款 =0

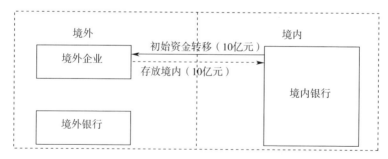

情形 2：境外企业将 10 亿元全部存入其在境外银行开立的人民币账户；境外银行将 10 亿元客户存款全部存入其在境内代理行开立的同业账户。

分析：该情形相当于离岸人民币市场的存款准备金为 100%，境外银行未发挥存款派生作用。

离岸人民币货币供给 = 广义的离岸人民币存款 = 狭义的离岸人民币存款 = 基础货币 = 存款准备金 =10 亿元

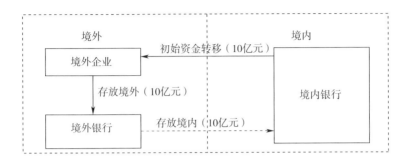

　　情形3：境外企业将10亿元全部存入其在境外银行开立的人民币账户；境外银行将其中10%即1亿元存入其在境内代理行开立的同业账户，其余9亿元向另一家境外企业发放贷款；境外企业将9亿元贷款资金全部存入其在境外银行开立的人民币账户；境外银行继续将其中的10%即0.9亿元存入境内代理行账户，其余8.1亿元发放贷款，依此类推。

　　分析：该情形相当于离岸人民币市场的存款准备金为10%，现金漏损率为0，境外银行最大化地发挥了存款派生作用。

　　离岸人民币货币供给 = 广义的离岸人民币存款 = 狭义的离岸人民币存款 = 10 + 9 + 8.1 + … = 100 亿元

　　基础货币 = 存款准备金 = 1 + 0.9 + 0.81 + … = 10 亿元

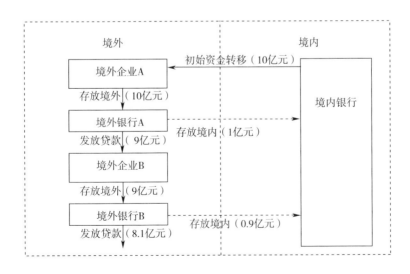

图6.7　离岸人民币市场存款派生流程图

但目前由于离岸人民币市场深度和流动性仍有限、人民币资金使用渠道不多、人民币资金成本相对于其他主要货币仍较高等原因，离岸市场的人民币贷款业务仍不活跃，贷款规模仍较为有限。根据香港金融管理局公布的数据，截至 2013 年 2 月底，香港人民币贷款余额为 858 亿元人民币，仅占同期人民币存款余额的 13%。

（三）离岸人民币市场的存款漏损

境外人民币资金回流境内银行体系并划转至境内主体，构成离岸人民币市场的存款漏损。具体而言，境外人民币回流境内导致境外主体在境内银行体系存放的人民币资金即离岸人民币市场的基础货币减少。如果回流的资金是境外银行在境内银行体系的人民币存款，即离岸人民币市场的存款准备金，则由这部分准备金派生的离岸人民币存款也将相应减少。

（四）离岸人民币市场的货币乘数

在传统的货币银行学理论中，货币乘数是指每 1 元基础货币的变动所能够引起的货币供给的变动。货币乘数 m 的一般性表达式为（易纲、吴有昌，1999）

$$m = \frac{M}{B} = \frac{1 + c}{rr + rr_t + e + c}$$

其中，M 为货币供给，B 为基础货币，c 为流通中现金与支票存款的比率，rr 为支票存款法定准备金率，rr_t 为非交易存款法定准备金率，e 为银行超额准备金率。

由于离岸人民币市场存在类似的货币创造机制，货币乘数概念也同样适用于离岸市场。离岸人民币市场的货币乘数 $k = \dfrac{D_f}{B_f}$，其中，D_f 为境外主体持有的人民币存款总额，即广义离岸人民币存款总额，我们可以将其视为离岸人民币市场的货币供应量；B_f 为离岸人民币市场的基础货币，即境外主体在境内银行体系的人民币存款总额（如图 6.6 所示）。

根据上述分析框架，境外主体持有的人民币存款总额 D_f 可表示为

$$D_f = D_o + D_N + D_c + E \tag{6.1}$$

其中，D_o 为境外央行在人民银行或境内商业银行的人民币存款；D_N 为 NRA 账户人民币存款；D_c 为境外金融机构在境内人民币特殊账户的存款；E 为离岸人民币净存款，即境外银行的人民币存款扣除境外同业存款后的净存款[①]。

离岸人民币市场的基础货币 B_f 可表示为

$$B_f = D_o + D_N + D_c + R \tag{6.2}$$

其中，R 为离岸人民币市场存款准备金，即境外银行通过清算行模式和代理行模式存放于境内银行体系的人民币资金。

令 $c_1 = D_o/E$，$c_2 = D_N/E$，$c_3 = D_c/E$，$r = R/E$

其中，r 为离岸人民币市场的存款准备金率。

则式（6.2）变形为 $B_f = E(c_1 + c_2 + c_3 + r)$

式（6.1）变形为

$$D_f = E(c_1 + c_2 + c_3 + 1) = \frac{B_f(c_1 + c_2 + c_3 + 1)}{c_1 + c_2 + c_3 + r} \tag{6.3}$$

将式（6.3）代入离岸人民币市场货币乘数 k 的公式，消去 B_f 即可得

$$k = \frac{D_f}{B_f} = \frac{c_1 + c_2 + c_3 + 1}{c_1 + c_2 + c_3 + r} \tag{6.4}$$

令现金漏损率 $c = \sum_{i=1}^{3} c_i$，则式（6.4）变为

$$k = \frac{c + 1}{c + r} \tag{6.5}$$

我们可以利用境外主体持有的人民币存款总额和离岸人民币市场

---

① 在不存在任何派生存款的情况下，离岸人民币净存款等于境外银行通过清算行和代理行模式存放在境内银行体系的人民币存款，即离岸人民币市场的存款准备金。

基础货币总额数据，初步估算离岸人民币市场的货币乘数。目前，离岸人民币存款仍主要集中在香港，香港金融管理局每月会公布香港人民币存款余额数据①，而香港金融管理局债务工具中央结算系统（CMU）则公布未到期的离岸人民币存款数据，上述两项数据相加可得到狭义的香港离岸人民币存款总额。以 2011 年底的数据为例，香港人民币存款余额为 5885 亿元，香港人民币未到期存款余额约为 675 亿元；境外清算行在人民银行的存款余额和境外参加行在境内代理行的存款总额约为 4000 亿元，NRA 账户余额约为 800 亿元。由此可得

境外主体持有的人民币存款总额 = 5885 + 675 + 800 = 7360 亿元 ②

离岸人民币市场基础货币 = 4000 + 800 = 4800 亿元

离岸人民币市场货币乘数 = 7360/4800 = 1.53

该数值远低于同期境内货币乘数（3.79）。在目前的情况下，离岸人民币市场货币乘数的数值不大的主要原因包括：一是相对于欧洲美元市场而言，离岸人民币市场的存款准备金比率较高，即境外银行的人民币存款通过清算行和代理行模式存放在境内银行体系的比例较高③。二是由于人民币资金成本相对较高，离岸人民币贷款市场仍不活跃，导致离岸人民币存款派生规模不大。三是离岸人民币资金的回流渠道逐步打通，而境内人民币资金的收益率仍高于离岸市场，导致离岸市场人民币资金的回流愿望较强，漏损率较高。

---

① 香港金融管理局公布的人民币存款余额数据仅包括非金融企业、个人等客户在香港银行的人民币存款总额，不包括银行同业存款以及银行发行的人民币存款证。

② 由于央行货币互换协议签署后正式发起的很少，而境外金融机构划转至人民币特殊/专用账户的人民币资金很快即通过购买债券等方式回流境内，因而境外主体通过这两种模式存放境内的人民币资金可暂时忽略。

③ 离岸人民币市场存款准备金率较高的一个原因是香港金融管理局对香港参加行设定了人民币风险管理限额，根据香港金融管理局目前的规定，参加行所持下述 5 项资产的总额应经常保持在不低于其人民币客户存款的 25%：（1）人民币现金；（2）在人民币清算行的结算账户结余；（3）在托管账户的结余；（4）所持中国财政部在香港发行的人民币主权债券；（5）根据中国人民银行批准的安排通过内地银行间债券市场持有的人民币债券投资。

四、离岸人民币市场对我国货币政策的影响

（一）境外主体持有的人民币存款的货币统计口径

与欧洲美元市场的情况类似，离岸人民币市场对我国货币供应量的影响同样取决于相关货币统计口径。具体地，主要涉及以下四个问题：

1. 境外银行（包含境外央行、清算行和参加行）在人民银行的人民币存款是否计入境内基础货币

根据人民银行的统计口径，我国的基础货币由金融机构库存现金、流通中的现金、金融机构特种存款、金融机构缴存准备金和邮政储蓄转存款构成。具体地，在人民银行的《货币当局资产负债表》中，储备货币即基础货币包括货币发行、各（境内）金融机构在人民银行的准备金存款、邮政储蓄和机关团体存款。而境外银行在人民银行的人民币存款属于人民银行对非居民的负债，记录在该表的负债项下的"国外负债"条目，但不计入基础货币。该统计口径是与国际经验一致的，在美国、日本等国家，均存在境外央行和国际组织在本国央行开立存款账户的情况，而该账户中的存款并没有作为准备金存款而计入基础货币。

2. 境外金融机构在境内银行的人民币存款是否计入境内货币供应量

目前，境外金融机构在境内银行的人民币存款主要包括境外参加行在境内代理行的同业账户存款，以及境外机构在境内银行开立的用于境内证券投资的人民币特殊/专用账户的存款。2011 年 10 月，人民银行对货币供应量统计口径进行了第三次调整，将非存款类金融机构在存款类金融机构的存款和住房公积金存款计入广义货币供应量 M2，但对于存款类金融机构的同业存款，包括境外金融机构在境内银行的同业存款，目前尚未纳入货币供应量统计。但实际上，这部分存款的

支付清算功能特征明显，可在一定程度上影响国内的流动性和总需求（杨凝，2012），尤其是境外机构人民币特殊/专用账户的存款，可以通过向境内主体购买证券而迅速转变为境内货币供给，可以考虑将其纳入某个层次的境内货币供应量。

3. 境外非金融机构主体在境内银行的人民币存款是否计入境内货币供应量

目前，境外非金融机构主体在境内银行的人民币存款主要包括境外非金融企业在境内银行开立的 NRA 账户存款，以及境外个人在境内银行的人民币存款。这两部分人民币存款记录在境内商业银行资产负债表的"负债"项下的"境外存款"条目中，与境内居民账户之间的支付划转较为便捷，流动性较高，都应计入境内广义货币供应量 M2，且需缴纳存款准备金。

4. 境外主体在境外银行的人民币存款是否计入境内货币供应量

境外主体在境外银行的人民币存款即狭义的离岸人民币存款，既包括从境内流入离岸市场的初始存款，也包括从初始存款派生出的离岸人民币存款。根据欧洲美元市场等其他离岸市场的国际经验，境外主体在境外金融机构的本币存款参与境内支付存在一定限制，且流动性与境内主体在境内金融机构的本币存款存在差距，通常不计入货币供应量。因此，境外主体在境外银行的人民币存款也不应计入境内广义货币供应量 M2。

在厘清境外主体持有的人民币存款的相关货币统计口径的基础上，我们可以进一步分析离岸人民币市场的存款派生及跨境人民币流动对我国境内基础货币和广义货币供应量的影响。

（二）离岸人民币市场存款派生对我国货币供应量的影响

如图 6.7 中的情形 3 所示，离岸人民币市场初始资金通过境外人民币贷款等活动进行存款派生后，若借款人继续将贷款所得资金存放于境外银行，则境外银行的资产负债表将扩大，离岸人民币存款总额将增长。但境外主体存放于境内银行体系的人民币资金，即离岸人民币市场的基础货币不受影响。因此，离岸人民币市场的存款派生只增加境外主体在境外银行的人民币存款，不会导致境外主体在境内银行的人民币存款增加，而境外主体在境外银行的人民币存款不应计入境内 M2。因而离岸人民币市场的存款派生并不影响我国货币供应量，这一点与欧洲美元市场的倾向性共识是一致的。

（三）人民币跨境流动对我国基础货币和货币供应量的影响

离岸人民币市场存款派生不会影响我国的货币供应量，可能对其产生影响的是人民币资金的跨境流动，即离岸人民币市场的初始资金形成和存款漏损。在离岸人民币市场的初始资金形成过程中，人民币资金从境内主体转移至境外主体并以清算行、代理行、NRA 账户等不同模式存放于境内银行体系，结合关于境外主体持有人民币存款的货币统计口径的分析，这对我国基础货币和货币供应量的具体影响如表6.7 所示。

表 6.7　人民币跨境资金流动对我国基础货币和货币供应量的影响

	清算行模式	代理行模式	NRA 账户模式
人民币资金流向	境内金融机构在人民银行的账户→清算行或参加行在人民银行的账户	境内金融机构账户→境外参加行在境内代理行的同业账户	境内金融机构账户→境外企业在境内银行开立的 NRA 账户
人民银行资产负债表变化	负债方：境内金融机构存款（计入基础货币）（－）负债方：境外金融机构存款（不计入基础货币）（＋）		

	清算行模式	代理行模式	NRA 账户模式
境内商业银行资产负债表变化	资产方：准备金（－） 负债方：各项存款（－）	负债方：各项存款（计入 M2）（－） 负债方：境外金融机构同业存款（不计入 M2）（＋）	负债方：各项存款（计入 M2）（－） 负债方：境外存款（NRA 存款）（计入 M2）（＋）
基础货币变化	（－）	不变	不变
广义货币供应量变化	（－）	（－）	不变

注：表中（＋）表示增加，（－）表示减少。

由表 6.7 可知，离岸人民币市场的初始资金形成并存放境内对我国基础货币和货币供应量的影响主要取决于境外资金在境内的存放形式以及相关货币统计口径。人民币资金流到境外后，若通过清算行模式存放境内，则境内基础货币减少，从而导致货币供应量收缩；若通过代理行模式存放境内，则导致境内货币供应量收缩；若通过 NRA 账户模式存放境内，则不影响境内货币供应量。

若存放在境内银行体系的境外人民币资金回流境内主体，导致离岸人民币市场存款漏损，则其对境内货币供应量的影响与人民币资金流到境外并存放于境内的影响正好相反。若回流资金来自清算行账户（或参加行在人民银行的托管账户），则境内基础货币和货币供应量增加；若回流资金来自代理行账户，则导致境内货币供应量增加；若回流资金来自 NRA 账户，则不影响境内货币供应量。

五、小结

综上所述，在系统性梳理总结欧洲美元市场的有关史实和研究的基础上，关于离岸人民币市场的货币创造机制及其影响，我们可以得出如下基本结论：首先，整个境内银行体系充当离岸人民币市场的"央行"，境外主体在境内银行体系的人民币存款充当"基础货币"，由此派生出整个离岸人民币市场存款体系；其次，人民币资金流到境外构成离岸人民币市场的初始资金来源，而境外人民币回流境内构成离岸人民币市场的存款漏损；再次，离岸人民币市场的存款派生不影响我国的货币供应量，对货币供应量可能产生影响的是人民币流到境外并存放境内或境外人民币回流境内，而具体影响取决于相关货币统计口径。基于上述结论，我们提出有关政策建议如下：

一是正确认识离岸人民币存款创造对我国货币政策的影响。对我国货币供应量产生影响的是从境内流入离岸人民币市场并存放于境内银行体系的"基础货币"，而这些"基础货币"在境外派生出的人民币存款不进入境内货币统计体系，不会对境内货币供应量产生影响。因此，不必过度担心离岸人民币市场的存款创造对我国货币政策的影响。

二是完善与离岸人民币相关的货币指标统计口径。离岸人民币市场对我国货币供应量的影响主要取决于与境外主体相关的货币统计口径。理清境外主体持有的人民币资金在统计基础货币、广义货币供应量、存款准备金等指标时的处理方式，有助于正确评估和判断离岸人民币对我国货币体系的实际冲击。IMF 编制的《货币与金融统计手册》针对货币统计归属提出了经济利益中心和资产流动性两大原则，建议基于该原则仔细识别离岸人民币资金的性质：一方面，进一步明确离岸人民币在现有货币统计指标体系中的归属；另一方面，可以针对离岸人民币的特殊性构建能反映其特殊性质的新的货币统计口径。

三是加强对跨境人民币资金流动和离岸人民币市场的监测。尽管离岸人民币市场自身的存款创造并不会直接影响境内的货币总量，但人民币资金频繁的跨境流动仍然会增加货币政策调控的复杂性。因此，建议继续密切关注离岸人民币市场的发展，进一步完善人民币跨境流动监测体系，强化对跨境及境外人民币业务的统计与分析，提高离岸人民币市场的信息透明度，以便及时、准确地把握离岸人民币市场对货币供应量的可能影响。

四是促进人民币境外循环和离岸人民币市场发展。离岸人民币市场所导致的人民币资金频繁跨境流动是其影响境内货币体系的主要因素。因此，在完善离岸人民币相关货币统计口径及人民币跨境流动监测体系的前提下，建议支持离岸市场人民币资金池建设，促进人民币资金的境外循环，进一步提升离岸人民币市场的流动性和稳定性，减少市场的剧烈波动，确保人民币跨境资金流动对货币政策的影响基本可控。

此外，在厘清离岸人民币市场货币创造机制及其对我国货币供应量影响逻辑的基础上，我们认为，未来进一步的研究方向可包括：一是可以利用日益丰富的跨境和离岸人民币相关数据，更加精确地估算离岸人民币市场货币乘数并把握其变化趋势，同时进一步量化离岸人民币市场对我国货币供应量的影响；二是随着离岸人民币市场的增加（如香港、新加坡、伦敦、台湾等），人民币跨境流动途径将日趋多元化，应与时俱进、加强监测，关注新的货币创造途径；三是可以考虑利率、汇率等在岸与离岸资金价格渠道及其变化对货币政策的影响[1]，并将研究视角从货币供应量继续拓展至货币流通速度及货币政策传导途径等方面，完善用于分析离岸人民币市场对我国货币政策影响的理论模型，并对上述影响进行进一步的实证检验。

---

[1] 例如，伍戈、裴诚（2012）对境内外人民币汇率价格关系进行了初步定量研究。

第三部分
货币需求变化与经济结构

第七章 影响货币需求的因素 I：经济增长的结构性变化

一、货币需求稳定性的讨论：关注结构变化

从这一章开始的几章里，我们集中研究货币需求中的几个重要问题。货币需求函数是否稳定是宏观经济理论和政策实践中经常被提及的重要问题。稳定的货币需求函数是中央银行调控宏观经济的一个重要先决条件，中央银行往往可以通过控制货币供应这个中介目标来对经济施加可预测的影响（Judd 和 Scadding，1982）。了解货币需求函数是中央银行调控宏观经济的一个重要先决条件。事实上，在我国的宏观经济分析和货币政策操作过程中，货币需求发挥着至关重要的作用。我国政府每年都设定了广义货币供应量（M2）的预期增长目标，并由全国人大会议审议。该目标实际上是以货币需求为基础而制定的，它包括对 GDP 和未来物价增长的估计。

现代经济学理论认为，至少有两方面的原因产生了货币需求：一是货币可作为存货来平衡收入和支出之间的差额；二是货币可作为居民众多投资组合资产中的一种资产（Ericsson 和 Sharma，1996）。因此，货币需求函数通常具有如下的标准形式：$M/P = f(Y,R)$。其中，M是名义货币需求，P是价格水平，Y是规模变量，R是不同资产收益率的向量。函数$f(\cdot,\cdot)$随着Y的增加而增加，随着M以外资产的收益率R的增加而减少，随着M内部的资产收益率 R 的增加而增加。对于货币需求函数的估计和模拟，大量的文献强调两个重要方面：具体变量、

143

方程及总体研究框架的选择。① 如果没有考虑好这两方面的内容，就很容易出现一些十分糟糕的结果（Sriram，2001）。关于前者，正确地选用持币的机会成本变量往往是能否得到成功结果的最重要因素；关于后者，在系统框架的选择方面，应考虑在理论和估计方面没有重大缺陷的分析框架，而且应经受得起各种实证的检验。一般来说，误差修正模型（ECM）可以较好地满足上述这些条件。尽管如此，从国际范围来看，近年来的一些研究表明，货币需求函数似乎已经变得越来越不稳定［Boone 和 Van Den Noord（2006）、Dreger 和 Walters（2006）、Gerlach 和 Svensson（2003）、Carstensen（2004）、Kugler 和 Kaufmann（2005）、Greiber 和 Lemke（2005）］。

以 Chow（1987）作为起点，我们可以看到已有不少的研究运用数理方法来分析中国货币问题。这些研究方法可以很明显地分成两类（Austin，2007）：一是沿用 Chow（1987）的研究思路，直接借用发达国家传统的适用于其市场经济的模型来研究中国的货币问题，例如，Chen（1997）、Deng 和 Liu（1999）、Hafer 和 Kutan（1993，1994）、Huang（1994）、Yu 和 Tsui（2000）。二是将西方的有关研究框架与中国一些特殊的实践情况相结合，例如，Feltenstein 和 Farhadian（1987）、Feltenstein 和哈继铭（1992）、Girardin（1996）、Ma（1993）、秦朵（1994）、易纲（1993）、伍戈（2009）。第二类研究方法通常引入一些额外变量来考察经济转型中的特殊因素。例如，在易纲（1993）对货币需求的研究中，货币化因素和通胀预期的引入就显著地提高了货币需求函数的解释力；秦朵（1994）引入了货币化因素和政府信贷政策变量，而 Girardin（1996）则引入了国有和非国有工业部门规模的差异来刻画制度的变迁。伍戈（2009）考虑到资产替代并运用"从一般到特殊"的建模方法，得到较为稳定的广义货币需求函数。

---

① 详见伍戈的《中国的货币需求与资产替代：1994—2008》，载《经济研究》，2009（3）。

尽管如此，中国经济金融体系正在经历的重大变化将不断改变货币需求函数的结构，进而将使货币政策的传导过程更加复杂化。例如，随着利率进一步市场化、资本市场进一步发展以及资本流动日益增多，M2 内部资产收益率的增长将增加对货币的需求，而除 M2 以外的其他可替代资产的增加（无论是国内的还是海外的）都将会降低对货币的需求。总之，对于像中国这样的转型国家，应该根据金融自由化的进展和宏观经济形势的不断变化，时常重新考察货币需求函数的变化。只有很好地理解货币需求的内涵及其发展趋势，才能帮助决策者们在一个正确的框架下成功地实施货币政策。

二、经济增长的结构性变化：基于产业结构理论

应当看到，近年来关于中国潜在经济增速的讨论迅速增多，这与我国正处于经济结构调整变化的关键阶段有关。而这种变化十分值得关注，因为产出本身是决定货币需求的最重要的变量之一，若这一变量发生趋势性的结构改变，则可能对货币需求产生重要影响。若潜在增速下降，货币需求进而货币供给也应相应减少，反之反是。若潜在增速已经下降，但货币供给仍按较快增长安排，就可能导致宏观上的不均衡和不稳定。因此，在这一部分里，我们首先研究的就是潜在经济增速问题，然后在后面章节再讨论影响货币需求的其他因素。

对潜在增速进行研究并不容易。目前各界对于潜在增速的内涵及其变化原因并没有形成统一且清晰的看法。在这一章我们试图厘清有关基本概念，并结合国际经验，找寻中国潜在增速变化的动因。一个有趣的现象是，自 2010 年以来，我国经济增速开始明显回落，但劳动力市场保持平稳且没有出现大量失业的现象。更特别的是，反映劳动力市场供求关系的求人倍率指标在 2010 年第一季度以后甚至与 GDP 增长出现了明显的趋势性背离（见图 7.1）。传统的宏观经济理论认为，

就业和产出存在某种程度的正向联系，而我国最近几年来的情况却与之恰恰相反。有学者认为，造成这种现象的原因包括我国人口红利的消失及刘易斯拐点到来等（蔡昉，2013）[1]。这种完全从劳动力供给总量角度解释经济增速放缓但劳动力市场表现良好的观点比较普遍，但其解释力仍十分有限。此次国际金融危机以来，受外需冲击最为严重的制造业的就业下滑明显，而非制造业（主要是服务业）就业增长则较为稳定（见图7.2），这可能说明服务业部分吸收了从制造业转移出来的劳动力，因此经济增速的下滑并没有伴随着失业的增加。根据美国经济学家奥肯（Okun，1962）的定义，在实现了充分就业且不存在通胀压力情况下的产出即为潜在产出[2]。这是否也意味着，当前我国经济的减速实质上是潜在产出增速的下降，而非经济周期的原因。如果

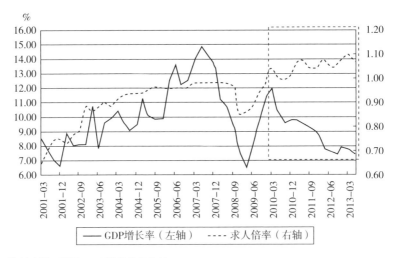

资料来源：根据 Wind 数据整理绘制。

图 7.1　中国 GDP 增长率与求人倍率

---

① 蔡昉：《从人口学视角论中国经济减速问题》，载《中国市场》，2013（2）。

② Okun, Arthur M.. Potential GNP: Its Measurement and Significance [R]. Cowles Foundation Paper, Yale University, No. 190, 1962.

这种判断成立的话，试图从总量上刺激经济以保持过去那种高增长的宏观经济政策则可能使经济偏离潜在产出，造成不必要的波动。基于此，我们试图从产业结构变迁角度来探究中国潜在经济增速问题，以期为宏观政策制定提供决策参考。

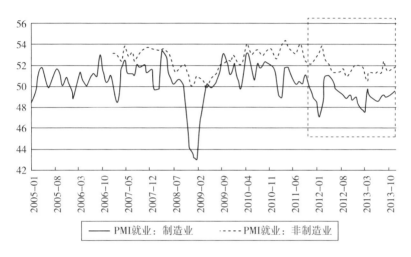

资料来源：根据 Wind 数据整理绘制。

图 7.2　PMI 就业指数：制造业与非制造业

分析潜在产出问题，需要在考虑充分就业的基础上研究产出的变化。而产业结构变迁恰好与工业化进程中就业和产出紧密相连，这对于我们研究潜在产出问题提供了一个良好的分析视角（伍戈、王梅，2014）[1]。因此，下面我们将从产业结构变迁对就业和产出影响的两个角度来分析潜在产出的动因及其变化。

（一）产业结构变迁对就业的影响

早在 17 世纪，威廉·配第就对产业与就业结构变迁提出了经验性结

------

① 详见伍戈、王梅的《调结构条件下的潜在经济增速取向：透视日本与韩国》，载《改革》，2014（3）。

论：随着人均收入水平的提高，劳动力首先从第一产业向第二产业转移；当人均收入进一步提高时，劳动力便向第三产业转移。刘易斯（1954）认为①，在二元经济结构下，工业部门能以较低的工资吸引农业劳动力向其转移，但工业部门不能无限扩张，当农村剩余劳动力枯竭时，工资就开始快速上升。威廉·鲍摩尔（1967）② 对后工业化国家就业从制造业向服务业转移的现象做了理论论证，认为劳动生产率增长的差异和部门间工资的趋同是造成这种现象的主要原因。钱纳里（1986）③ 通过分析成功采取出口导向型战略国家的工业化进程，深入剖析了产业结构变迁的经济学原理。他认为，有两个共同力量对产业结构变迁起着至关重要的作用：一是随着人均收入增加而带来的需求结构的变化，即在收入水平较低时，收入的上升促使恩格尔定律④发挥作用，需求结构向有利于制造业的方向发生转变。但随着收入的进一步上升，对服务产品的需求会快速上升。二是影响基本要素（土地、劳动和资本）和中间产品投入的技术变化，这种技术变化首先使制造业快速扩张，但随着技术的进一步发展，经济的专业化和复杂化程度更高，服务业开始迅速发展。

钱纳里（1986）还认为，国际贸易对产业与就业结构变迁具有重要的推动作用。在工业化早期，国际贸易使得产出结构摆脱国内需求结构的限制，需求结构进一步向制造业倾斜。受技术匮乏和劳动力资源禀赋优势的影响，此时经济体以进口资本品和中间产品，生产和出口低端消费品为主。这一阶段制造业吸收就业的能力非常强，同时制造业的扩张也会带动服务业的发展，服务业就业也在扩张。但随着农村剩

---

① W. Arthur Lewis. Economic Development with Unlimited Supplies of Labor, The Manchester School, volume 22, issue 2, pages 139 – 191, May 1954.

② William J. Baumol. Macroeconomics of Unbalanced Growth: The Anatomy of Urban Crisis, The American Economic Review, Vol. 57, No. 3, pp. 415 – 426, June 1967.

③ H. Chenery, S. Robinson, M. Syrquin. Industrialization and Growth: A Comparative Study, Oxford University Press, 1986.

④ 恩格尔定律指随着家庭和个人收入的增加，收入中用于食品支出的份额将逐渐减小。

余劳动力的转移殆尽，劳动力供大于求的现象发生逆转，工资快速上涨使得传统比较优势丧失，逼迫制造业由劳动密集型向资本和技术密集型转型。同时，技术进步也使制造业内部的分工更加专业化，设计、研发等高附加值职能逐渐强化，而低附加值的加工、制造、组装等职能则以外包的形式转移给更具劳动力成本优势的经济体。因此，在制造业转型后，经济体将以生产和出口资本品、中间产品和服务，以及进口消费品为主。这时制造业就业数量将出现相对甚至绝对减少，与此同时，随着收入提高所带来的巨大需求驱动，服务业成为吸收就业的主力。

（二）产业结构变迁对劳动生产率及经济增长的影响

产业结构变迁并不是简单的劳动力市场的结构变化，各产业的劳动生产率同时也在发生变化。如果说就业结构变化反映了产业结构"量"的变迁，那么各产业劳动生产率的变化则反映了产业结构"质"的变迁[①]。本文用单位劳动力的产出来衡量劳动生产率，产业 i 的劳动生产率为 $A_i = y_i/L_i$，y_i 和 L_i 分别表示产业 i 的实际产出和就业（$i = 1$，2，3）[②]。一般地，随着工业化的起步，制造业的劳动生产率会迅速提高。同时，农业和服务业劳动生产率也会有所上升，但这种上升相对于制造业的变化是微不足道的，部门之间的劳动生产率差距会逐渐扩大。在工业化后期，制造业则很难保持前一阶段的劳动生产率增速。服务业由于其生产函数的特殊性[③]，在整个过程中劳动生产率则保持一个缓慢的增长速度。

各产业就业结构的变化及劳动生产率增长的差异，将导致社会总

[①]　刘伟等：《改革开放以来中国产业结构的变迁》，载《中国都市经济研究报告》，2010（1）。

[②]　当然，衡量劳动生产率的指标还有许多，如全要素生产率（TFP）等，各种劳动生产率指标各有优缺点。本章着重考察以单位劳动力产出为典型代表的劳动生产率。

[③]　参见 Baumol（1967）。

劳动生产率发生变化。美国经济学家诺德豪斯（2002）[①] 对此做了深入研究，他从产业结构变迁角度将总劳动生产率的增长分解为三部分：纯生产率效应、产业转移效应和残差效应[②]。纯生产率效应表示在期初投入或产出结构不变的情况下，各产业劳动生产率的提高对总劳动生产率增长的影响。这一效应通常来源于产业内部的技术进步、人均资本存量的增加（资本深化）、管理改善等因素。产业转移效应表示在各产业劳动生产率不变的情况下，各产业就业结构的变化对总劳动生产率增长的影响，它来源于要素在劳动生产率存在差异的部门之间的重新配置。残差效应表示各产业劳动生产率变动和就业结构变动的交互作用对总劳动生产率的影响，其效果相对较小，往往被略去。上述思想可以用式（7.1）来表示：[③]

$$g(A_t) = \sum_i g(A_{i,t})\sigma_{i,0} + \sum_i g(L_{i,t})[\sigma_{i,t} - w_{i,t}] + \sum_i g(A_{i,t})[\sigma_{i,t} - \sigma_{i,0}]$$

(7.1)

总劳动生产率增速＝纯生产率效应 + 产业转移效应 + 残差效应

具体地，在工业化起飞阶段，随着制造业的扩张，其对总劳动生产率增长的促进作用明显。这种作用一部分源于制造业部门劳动生产率的增长所产生的纯生产率效应，另一部分源于要素从低生产率向高

---

① William D. Nordhaus, Alternative Methods for Measuring Productivity Growth Including Approaches When Output is Measured with Chain Indexes, Cowles Foundation Discussion Papers, Yale University, No 1282, 2002.

② 原文中是纯生产率效应（Pure Productivity Effect）、丹尼森效应（Denison Effect）、鲍摩尔效应（Baumol Effect），为便于理解，本文为意译，参见 Nordhaus（2002）。

③ 其中，函数 $g(x)$ 表示变量 x 的增速；A_t 表示社会的总劳动生产率，即 $A_t = y_t/L_t$，y_t 和 L_t 分别表示 t 时期的实际产出与就业；$A_{i,t}$ 表示产业 i 在 t 时期的劳动生产率，即 $A_{i,t} = y_{i,t}/L_{i,t}$，$y_{i,t}$ 和 $L_{i,t}$ 分别表示产业 i 在 t 时期的实际产出和就业；$\sigma_{i,t}$ 表示产业 i 在 t 时期名义产出占总产出的比例，即 $\sigma_{i,t} = Y_{i,t}/Y$，$Y_{i,t}$ 表示产业 i 在 t 时期的名义产出；$w_{i,t}$ 表示产业 i 在 t 时期的就业占总就业的比值，即 $w_{i,t} = L_{i,t}/L_t$。详细推导过程参见 Nordhaus（2002）。

生产率部门转移所产生的产业转移效应。但在工业化的后期，制造业的纯生产率效应以及产业转移效应都在弱化①，因此总劳动生产率增长将明显下降。该阶段，制造业向服务业转移，而劳动力等要素投入往往保持相对稳定（甚至下降），从而，劳动生产率增速下降将直接引发经济增速趋势性下降②。但与此同时，经济增速的下降并没有伴随失业

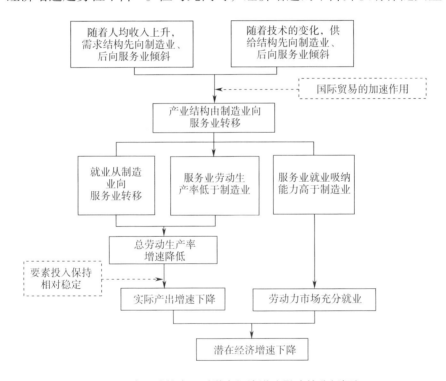

图7.3 产业结构变迁对潜在经济增速影响的分析框架

① 具体地，在工业化后期，一方面产业转移效应减弱；另一方面，制造业很难再单纯依赖于资本深化的方式提高其劳动生产率，因为这一阶段制造生产结构将转向技术含量高的资本品及中间产品，劳动生产率的提高将不得不极大地依赖于"创新型"而非"拿来型"的技术进步。

② 由于实际产出 $y = L \times A$，在连续时间的情形下，实际产出增长率可以近似表示为 $g(y) = g(L) + g(A)$，即产出增长率就业增长率 + 总劳动生产率的增长率。在制造业向服务业转移的时期，劳动力等要素投入往往保持相对稳定（或下降），这时劳动生产率增速下降将直接引发经济增速的下降。

的增加，因为服务业就业吸纳能力高于制造业，劳动力市场通常表现为充分就业的状态。换句话说，这时的潜在经济增速出现了下降。综上所述，我们可以得到产业结构变迁对潜在产出的影响机理图如图 7.3所示。

三、产业结构变迁对潜在经济增速的影响：典型国别案例

对于产业结构变迁的实证研究而言，最好的案例莫过于东亚出口导向型的国家或地区，因此我们的研究样本包括日本、亚洲"四小龙"和"四小虎"。在 20 世纪，这些国家通过成功实施出口导向型战略迈上了工业化之路，其中一些国家甚至已经进入后工业化时期。它们的发展历程具有许多共性，这为我们研究产业结构变迁的整个过程及其影响提供了理想的对象。出于篇幅考虑，本文仅以日本、韩国作为重点予以阐释。

（一）日本

日本产业结构从制造业向服务业的转移主要发生在 20 世纪 70 年代中期（见图 7.4）。"二战"后，日本的出口导向型战略促使其迅速迈上了工业化之路，就业开始从农业向制造业和服务业转移。但从 20世纪 70 年代中期开始，制造业就业绝对数量开始减少，服务业就业则持续增长。这一时期，制造业和服务业劳动生产率的增速出现下降（见图 7.5）[1]，纯生产率效应对总劳动生产率的贡献降低（见图 7.6）。同时，就业从制造业向服务业转移所产生的负的产业转移效应，部分抵消

---

① 根据图 7.5 数据计算可得，制造业劳动生产率年均增速从 1956～1973 年的 7.7% 降为 1974～1991 年的 3.3%；服务业在上述两个时期则从 6.1% 降为 2.6%。

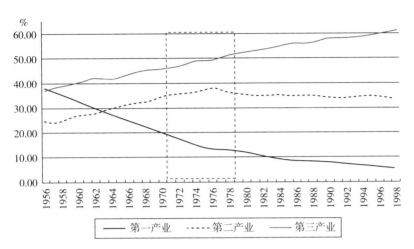

注：就业不包括政府部门。

数据来源：根据日本统计局数据绘制。

图7.4　日本三大产业就业占比

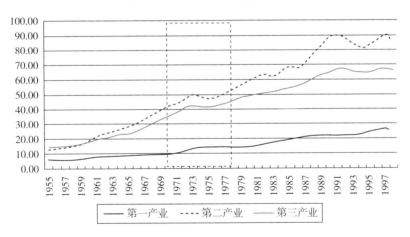

注：单位：10万日元/人，以1990年不变价格计算。

数据来源：根据《日本统计年鉴（2011）》计算。

图7.5　日本三大产业劳动生产率

了农业向服务业转移所产生的正的产业转移效应，进一步拉低了总劳动
生产率的增速，使得总劳动生产率年均增速从1956～1973年的7.8%降

至 1974～1998 年的 2.3%。总劳动生产率增速的降低，使得 GDP 年均增长率从前一阶段的 8.6% 降为后一阶段的 3.3%（见图 7.7）。特别

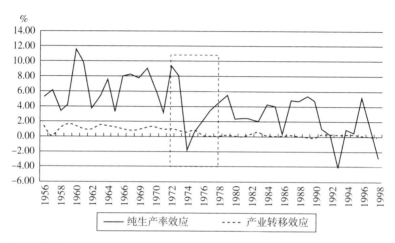

注：笔者根据 Nordhaus（2002）的方法计算并绘制。

数据来源：根据日本统计局数据整理绘制。

图 7.6　两大效应对总劳动生产率的拉动（日本）

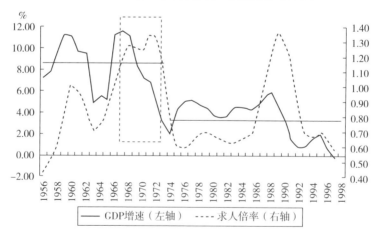

注：GDP 增速与求人倍率均采用 3 年移动平均值。

数据来源：根据日本统计局数据整理绘制。

图 7.7　日本 GDP 增长率和求人倍率

地，在产出从高速增长向低速增长转变的时期（1969～1973 年），GDP
增速处于连续下降的状态。但是，劳动力市场却实现了充分就业，求
人倍率指标在这期间超过 1，并处于上升趋势，与 GDP 增长趋势出现
背离。这说明，日本在这一时期潜在产出增速开始下降。

（二）韩国

韩国产业结构从制造业向服务业的大规模转移发生在 20 世纪 90
年代初（见图 7.8）。韩国于 20 世纪 60 年代开始承接发达国家转移的
劳动密集型制造业，走上了工业化之路。1991 年，韩国制造业就业绝
对数量开始减少，服务业就业则仍保持较快的增速。在此之后，制造
业成功地实现了转型升级，劳动生产率迅速增长（见图 7.9）。1991～
2000 年，韩国高新技术产品出口占制造业出口比重由 19% 上升为
35%，这一比值从 1997 年就赶超并一直领先于日本[①]。由于制造业的

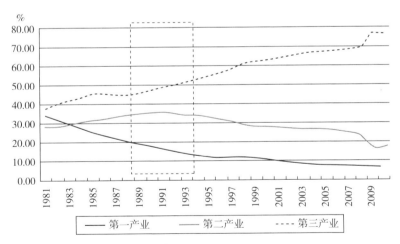

数据来源：根据世界银行数据绘制。

图 7.8　韩国三大产业就业占比

---

① 数据来源：世界银行网站。

成功转型，使得纯生产率效应在转型后下降不多（见图 7.10）。同时，由于就业从制造业向服务业转移，导致产业转移效应逐渐趋于零。在

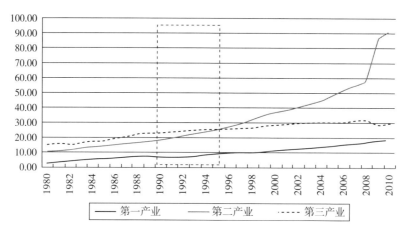

注：单位：100 万韩元/人，以 2006 年的不变价格计算。

数据来源：根据世界银行数据计算并绘制。

图 7.9　韩国三大产业劳动生产率

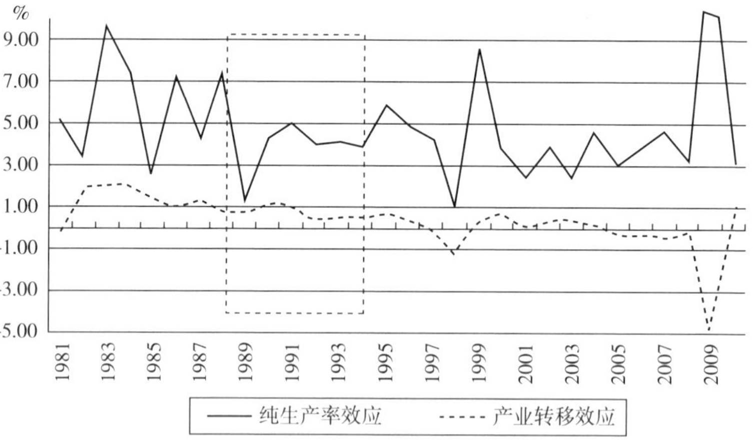

数据来源：根据 Nordhaus（2002）方法计算。

图 7.10　两大效应对总劳动生产率的拉动（韩国）

二者的共同作用下，总劳动生产率年均增长率由 1981 ~ 1991 年的
6.5% 降为 1992 ~ 2010 年的 3.8%，从而导致 GDP 年均增速从前一阶段
的 8.8% 降为后一阶段的 5%。1988 ~ 1992 年，韩国同样出现了 GDP 与
就业增长趋势的背离现象，GDP 增速呈现系统性下降，就业率却在上
升（见图 7.11）。这说明，在产业结构从制造业向服务业转移阶段，
韩国的潜在产出增速也出现系统性下降。

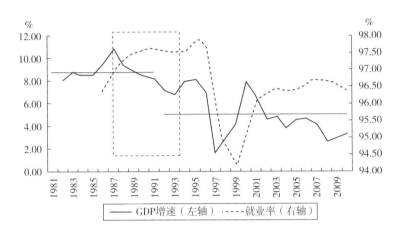

注：就业率 = 1 - 失业率，失业率数据来源于 IMF IFS，GDP 增速与就业率均采用了 3 年移
动平均值。

数据来源：根据 IMF IFS 数据整理绘制。

图 7.11 韩国 GDP 增速与就业率

四、从产业结构变迁的视角观察中国潜在增速变化

改革开放以来，中国农村剩余劳动力不断向第二、第三产业转移
（见图 7.12）。随着农村剩余劳动力的逐渐减少，反映劳动力供求关系
的求人倍率指标在 2010 年第一季度达到并超过 1（见图 7.1），这说明
长期以来劳动力供过于求的状况已经发生了根本性变化。劳动力供求

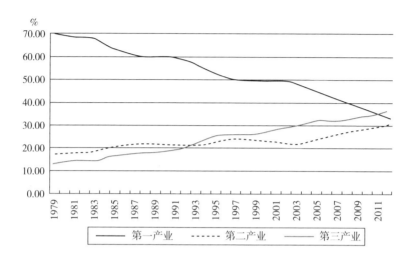

数据来源：根据 Wind 数据绘制。

图 7.12　中国三大产业的就业占比

关系的紧张，使得普通劳动者的工资快速上涨，其中劳动密集型制造业受冲击最为明显。例如，作为纺织、服装、皮革业的工资产出比[1]在2007~2010 年 3 年间上升了约 10 个百分点，工资占产出的比例已超过了50%。同时，食品、饮料、烟酒和其他制造业的工资产出比也接近30%[2]。工资产出比的上升挤压了制造业企业的利润空间，当它上升到一定程度时，制造业企业就不得不破产或转型升级。这种现象在日本、韩国已经发生过，例如，日本在 20 世纪 70 年代制造业转型期，工资产出比在 30.8% 到 34.8% 之间，1986 年之后才开始下降；韩国在制造业转型的 90 年代初期，工资产出比也上升到约 30%，转型后则呈下降趋势[3]。通过这种对比，可以感觉到当前中国产业转型的紧迫性。此外，本轮国际金融危机后，外需的下降进一步加剧了中国制造业产能

---

① 计算方法：工资产出比 = 劳动者报酬/产业增加值。
② 笔者根据 CEIC 数据计算。
③ 资料来源：《国际统计年鉴（1995）》，国家统计局。

过剩的局面。受发达国家去杠杆甚至更深层次结构改革的影响，外需即使在中期内也较难恢复到危机前的水平（伍戈、刘琨，2013）[1]。以上种种迹象表明，劳动密集型制造业的转移或许正在我国悄然上演。[2]

中国的产业结构从制造业向服务业转移，这可能是造成当前就业和产出趋势性背离的基本原因。从国家统计局发布的就业数据来看，我国制造业新增就业在 2008 年后较前几年明显减少，但其就业占比的下行拐点尚未出现。服务业新增就业变化不大，但考虑到我国服务业统计数据的缺陷[3]，其就业存在低估的可能性。特别是近年来，电子商务、网络服务等新兴服务业的快速崛起，使这种低估可能更加严重。从 PMI 就业指数来看（见图 7.2），制造业自 2011 年 10 月之后的 26 个月中，仅有 3 个月处于 50 以上；而非制造业则一直高于 50，说明制造业就业出现了转移的迹象。由于我国三大产业的劳动生产率分化十分显著（见图 7.13），就业结构的微小变化都会对总劳动生产率产生重要作用[4]（见图 7.14）。社会总劳动生产率增长率从 2007 年的 14.1% 降为 2012 年的 7.4%，导致产出增速大幅下降。但与此同时，劳动力市场却出现了供不应求的现象，说明我国潜在经济增速可能开始下降，这种状况与日本、韩国在制造业转型期十分类似。

值得一提的是，在产业结构由制造业向服务业转型期之后，我国的潜在增速会是像日本一样显著降低，还是像韩国一样缓慢减速，则取决于产业转型升级成功与否。换言之，未来潜在经济增速是否会进

---

① 伍戈、刘琨：《破解中国经济困局》，载《国际经济评论》，2013（5）。

② 与此同时，中国部分劳动密集型产业和订单也正在向周边国家转移。例如，自 2007 年以来，我国对东盟国家的对外直接投资迅速增长，其中制造业等成为"走出去"的主流行业。订单方面，以纺织服装行业为例，东盟四个主要出口国（越南、马来西亚、印度尼西亚、孟加拉国）的出口金额占全球之比在过去 6 年中增长了 6 个百分点以上，2013 年达到了 9.65%。

③ 例如，赵同录（2006）、许宪春（2008）、李强（2011）曾撰文指出，服务业统计范围存在缺口：一些新兴的服务行业，如网络服务、电子商务等没有纳入统计调查范围；限额以下服务业企业、个体商户的统计数据漏失情况严重。

④ 例如，1989 年和 1997 年第二产业就业占比的两次小幅下降都造成产业转移效应降为负值。

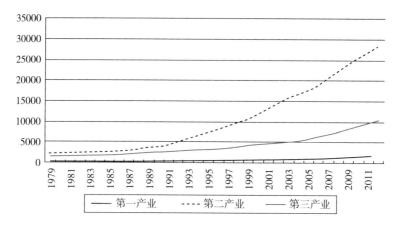

注：单位：元/人，以 1978 年不变价格计算。

数据来源：根据 Jen（2013）和 Wind 数据计算。

图 7.13　中国三大产业劳动生产率

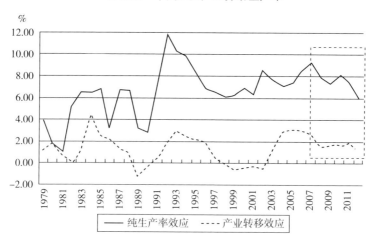

数据来源：根据 Nordhaus（2002）方法计算。

图 7.14　两大效应对中国总劳动生产率的拉动

一步下降，与产业升级息息相关。受人口因素制约，就业很难再出现过去的高增长状态，经济增长将更多地依赖于总劳动生产率的提高。在此情况下，潜在增速将更多地取决于纯生产率效应的增强。

专栏4　洞察中国经济的潜在增速：生产要素变化的视角[①]

就分析经济的长期潜在增长率（即生产能力）而言，应该考察生产的要素，而不是最终需求（即通常说的"三驾马车"）。生产的投入要素包括劳动力、资本、土地和资源，以及全要素生产率（TFP，指把各生产要素组织起来生产出最终产品的效率）。过去三十年中，资本积累（通过投资）对中国GDP增长的拉动超过一半，而改革开放和技术更新也带动了全要素生产率的提高，拉动整体GDP增长3个百分点。

使用同样的分析框架，不难看出未来中国经济潜在增长速度将逐渐放缓。从劳动力来说，中国适龄劳动人口已经开始下降；从资本积累来看，过去数十年的投资高增速已经难以维持，即使投资占GDP的比重保持在目前的高位上，其速度也会比之前明显减速；从资源环境来看，能源、土地价格高涨，大气、水源、土壤污染严重，一些资源出现枯竭，已经开始制约未来经济的增速；从生产率上来看，过去三十年间，从农村改革开始，到由计划经济过渡为市场经济，开放贸易和投资，再到改革国有企业和银行，以及城市住房体制改革等释放了巨大的改革红利，引进外资和先进技术、开放市场等也帮助提高了中国的全要素生产力。未来的改革将会更艰难，继续进行有效率的投资将变得更加困难，生产率提高的速度也因此会减缓。

当然，这并不意味着中国经济长期增长空间已尽。事实上，中国经济增长还有广阔的空间。首先，虽然劳动年龄人口已经开始下降，但是中国还未进入充分就业阶段，还有大量的剩余劳动力和隐

[①]　摘自：汪涛的《中国经济长期潜在增速将放缓》，载英国《金融时报》，2014-05-10。该专栏标题由笔者自行添加。

性失业人口。百分之二十以上的就业都在农业，而绝大多数经合组织国家的比例为3%~5%，这表明即便考虑到人口老龄化的因素，中国的劳动力转移仍有巨大的空间。其次，每年毕业的六七百万大学生还存在就业难的现象。其次，中国资本深化的空间仍旧巨大。尽管过去投资高速增长，但目前人均资本存量仍然非常低，不到发达国家的零头，而且国内的储蓄仍然比较高，能够为资本深化提供资金。当前新一轮的改革已经开始，相对于发达国家来说，引进先进技术设备、提高生产率还有相当的空间。在资源环境的制约下，经济增长可以更偏重于发展服务业。

基于对人口结构、劳动力转移、储蓄及全要素生产率增长的全方位分析，预计未来十年中国经济长期增长率将逐渐放缓，从目前的7%~8%降至5%~6%，平均年增长率在6%~7%。具体而言，预计实际固定资产投资从目前的7%~8%的速度降到5%左右，随着更多的劳动力从农业转入工业和服务业，城镇化进一步发展，非农业就业将在整个未来十年期间保持正增长。随着要素价格、户籍、财税、国企和金融改革的推进，全要素生产率得以继续增长，不过速度较之前放慢。

即使如此，也无须过虑中国经济长期潜在增速的下行。潜在增速的下行是中国经济、人口结构发展到一定阶段后必然的结果。一方面劳动力增速下降会拉低潜在增速，另一方面新增劳动力的减少也意味着中国政府"保八"稳增长、保就业的压力大大减轻。在经济增速回落、经济转型的时期，企业也得以从过去扩张规模转向提高效率和回报率，资源环境的压力可能得以缓解。纵然中国经济的长期增速会回落，但是仍将是世界经济中增长最快的大经济体，对全球经济增长的贡献仍将远超美国和欧洲。这也意味着，中国国内市场的扩张仍将为世界各类产品和服务提供广阔的发展空间。

五、小结

综上所述，本章通过梳理产业结构变迁及其影响的相关理论，并对比东亚典型经济体的转型实践，深入考察了影响我国货币需求的重要变量——经济增长的结构性变化。由此，我们得出的基本结论与政策建议如下：

一是应密切关注产业结构的变化，充分认识到当前中国潜在产出增速下降的可能性。从产业结构变迁的视角来看，就业从制造业向服务业转移，将导致社会总劳动生产率进而产出增速下降，但就业会依然保持相对稳定，即经济潜在增速出现下降。潜在产出与充分就业密切相关，而当前我国劳动力市场的稳健表现说明现阶段已经基本实现了充分就业，因而实际产出增速的下降实质上反映了潜在产出增速的下降。当然，由于观察到我国这种变化的数据期限较短，未来我们仍需密切关注产业结构的进一步变化，以不断修正我们的认识。

二是应审慎使用过度扩张的货币政策等需求管理政策。在认识到当前我国潜在经济增速可能下降及其原因之后，在制定宏观经济政策时就需要换一种思维。面对经济的结构性（而不仅仅是周期性）的减速，如果我们仍坚持用传统方式去刺激经济，则很难达到理想的效果。例如，过度扩张的货币政策可能会促使工资更快地上涨，结果导致制造业比较优势更快丧失。应该意识到的是，当前我国面临的可能是供给曲线向左上移动的挑战（如图 7.15 中 AS_0—AS_1），如果盲目采取需求扩张的政策（AD_0—AD_1），因此还可能会造成宏观经济滞胀的风险（均衡点从 E_0 移至 E_1）。

三是要积极推进产业转型过程中供给面的改革。当前，如果我们努力从总供给方寻求解决问题的突破口，促使已经上升的供给曲线适度下移，则可能避免上述滞胀的风险，实现更好的宏观经济均衡（伍

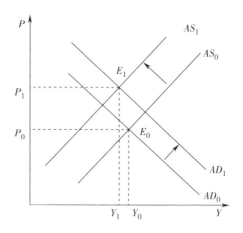

图 7.15　总供给与总需求曲线的移动

戈、李斌，2013）[1]。具体地，应进一步加快户籍及相关配套制度改革，
发展中小城镇，促进农民工市民化；加快垄断性服务业的对内和对外开
放，降低企业的经营门槛，扩大服务业的就业吸纳能力；建立有效的就
业引导培训体系，降低结构性失业的比率，促进劳动力素质的提高等。

---

① 伍戈、李斌：《成本冲击、通胀容忍度与宏观政策》，北京：中国金融出版社，2013。

第八章 影响货币需求的因素 Ⅱ：货币替代的结构性变化

在这一章里，我们研究货币替代与货币需求问题。过去近半个世纪以来，全球资本市场和金融一体化进程迅速发展，国际资本流动规模日益膨胀。在 2012 年资本流动规模达到了 1.38 万亿美元，约为 1990 年的 4 倍[①]。在此宏观背景下，各微观主体的资产组合中本外币替代的频率以及强度都不断增强。相应地，传统封闭条件下一国货币政策的有效性面临诸多挑战，特别是数量型的货币政策框架可能会受到影响。例如，Helene（2013）提出了"二元悖论"，认为在当今国际经济和金融领域"三元悖论"已不适用，即当前主要国家货币政策通过信贷和杠杆等资本流动渠道影响了其他国家的货币政策，当且仅当资本账户能够被有效管理时，独立的货币政策才是可行的，这已经和汇率制度没有多大关系。因此，有必要不断考察当今开放经济的新特点和新趋势，对影响一国货币政策目标以及调控手段的因素作更深入的分析和探索。

近年来，许多学者纷纷提出了开放经济下影响国内货币数量调控的一些新因素和新机制。其中既包括不断加大的跨境资本管理难度，又包括时常脱离经济基本面的投资者避险情绪等因素（见图 8.1），具体地，一方面，资本流动的管制因素对于分析一国货币政策的有效性

---

① 中国科学院国际资本流动研究课题组：《缓慢复苏下的国际资本流动》，载《中国金融》，2013（2）。

至关重要。跨境资本往往根据一国的经济基本面的好坏而流进流出，资本管制越少，一国本外币的替代程度可能就越明显，从而影响国内货币数量目标。另一方面，近年来越来越多的研究指出，投资者的避险情绪可能引发了全球金融资产价格的波动和金融周期变化。例如，Andrew 和 Jonathan（2014）以及 Severo（2014）都提出了避险情绪变量能显著地影响汇率波动，并间接地增加了新兴市场资本流出的压力；希勒（2008）认为①，非理性的繁荣就是由于投资者有时脱离经济基本面的风险情绪所引致的金融泡沫。因此，在全球金融一体化的趋势下，本外币需求或货币替代也会随着避险情绪的变化而波动，而这些波动可能时常独立于经济基本面的变化。

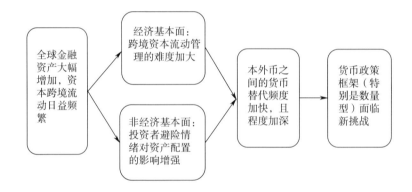

资料来源：笔者根据 Helene（2013）、Andrew 和 Jonathan（2014）以及 Severo（2014）等研究思路综合整理绘制。

图8.1 全球金融一体化与货币政策框架

本章创新地将全球金融一体化背景下资本管制和投资者避险情绪因素，共同纳入开放经济体的研究范式中，试图通过建立一个更为完整的货币替代模型，来深入考察影响我国货币政策数量目标及其框架

---

① 希勒：《非理性繁荣》，北京：中国人民大学出版社，2008。

的动态因素①。下文的逻辑顺序安排如下：首先梳理了以往学者对货币替代问题的理论研究成果；然后在考察传统货币替代理论模型的基础上，结合当前国际金融新趋势以及中国的具体国情对传统模型进行创新性修正；接着根据修正后的模型，分别对模型加入资本管制变量和避险情绪变量后进行计量分析；最后在第五部分对各种模型结果进行了总结，并提出有关政策建议。

一、货币替代与货币需求的相互关联

国际上对货币替代的研究是从一国国内的货币与准货币之间的替代开始。Chetty（1969）提出国内流动性资产对货币的替代，通过引入 CES 生产函数作为测定货币和流动性资产两要素产生的效用。随后 Miles（1978）将该模型扩展至两国模型，将 CES 生产函数改写为测定本国货币和外国货币两要素产生的货币服务效用函数。利用该模型，Miles 证实了在浮动汇率制度下美元对加拿大元的替代弹性较固定汇率制度下更为显著。Imrohorouglu（1994）从微观家庭入手，认为测定家庭持有货币的效用函数需要分为消费形成的效用以及货币服务效用两类，并运用了广义矩估计（GMM）的方法估计了这两种效用函数，认为美元与加拿大元不存在明显的替代。此后，Friedman 和 Verbetsky（2001）、Olga（2010）等学者均使用了该方法测定货币替代。

对上述货币效用函数模型的批判首先来自 Bordo 和 Choudhri（1982），他们认为 Miles 的模型忽略了国民收入的因素，提出了建立在货币需求函数上的货币替代模型，并认为相对于 CES 生产函数用交叉利率弹性而言，应该使用本外币利差的变动（在利率平价成立时表现为汇率预期）对本国货币需求的影响来衡量货币替代显著性。随后众

---

① 伍戈、顾及：《资本管制、避险情绪与货币替代》，载《财经研究》，2014（12）。

多的学者采用了货币需求函数模型，根据不同国情使用不同变量来衡量货币替代的显著性和影响因素。其中 Ortiz（1983）分别使用实际汇率、汇率风险以及政策波动来测量不同因素对货币替代的影响程度，认为墨西哥并不存在显著的货币替代。Elkhafif（2002）在测定南非和埃及的长期和短期货币替代诱因后发现，当一国存在较高的货币替代现象时，使用汇率锚的货币政策来反货币替代会比使用通胀目标制的货币政策要来得有效。Michał 等人（2010）利用四个中欧国家的面板数据建立本币与外币贷款的需求模型，结果发现当中央银行试图降低本币贷款余额时，同时也会增加外币贷款余额，因此削弱了其政策的有效性。

不少学者在货币需求函数模型基础上对货币替代理论进行了修正。Girton 和 Roper（1981）提出了货币替代资产需求模型，加入了外生化的本国非货币资产收益率变量，并区分货币替代与资产替代。他们认为，在货币供给外生化的情况下，货币替代现象会使得一国货币汇率不稳定。McKinnon（1982）提出了世界性的货币供给概念，并建立了包含持有货币成本的世界货币需求函数，旨在说明各国央行需要共同协调制定货币供给政策，以应对国际货币替代过程中产生的货币供给波动问题。Cuddington（1982）认为，人们持有货币不仅是为了货币的交易职能，还包括贮藏职能等，并结合 Branson（1979）提出的资产组合模型构建了开放经济体的货币替代模型。其与货币需求函数模型的主要区别在于，前者认为必须同时包含外币利率与汇率两个变量以区分资产替代和货币替代弹性（其中用汇率弹性反映货币替代的程度），而后者只包括其中一个变量。Thomas（1985）提出 Miles 的 CES 模型本身就假设了两种要素存在替代关系，因此会放大货币的替代效应。而针对 Cuddington 模型，他提出在资本完全流动的前提假设下，如果所有货币都可借贷，那就没有必要持有货币，资产组合模型无法解释货币替代。

此后，众多研究都对各国货币替代进行大量实证计量分析。Mizen和 Pentecost（1994）对 1976～1990 年英镑与主要欧盟国家货币替代性进行了实证检验，结果发现英镑与这些货币不存在显著的替代；Lazea和 Cozmanca（2003）研究认为，影响罗马尼亚货币替代率的因素主要为国民收入、本币对于欧元及美元汇率变动的加权值以及国内存款利率。Chaisrisawatsuk、Sharma 和 Chowdhury（2004）估计得出亚洲五国存在显著的美元、日元以及英镑对本币的替代；Baskurt（2005）认为，在土耳其货币替代与汇率预期变动具有长期关系，并且在通胀率越高的国家，货币替代率越高且持久；Freitas 和 Veiga（2006）实证检验了六个拉美国家的美元替代率，得出巴西和智利并不存在显著的货币替代，其他四国均有一定程度的美元化，这与 Feige（2002）提出的 CSI指标具有一致性。

在中国，对货币替代的研究最早可能是由姜波克、李心丹（1998）开始，他们首先运用 Bordo 和 Choudhri（1982）的货币需求函数模型对墨西哥的货币替代进行分析。随后姜波克（1999）认为，货币需求函数模型（Bordo 和 Choudhri，1982）及资产组合模型（Cuddington，1982）均能在分析中国情况时提供较好的借鉴，但还需要采用具有中国特色的变量来进行实证分析。其后的国内学者大多在其基础上对中国的货币替代情况进行实证分析，例如，范从来、卜志村（2002）、杨军（2002）、李富国和任鑫（2005）以及刘绍保（2008）等。

事实上，一方面，随着近年来全球宏观经济结构的变化与金融一体化的深化，过去传统的货币替代模型需要作进一步的修正才能更全面地反映当前的现实情况，这也是现阶段对我国货币替代的诸多研究所缺失的。另一方面，大多研究还存在着数据频率大多较低，时间序列太短，以致不能很好地反映实际变动情况等问题。下文试图在之前研究的基础上，创新性地添加影响货币替代程度的两个新因素：资本管制和避险情绪，并运用"从一般到特殊"的建模方法，以更新和更高频的数据对我国货币替代问题进行更深入的实证探索。

二、对传统货币替代模型的修正：基于金融一体化的视角

综上所述，有关货币替代的理论研究存在着许多不同分析思路和微观机理，其中最常用的分析框架要算是 Cuddington（1982）的模型。在传统的资产组合平衡模型（Branson，1979）的基础上，其对 Bordo 和 Choudhri（1982）的货币需求函数进行了修正。具体地，假定国内居民将其收入以四种形式进行资产配置：（1）国内货币 M_d；（2）国内货币计价的非货币资产，为了简便，只考虑以国内货币计价的债券 B_d；（3）以外国货币计价的债券 B_f；（4）外国货币 M_f。

国内居民的消费效用函数可表示为

$$U = (m_d, m_f, b_d, b_f) \tag{8.1}$$

其中，$m_d = \dfrac{M_d}{P_d}$，$m_f = \dfrac{M_f}{P_f}$，$b_d = \dfrac{B_d}{P_d}$，$b_f = \dfrac{B_f}{P_f}$；P_d 和 P_f 为国内和国外的价格水平。

每期的消费预算约束为

$$y = em_f + i_d b_d + eb_f + i_f b_f \tag{8.2}$$

其中，y 表示居民的财富，e 为本币汇率预期波动，i_d 为国内债券预期利率，i_f 为国外债券预期利率。在预算约束下使其效用 $U(\cdot)$ 最大化，通过比较静态均衡的分析方法，可以分别得到国内居民的名义本外币需求函数为

$$\ln M_d = \alpha_0 + \alpha_1 \ln y + \alpha_2 i_d + \alpha_3 i_f + \alpha_4 e + \alpha_5 \pi_d \tag{8.3}$$

$$\ln M_f = \beta_0 + \beta_1 \ln y + \beta_2 i_d + \beta_3 i_f + \beta_4 e + \beta_5 \pi_f \tag{8.4}$$

其中，π_d 和 π_f 分别为国内和国外的通胀率。

将式（8.4）减去式（8.3）即可得到本外币的货币替代率：

$$csr_t = \ln CSR_t = \ln M_{ft} - \ln M_{dt} = \ln\left(\frac{M_f}{M_d}\right)_t$$

$$= \gamma_0 + \gamma_1 \ln y_t + \gamma_2 i_{dt} + \gamma_3 (i_d - i_f)_t$$

$$+ \gamma_4 e_t + \gamma_5 (\pi_d - \pi_f)_t + u_t \qquad (8.5)$$

其中，$\gamma_0 = \beta_0 - \alpha_0$，$\gamma_1 = \beta_1 - \alpha_1$，$\gamma_2 = \beta_2 - \alpha_2 - \beta_3 + \alpha_3$，$\gamma_3 = \alpha_3 - \beta_3$，$\gamma_4 = \beta_4 - \alpha_4$。

在传统资产组合平衡模型中，某种资产收益率的上升会减少所有其他资产的需求。但在此货币替代模型里，本国货币汇率预期的变化会通过间接途径影响国外债券的最终收益率。因此本币的贬值对于国外债券和外国货币需求的净影响理论上都为反向的。此外，模型中的收入效应表现为，当投资者拥有越多的可支配收入时，会持有更多的本币或者外币，其对货币替代率的影响方向可能存在不确定性。

在上述经典货币替代模型及其以后的众多研究中，学者大多是基于以下两个假设前提开展分析：一是假设经济体为资本完全流动情况下的开放经济体；二是假设该经济体采用浮动汇率制，投资者行为的影响都充分反映在汇率等价格信息中。而随着全球金融一体化的发展以及考虑中国的实际情况，有必要就这两个假设以及模型进行适当修正。

（一）修正之一：融入资本管制因素

资本管制的严格与否，直接影响资本跨境流动的便利程度。一般地，当一国资本管制较为严格时，居民跨境投融资和交易的途径都更为有限，因此会削弱其持有外币的动机，从而影响其货币替代的程度。根据 Helene（2013）"二元悖论"的理念，资本管制的有效与否甚至可直接影响到一国货币政策的独立性。过去相当长的一段时间，我国实行着具有"宽进严出"特征的资本管制。但随着近年来资本流动的日益频繁，规避资本管制的途径层出不穷，资本管制有效性可能已经下降（Prasad，Rumbaugh，王庆，2005；盛松成，2012）。因此在新的历史条件下，货币替代可能会随着资本管制程度而变化，现实中不应采用传统模型中资本完全流动的假设，有必要在原模型中引入衡量资本管制的变量。对此，本文采用了"热钱"占外汇占款比重测算我国资本管制程度[①]。一般地，该比重越高，说明资本管制有效性越弱。从图 8.2 中看出，资本管制变量与货币替代率波动之间可能存在着一定的相关性。

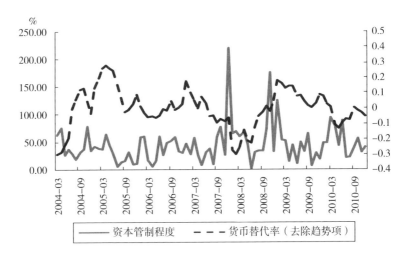

资料来源：笔者根据 Wind、CEIC 数据整理绘制。

图 8.2　资本管制程度与货币替代波动

（二）修正之二：融入避险情绪因素

当今我国金融改革正处于转轨时期，利率仍没有完全的市场化，

---

① 本节中"热钱"的计算采用宽口径间接测算公式：估算的热钱规模 = 外汇占款 − 贸易顺差 − 实际使用外资总额。为刻画资本管制的程度大小（而不是方向），本文的"热钱"采用了上述数值的绝对值形式。

同时我国实行的是有管理的浮动汇率体制，投资者情绪变动对货币替代的影响并不能即时地通过利率和汇率反映出来。因此，单纯从利率、汇率等价格变化角度而忽视避险情绪来分析影响货币替代及其总量变化可能是有偏的。因为在金融一体化背景下，突发事件等引起投资者风险偏好的改变，有时甚至会脱离经济基本面而快速影响居民对自身资产的币种配置，从而可能会增强货币替代现象。因此我们有必要对经典模型进行适当修正，本文拟添加 VIX 指数①作为投资者风险情绪的代理变量。该指数又被称为投资人恐慌指标，反映了投资者对资本市场后市波动程度的预期。VIX 指数越高，表明投资者预期风险越高，投资行为越保守。从图 8.3 样本期内的 VIX 指数与去除趋势项后的货币替代率趋势可以粗略看出，货币替代率可能与 VIX 指数波动有关联。

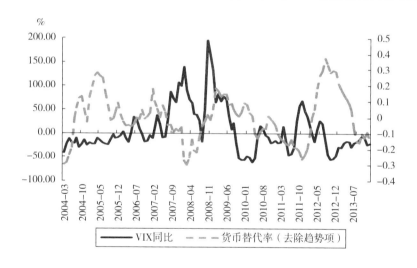

资料来源：笔者根据 Wind、CEIC 数据整理绘制。

图 8.3　避险情绪与货币替代波动

---

① VIX 指数由芝加哥期权交易所于 1993 年推出，根据标准普尔 500 指数期权隐含波动率加权平均后所得。

总之，在原始模型式（8.5）的基础上，我们引入了资本管制变量 GZ 和避险情绪变量 VIX 指数，可得修正后的新货币替代方程如下：[①]

$$csr_t = \gamma_0 + \gamma_1 \ln y_t + \gamma_2 i_{dt} + \gamma_3 (i_d - i_f)_t + \gamma_4 e_t$$
$$+ \gamma_5 (\pi_d - \pi_f)_t + \gamma_6 GZ_t + \gamma_7 VLX_t + u_t \qquad (8.6)$$

下面我们将结合中国的数据，采用逐步试探的方法，考察资本管制和避险情绪变量纳入原始模型的回归效果。我们首先对原始模型（8.5）进行计量回归尝试；然后为了更清晰地观察两个修正变量分别引入对货币替代的影响，我们逐步将资本管制和避险情绪分别单独加入原始模型（8.5）进行计量；最后，我们再考察将两个变量同时加入后的模型（8.6），从而综合考虑其对货币替代的影响。

三、对中国货币替代的实证考察：从一般到特殊的方法

（一）中国货币替代率的变化

基于数据的可得性，本文将货币替代的指标定义为金融机构外币

---

① 资本管制本质上加大了居民自由配置本外币资产的成本，这其实就反映在有关资产的收益率方面。例如，金荦、李子奈（2005）指出："有关工业化国家和发展中国家众多定量研究文献基本上支持这样一种结论：通过实施资本管制，可能造成同类短期金融工具的国内和国际收益率出现'小'的差别，并可在相当长的一段时间内维持这一差别。因此，资本管制对经济变量能够产生可以衡量的影响"；又例如，Edwards 和 Kahn（1985）依据利率形成机制，提出了一套检验发展中国家资本管制有效性的方法，他们认为，利率由国内外因素综合决定，可表示为国际利率经汇率风险调整后的值与经常账户和资本账户完全封闭时国内利率的加权平均值，即资本流动的限制程度直接影响国内利率成本。

因此，鉴于上述研究的思想，我们认为，在考虑到资本管制等的情形下，过去有关货币替代的基本原理，以及基于效用函数和预算约束条件的货币替代模型推导过程并没有发生实质性的改变，只不过有关利率（资产收益率）的内涵发生了一些变化：由简单的名义票面利率变为隐含有资本管制成本等的综合收益率，在表达式上，即只需在微观主体资产组合的利率的基础上再加上资本管制的成本因素。

存款余额与广义货币 M2 的比率①。从图 8.4 可以看出，中国的货币替代率从 2003 年 11 月最高点 5.67% 起开始持续回落，2011 年其始终在最低点 2.1% 上下浮动。但从 2012 年初起，货币替代率开始有所回升。在 2012 年 8 月达到了自 2008 年 1 月以来的最高值 2.85%。货币替代率上升与外币存款大幅增长直接相关，特别地，从 2011 年第四季度起，外币存款余额同比增长迅速，在 2012 年前两个季度分别达到 24.27% 以及 18.51%。

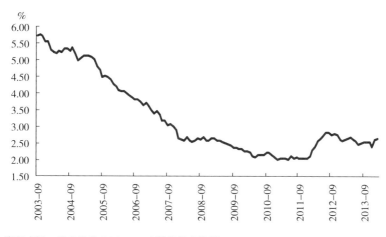

资料来源：笔者根据 CEIC、Wind 数据整理绘制。

图 8.4　中国的货币替代率

（二）数据的选取与处理

根据上述货币替代模型，我们选取 2004 年 3 月至 2013 年 12 月的

---

① 由于金融机构外币存款余额数据中包括外币定期存款，为保证可比性我们不采用 M1 而是 M2 作为构成货币替代的指标。国际上也有许多货币替代的代理变量，例如，Feige 等人（2000）提出的货币替代指数 CSI，其定义为外币现金/（外币现金 + 本币现金）。由于在一国内流通的外币现金数据基本都不可得，基本所有研究货币替代的文献都大致采用了外币存款作为衡量外币现金的代理指标（Calvo 和 Vegh，1992）。此外，也有文献将 CSI 改写成为外币现金/（外币现金 + 本币现金 + 本币活期存款）（Ivan 和 Milivoje，2013）。

118 组月度数据对中国的货币替代进行实证分析（见表 8.1）。本节采用经季节调整后规模以上工业增加值同比数值①作为衡量国民收入的指标②。在利率指标方面，本节分别采用人民币活期存款利率、7 天回购利率、1 年期人民币国债利率以及 3 个月以内和 1 年期国内大额美元存款利率等指标分别代入模型进行试探。另外，分别尝试用境内人民币兑美元即期汇率波动率、香港市场人民币兑美元 1 年期 NDF 波动率作为衡量人民币的汇率及其预期变化指标来进行试探。本文运用EVIEWS 6.0 软件进行分析。③

表 8.1   指标描述

指标		指标描述	数据来源
货币替代率（被解释变量）	*csr*	金融机构外币存款和广义货币供应量 M2 比值（经季节调整后）	CEIC
国民收入因素	*y*	规模以上工业增加值同比	Wind
本币利率因素	r_depo	人民币活期利率	Wind
	r_7d	7 天回购利率	Wind
	r_bond	1 年期人民币国债利率	Wind
本外币利差因素	r_diff1	人民币活期存款利率与 3 个月内大额美元利率差	Wind
	r_diff2	7 天回购利率与 3 个月内大额美元利率差	Wind
	r_diff3	1 年国债利率与 1 年期大额美元利率差	Wind
汇率因素	NDF	人民币兑美元 1 年期 NDF 波动率（香港市场）	路透
	E	人民币兑美元即期汇率波动率（境内）	路透

①　从 2007 年 1 月起国家统计局将之前 1 月和 2 月分别公布规模以上工业增加值当月同比调整为每年 2 月公布 1~2 月的数据。为了保证数据的可得性，本文将 2007 年 1~2 月以来的共同数据分别近似作为 1 月和 2 月的数据。

②　为克服序列相关问题，我们对国民收入和通胀指标进行了滤波处理，剔除时间趋势。

③　本节利用增广的迪克—富勒检验（Augmented Dickey - Fuller，ADF）对变量进行平稳性检验。在 1% 的显著性水平下，不能拒绝各个变量含有 1 个单位根的原假设；而在一阶差分后可以拒绝原假设，因此各个变量在 1% 的显著性水平上均为 1 阶单整，即均为 I（1）序列。

指标		指标描述	数据来源
通胀因素	CPI	中国与美国 CPI 同比增速之差	CEIC
资本管制	GZ	外汇占款中不可解释部分占其总量的比重（绝对值）	CEIC
避险情绪	VIX	VIX 指数的同比增速	路透

（三）情形 I：对传统货币替代模型的实证分析

本文采取的是"从一般到特殊"（from general to specific method）的建模方法［详见 Hendry（2001）、Ericsson（2007）、伍戈（2009，2011）］①。该方法从包括尽可能多解释变量及滞后项的"一般"模型着手，通过诊断检验逐步去除统计上不显著的变量，不断考察模型"缩减"的有效性，从而得到一个相对有解释性、与经济理论相一致且稳定的最终模型（或称做"特殊"模型）。在该理论体系下，相同指标选取的滞后阶数是可能存在差异的。并且，该方法论认为，单独分析时存在的指标在多变量综合分析时也可能不存在，这样的滞后阶数和变量指标的选择方法不会影响到实证结论的说服力，只要最终模型能在统计意义上显著且经济学含义合理即可。

下面我们首先考察传统模型（8.5）下国民收入、本币利率、本外币利差、汇率以及通胀差对我国货币替代率的可解释性。将这些被解释变量及其滞后项综合入"一般"模型，通过反复诊断检验尝试不同的组合，我们可以获得相对合意的结果（如表8.2所示）。②

---

① 具体地，Hendry（2001）、Ericsson（2007）分别论述了从"一般到特殊"的建模思想并作了具体运用。此外，伍戈（2009，2011）运用该方法分别对中国的货币需求和资产替代、中国的通货膨胀决定因素作了探索研究。

② 表8.2仅选取了代表性相对较强的4个方程。由于其他计量结果不甚理想，此处不再一一列举。

表8.2 对传统货币替代模型的回归结果

变量		方程1	方程2	方程3	方程4
国民收入因素	lny		-0.1791 (0.0590)***	-0.2679 (0.5600)***	-0.1970 (0.0480)***
	lny（-3）			-0.1753 (0.0566)***	
	lny（-4）	-0.2278 (0.0588)***			
	lny（-6）				-0.0966 (0.0502)*
利率因素	r_depo		1.2078 (0.1961)***		
	r_depo（-4）	1.5887 (0.1324)***	0.6025 (0.1841)***		
	r_7d（-6）				0.0743 (0.0129)***
	r_bond（-6）			0.0853 (0.0215)***	
本外币利差因素	r_diff1（-1）		0.0698 (0.0241)***		
	r_diff1（-4）		0.0460 (0.0214)**		
	r_diff1（-5）	0.1010 (0.0145)***			
	r_diff2（-5）				0.0495 (0.0099)***
	r_diff3（-6）			0.0501 (0.0092)***	
汇率因素	E（-2）		1.5767 (0.5237)***		
	E（-3）		-1.5311 (0.5229)***		
	E（-4）				0.4969 (0.0256)***
	E（-9）			0.3844 (0.0187)***	
	NDF	0.0538 (0.0088)***			

变量		方程 1	方程 2	方程 3	方程 4
通胀因素	CPI（-4）		- 0.0432 (0.0092)***		
	CPI（-5）			- 00593 (0.0104)***	- 0.0360 (0.0080)***
	CPI（-8）	- 0.0436 (0.0093)***			
常数项	C			- 1.8852 (0.1606)***	- 2.6908 (0.2014)***
	R²	0.78	0.84	0.82	0.86
	DW	0.32	0.45	0.54	0.59

注：括号内数值为相应回归系数的标准差；***、**、*分别表示在99%、95%、90%的置信度下拒绝系数显著为零的 t 检验零假设。

表8.2各方程的共同点是基于传统模型（8.5），均包含国民收入、本币利率、本外币利差以及汇率预期波动及其滞后项等，不同的是各方程采用了不同的指标来衡量利率和汇率波动因素。具体地，方程1、2、3采用了短期人民币利率 r_depo 以及短期本外币利差 r_diff1、长期人民币利率 r_bond 以及长期本外币利差 r_diff3 作为利率变量。方程4则采用了短期人民币利率 r_7d 以及短期本外币利差 r_diff2 作为利率变量。从表8.2的各类回归结果来看，我们可以看出：

第一，采用更为市场化短期利率变量的方程4拟合情况较好，各解释变量系数也都更显著。这表明货币替代率的变化更显著地受短期因素的影响。此外，国民收入、汇率因素以及通胀因素对货币替代率均具有较强的解释力。第二，在短期利率情况下，方程1和方程2分别选取了不同的汇率指标来尝试回归，方程1采用了即期汇率波动 E 作为衡量汇率波动的理性预期变量，而方程2则采用了香港市场人民币对美元 NDF 波动作为衡量汇率预期波动的变量。从回归的结果来看，汇率因素的系数都十分显著，表明微观主体会由于对未来人民币汇率及其预期而改变币种的选择与配置。第三，从方程 1 和方程 2 的比较也能看出，采用即期汇率和采用 NDF 变量的拟合效果较为接近，这是由于在我国汇率形成机制改革时期汇率灵活性有限，即期汇率和 NDF 的走势具有大致相同的趋势。然而值得一提的是，表 8.2 的各回归方程的 DW 值都相对较低，说明在仅通过传统模型对我国情况的简单回归存在自相关或可能遗漏了重要的解释变量，因此也印证了需要针对我国实际情况对传统模型进行修正的必要性。

（四）情形Ⅱ：加入资本管制因素的货币替代模型

根据从"一般到特殊"的方法以及前文的阐述，在传统模型（8.5）的基础上，下面我们将资本管制变量及其滞后项纳入"一般"模型，通过诊断检验不断尝试各种组合，得到相对合意的结果（如表 8.3 所示）。[①]

表 8.3 加入资本管制变量后的回归结果

变量		方程 1	方程 2	方程 3	方程 4
国民收入因素	lny			-0.2340 (0.0477) ***	-0.2005 (0.0425) ***
	lny（-3）			-0.1361 (0.0584) ***	
	lny（-6）	-0.1600 (0.0638) **	-0.1267 (0.0596) **		-0.1921 (0.0472) ***
利率因素	r_depo（-4）	1.7842 (0.1386) ***	1.6630 (0.1391) ***		
	r_7d（-3）				0.0281 (0.0113) **
	r_bond（-6）			0.0589 (0.0188) ***	

[①] 表 8.3 仅选取了代表性相对较强的 4 个方程。由于其他计量结果不甚理想，此处不再一一列举。值得注意的是，表 8.3 和表 8.4 中相同指标选取的滞后阶数存在差异，这种做法符合从"一般到特殊"的建模方法，仍然能有效衡量各变量对货币替代的综合影响。详见 Hendry（2001）、Ericsson（2007）、伍戈（2009，2011）。

续表

变量		方程1	方程2	方程3	方程4
本外币利差因素	r_diff1（-4）	0.1161 （0.0152）***	0.0809 （0.0162）***		
	r_diff2（-5）				0.0595 （0.0084）***
	r_diff3（-6）			0.0588 （0.0079）***	
汇率因素	E（-2）		0.7802 （0.1678）***		
	E（-7）		-0.7311 （0.1656）*		
	E（-8）				0.5049 （0.0224）***
	E（-9）			0.4246 （0.0170）***	
	NDF	0.0395 （0.0093）***			
通胀因素	CPI（-5）			-0.0508 （0.0089）***	-0.0337 （0.0071）***
	CPI（-7）	-0.0482 （0.0093）***	-0.0256 （0.0100）**		
资本管制	GZ	0.0054 （0.0024）**	0.0036 （0.0022）	0.0069 （0.0018）***	00098 （0.0018）***
	GZ（-2）			0.0063 （0.0018）***	0.0077 （0.0018）***
	GZ（-4）	0.0068 （0.0023）***	0.0052 （0.0022）**		0.0073 （0.0018）***
	GZ（-5）			0.0066 （0.0019）***	
常数项	C			-2.1349 （0.1415）***	-2.7122 （0.1775）***
	R²	0.80	0.83	0.88	0.89
	DW	0.58	0.54	1.26	1.25

注：括号内数值为相应回归系数的标准差；***、**、*分别表示在99%、95%、90%的置信度下拒绝系数显著为零的 t 检验零假设。

　　表8.3的结果一方面印证和延续了从表8.2得出的三方面基本结论，另一方面在加入了资本管制变量后的回归结果DW值有所提高。从各检验统计值来看，方程4是相对最为合意的，其中，国民收入、利率、汇率、通胀以及资本管制因素都对货币替代有着显著影响。这说明管制变量也是继传统模型中影响货币替代各因素之外的另一个重要解释变量。具体地，随着本文中资本管制变量的增大（即资本管制减弱或者有效性降低，资本跨境流动的便利性提高），我国的货币替代率将会有所上升，即居民将会配置更多的外币资产，但其影响不仅是即时的，也具有一定的滞后性，在几个月后才逐步显现。国民收入的变化与货币替代呈现负相关关系。即当国民收入增长时，持有人民币的比例将相对有所增加，其往往将在当期以及六个月后对货币替代产生影响。汇率因素的变化与货币替代呈现正相关关系。当人民币即期汇率上升（直接标价法），市场预期人民币呈现加速贬值时，货币替代率将会上升，也就是说持有外币的比例将有所增加。但是从计量的角度来看，这些回归方程的DW值仍然偏小，这说明该方程存在自相关或可能遗漏了重要解释变量。

（五）情形Ⅲ：加入避险情绪因素的货币替代模型

　　根据"从一般到特殊"的方法，在传统模型（8.5）的基础上，下面我们考察将避险情绪VIX变量及其滞后项单独纳入"一般"模型，通过诊断检验不断尝试各种组合，并得出相对合意的结果（如表8.4所示）。①

---

　　① 表8.4仅选取了代表性相对较强的4个方程。由于其他计量结果不甚理想，此处不再一一列举。

表 8.4　　　　　　加入避险情绪（VIX 变量）后的回归结果

变量		方程 1	方程 2	方程 3	方程 4
国民收入因素	lny	− 0.3217 （0.0551）***	− 0.2848 （0.0536）***	− 0.2026 （0.0503）***	− 0.2042 （0.0430）***
	lny（−3）	− 0.1672 （0.0537）***			
	lny（−4）		− 0.1452 （0.0533）***	− 0.1231 （0.0429）***	− 0.1176 （0.0398）***
	lny（−6）			− 0.2115 （0.0443）***	− 0.1791 （0.0403）***
利率因素	r_depo（−4）			1.6759 （0.1008）***	1.6215 （0.0993）***
	r_7d（−3）		0.0278 （0.0147）*		
	r_7d（−5）		0.0399 （0.0163）**		
	r_bond	0.0835 （0.0204）***			
本外币利差因素	r_diff1（−4）			0.0674 （0.0122）***	0.0491 （0.0118）***
	r_diff2（−5）		0.0214 （0.0118）*		
	r_diff3（−6）	0.0346 （0.0097）***			

续表

变量		方程1	方程2	方程3	方程4
汇率因素	E（−2）				0.6224 （0.1173）***
	E（−7）				−0.5759 （0.1165）***
	E（−8）		0.4329 （0.0248）***		
	E（−9）	0.3840 （0.0177）***			
	NDF（−2）			0.1553 （0.0557）***	
	NDF（−7）			−0.1135 （0.0556）**	
通胀因素	CPI（−5）	−00453 （0.0106）***	−0.0288 （0.0088）***		
	CPI（−7）			−0.0272 （0.0067）***	−0.0139 （0.0069）**
避险情绪	VIX	−0.0010 （0.0003）***	−0.0014 （0.0003）***		
	VIX（−1）			−0.0019 （0.0002）***	−0.0017 （0.0002）***
	VIX（−12）			−0.0014 （0.0002）***	−0.0013 （0.0002）***
常数项	C	−1.8848 （0.1521）***	−2.2343 （0.1977）***		
	R^2	0.84	0.85	0.90	0.91
	DW	0.59	0.65	1.53	1.47

注：括号内数值为相应回归系数的标准差；*** 、** 、* 分别表示在99%、95%、90%的置信度下拒绝系数显著为零的 t 检验零假设。

类似地，表8.4也采取了分别对比短期和长期利率因素、即期和NDF汇率指标选取方法。在加入VIX避险情绪因素后，DW值显著地提高。而综合各检验统计值来看，方程4是相对较为合意的结果。其中，国民收入、利率、汇率以及避险情绪因素都对货币替代有着显著影响，这说明避险情绪（VIX变量）也是影响货币替代的一个重要解释变量。具体地，其系数符号为负，当VIX系数同比变动上升时，即投资者避险情绪提高，货币替代率下降，即持有外币资产的比例将减小。这与其他新兴市场的实践不太一致，因为一般地，在风险程度上升甚至发生危机时，投资者往往会增持美元资产抛售新兴市场资产以求避险。这种不一致可能是由于相较其他新兴市场而言，中国经济增长和政治局势较阿根廷和土耳其等国家更为稳健，因此其经济基本面受到负面冲击时的波动也相较其他新兴市场国家相对较小（汪涛，2013；沈建光，2014）。据此，当避险情绪上升时，投资者持有人民币资产比例上升也是可以解释的。另外，国民收入的变化与货币替代呈现负相关关系，即当国民收入增长时，持有人民币的比例将有所增加，其影响将在当期以及两个月后显现。汇率因素的变化与货币替代呈现正相关关系，即市场预期人民币呈现贬值时，货币替代率将会上升，即持有外币的比例将有所增加。方程4的拟合度已经达到较好的水平，但是DW值仍然还略小，方程可能还需要通过添加其他重要变量来进一步完善。

（六）情形Ⅳ：同时考虑资本管制和避险情绪的货币替代模型

从表8.3和表8.4的结果来看，尽管已经单独考虑资本管制和避险情绪，但分别从这两个变量的角度来分析影响货币替代的因素似乎无法全面描述其变化的原因。因此下面我们尝试着结合资本管制和避险情绪两个因素，将其共同纳入传统货币替代模型中，即根据修正后的式（8.6），对我国货币替代的影响因素作进一步的全面实证分析。

表 8.5　　　　　　　同时加入资本管制和避险情绪的回归结果

变量		方程 1	方程 2	方程 3	方程 4
国民收入因素	lny	−0.2687 (0.0492)***	−0.2409 (0.0453)***	−0.1865 (0.0476)***	−0.1955 (0.0412)***
	lny（−3）	−0.1356 (0.04739)***			
	lny（−4）			−0.1112 (0.0404)***	−0.109 (0.0381)***
	lny（−6）		−0.1833 (0.0464)***	−0.2343 (0.0437)***	−0.1983 (0.0405)***
利率因素	r_depo（−4）			1.7914 (0.0992)***	1.7184 (0.0993)***
	r_7d（−3）		0.0329 (0.0112)***		
	r_bond（−2）	0.0605 (0.0184)***			
本外币利差因素	r_diff1（−4）			0.0791 (0.0119)***	0.0615 (0.0119)***
	r_diff2（−5）		0.0498 (0.0092)***		
	r_diff3（−6）	0.0489 (0.0089)***			
汇率因素	E（−2）				0.5247 (0.1160)***
	E（−7）				−0.4854 (0.1147)***
	E（−8）		0.4930 (0.0225)***		
	E（−9）	0.4204 (0.1676)***			
	NDF（−2）			0.1391 (0.0526)***	
	NDF（−7）			−0.1055 (0.0524)**	

变量		方程1	方程2	方程3	方程4
通胀因素	CPI（-5）	-0.0434 （0.0093）***	-0.0287 （0.0074）***		
	CPI（-7）			-0.0307 （0.0064）***	-0.0192 （0.0068）***
资本管制	GZ	0.0065 （0.0018）***	0.0092 （0.0018）***	0.0041 （0.0015）***	0.0032 （0.0014）**
	GZ（-2）	0.0054 （0.0018）***	0.0066 （0.0018）***		
	GZ（-4）		0.0067 （0.0018）***	0.0040 （0.0015）***	0.0035 （0.0014）**
	GZ（-5）	0.0060 （0.0019）***			
避险情绪	VIX	-0.0006 （0.0003）***	-0.0006 （0.0003）***		
	VIX（-1）			-0.0018 （0.0002）***	-0.0016 （0.0002）***
	VIX（-12）			-0.0014 （0.0002）***	-0.0013 （0.0002）***
常数项	C	-2.1101 （0.1391）***	-2.6286 （0.1778）***		
	R²	0.88	0.89	0.91	0.92
	DW	1.17	1.18	1.88	1.74

注：括号内数值为相应回归系数的标准差；***、**、*分别表示在99%、95%、90%的置信度下拒绝系数显著为零的 t 检验零假设。

　　类似地，表8.5中①各方程均包含国民收入、利率、汇率预期、通胀、避险情绪以及资本管制因素作为解释变量，选取不同的变量指标以期能更全面地比较分析影响货币替代的因素。具体地，方程1、2、3

———————

　　①　表8.5仅选取了代表性相对较强的4个方程。由于其他计量结果不甚理想，此处不再一一列举。

采用两种短期利率指标，方程 4 采用了长期利率指标；方程 1 采用了即期汇率波动指标，方程 2 采用了 NDF 汇率波动指标。无论从拟合度还是 DW 值等统计指标来看，表 8.5 的各方程回归结果都较表 8.2、表 8.3 和表 8.4 更具有解释性，而其中方程 4 的拟合效果和 DW 值都相对更合意。这说明资本管制和避险情绪同时纳入传统模型能够更加全面地涵盖影响货币替代的基本要素，这印证了前文将传统模型进行修正以适用于中国实际的初步设想。

在表 8.5 的方程 4 中，国民收入因素的系数为负，表明随着国民收入的增长，货币替代将会有所下降，即持有人民币资产会有所增加。另外，汇率因素是影响货币替代率的主要因素之一。自从 2005 年我国实施了汇改以来，从人民币的走势中可以发现人民币基本处于长期的单边升值走廊中，因此市场长期形成单一的人民币升值预期，导致了我国货币替代率也一直在下降。但随着近年来外部失衡的变化，人民币也存在贬值可能，因此货币替代率也可能会上升，即投资者也可能会持有更多比例的外币资产以规避人民币的贬值风险，该情形曾在 2012 年年初人民币贬值阶段出现过。

值得一提的是，表 8.5 中包含长期利率因素（方程 1）的拟合效果始终不如包含短期利率因素模型（方程 2、3 和方程 4），这也与之前表 8.2 至表 8.4 的实证结果基本一致，即货币替代更容易受到短期利率和利差因素的影响。但是从方程 2 至方程 4 的回归结果来看，无论使用受管制的活期利率还是使用更为市场化的 7 天回购利率，利率因素系数的符号始终为正值，这说明在我国利率升高或利差高于外币利率时，货币替代率将会上升，即微观主体愿意持有更多的外币资产。通过绘制样本期内我国短期利差和新兴市场资本流动指标（EPFREM）的图 8.5 来看①，

---

① 该指数为 FTSE 编制的追踪市场机构投资者在新兴市场资金敞口的指数，能即时反映国际资本流出流入全球新兴市场经济体情况，可以大致地对短期资本流入流出我国的情况做一个趋势性的判断。一般而言，EPFREM 指数越高，表示流入新兴市场的资金越多。

我们的确无法看出两者具有明显的正相关性，即短期本外币利差（左轴）扩大时，资本（右轴）是否会明显地流入我国。因此，利率及利差因素似乎还不是投资者货币选择的主要原因。同时，回归结果中，通胀因素的系数符号似乎并不符合通常的假设，即随着我国通胀较外国的较快增长，货币替代率反而有所下降，即持有人民币比例上升，这或许有待今后作进一步细化研究来解释。

资料来源：笔者根据 Wind、EPFR 数据整理绘制。

图8.5 短期利差与跨境资本流动

四、小结

综上所述，在当前全球经济金融一体化的大背景下，传统数量型的宏观调控框架受到开放经济的影响日益明显，对货币替代的考察无疑是货币需求分析中不可或缺的部分。通过对传统货币替代模型的创新性修正以及实证检验，我们可以得到一个更加完整的货币替代模型。基本结论与政策建议具体如下：

第一，在资本流动日益频繁的国际大背景下，本章根据我国实际情况创新性地在传统的货币替代模型中加入资本管制因素以及避险情绪因素，并实证证明它们是影响我国货币替代的重要解释变量。这也印证了 Andrew 和 Jonathan（2014）以及 Severo（2014）对于避险情绪变量能间接地增加了新兴市场流动的研究结果。也就是说，随着资本管制程度以及有效性的降低，我国货币替代率将随之上升；而投资者避险情绪等也是显著影响中国货币替代及其货币总量目标的不可忽视的因素。

第二，汇率及其预期因素也是影响中国货币替代程度的主要变量之一。这结论与当前绝大多数国内外学者所做的研究结论和理论一致，同时也反映出自我国汇改以来的基本事实。在过去长时间的人民币升值背景下，货币替代率总体持续下降，外汇存款不断转化为人民币存款。但近年来随着经常账户占 GDP 的比重不断下降及汇率升值预期的减弱，货币替代也出现了新的变化。这些波动必将对国内流动性管理产生影响。

第三，货币替代程度还受到国民收入、短期利率波动的显著影响，该影响往往会滞后几个月，这显示了我国货币替代易受短期波动影响的特征。另外，利率因素的符号似乎并不符合之前学者们所做的研究结果，我们认为目前国外学者所做的研究大多建立在完全开放的经济体基础上，国内学者的研究也并没有根据我国实际国情对模型进行更新修正，因此我们所得出的实证结果与传统研究结果确实可能出现差异，值得未来进一步深入探索。

第四，应密切关注我国货币替代程度的及时变化，在必要时可酌情考虑将外币存款（主要是美元）等要素纳入广义货币的考察范围，更准确地衡量实际货币需求。另外，有必要将货币替代程度以及微观主体资产负债币种的配置纳入宏观审慎监测框架。针对外汇资产配置的变化以及相关跨境资金流动情况建立相关监测指标和体系，从而有效防范或者减少在推进金融体制改革中货币替代可能引致的跨境资本流动对我国经济带来的冲击。

第五，未来随着我国金融改革开放的不断推进，利率市场化、汇率形成机制改革以及资本项目可兑换进程都可能使我国的货币替代呈现出更大的波动性。作为货币政策中间目标的数量型指标，其有效性必然受到更多挑战。因此，对价格型指标的关注及其调控体系的建设更是当务之急，但该过程不可能一蹴而就，在价格型的"货币锚"全面形成之前，数量型的锚不宜立即放弃。总之，对于我国这样的转型国家，需要根据国内外宏观形势变化和全球金融一体化趋势，时常考察经济金融领域中的结构性变化，从而才能在正确的分析框架下有效制定货币政策，为宏观经济的转型与发展提供稳定的货币金融环境。

第九章　影响货币需求的因素Ⅲ：
产出—通胀关系的变化

　　在这一章，我们研究产出与通胀动态问题。这一研究基于对国际金融危机后产出与通胀关系变化的观察。通胀与产出是宏观经济中的两大永恒主题，也是影响货币需求的两大变量。通胀—产出之间关系的动态变化不仅吸引了大量经济学家的关注，而且对政策决策者也有着极强的现实意义。对于中央银行而言，两者之间的权衡将直接影响货币政策的目标以及实施过程，如著名的"泰勒规则"就是建立在央行的这种权衡基础之上。此次国际金融危机之前相当长的一段时间里，全球经济普遍处于高增长、低通胀的"大缓和"（great moderation）状态，有不少人认为当时的菲利普斯曲线已经扁平化（flattened phillips curve）[①]。国际金融危机以来，在全球主要央行实施超宽松货币政策的背景下，各国通胀—产出关系是否会发生新的变化以及如何应对，是国内外关注的热点。

　　从中国的情况来看，此次国际金融危机爆发以来，通胀预期很不稳定，加上劳动力等要素供给趋紧等原因[②]，使得物价对总需求的变化更为敏感。如果直接将中国的 CPI 与产出缺口做简单的散点图（见图9.1），可以明显地看到，2009 年后通胀对产出缺口的反应不仅更加灵敏（回归系数更高），而且更加显著（决定系数 R^2 更高），也就是说

[①] 伍戈：《对金融危机后货币政策目标的再思考》，载《宏观经济研究》，2009（8）。
[②] 伍戈、李斌：《论货币与通货膨胀的背离》，载《投资研究》，2012（4）。

同等程度的产出扩张带来了更大的通胀压力，形成了总需求扩张的现实约束。

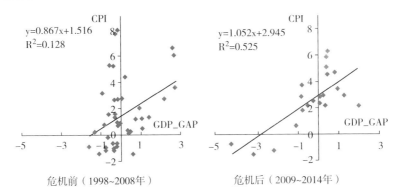

注：纵轴（y）为 CPI 的同比增速，横轴（x）为运用 HP 滤波方法计算的以 GDP 同比增速衡量的产出缺口。

数据来源：笔者根据 CEIC 数据计算整理。

图 9.1 国际金融危机前后通胀对产出缺口的敏感度对比（%）

下文我们首先在全面回顾通胀—产出关系动态变化的有关历史文献基础上（伍戈、刘琨，2014）[①]，结合新凯恩斯主义的基本理念，对菲利普斯曲线的厂商微观定价行为进行剖析。接着，运用中国的数据进行实证分析，探讨此次金融危机后通胀对产出缺口的波动是否更加敏感这一问题。然后，我们分别估计了传统的菲利普斯曲线和时变性（变斜率）的菲利普斯曲线，并对比分析近年来中国通胀—产出的动态变化。最后，我们得到若干基本结论并提出有关政策建议。

一、产出—通胀关系的动态变化：理论探索

1958 年，伦敦经济学院教授 Phillips 发表了一篇对英国 1861～1957

[①] 伍戈、刘琨：《中国通胀与产出的动态研究：基于时变性的菲利普斯曲线》，载《财贸经济》，2014（11）。

年失业率与货币工资变化率研究的著名论文，他的研究发现失业率和货币工资变化率之间存在稳定的负相关关系[1]。Samuelson 和 Solow（1960）把失业和通胀之间的这种负相关关系称为菲利普斯曲线（Phillips Curve）[2]。虽然他们发现的这种关系都是非线性的，但是出于计算方便的需要，传统的关于菲利普斯曲线的模拟都采用线性形式，而且认为其斜率固定不变。然而，随着20世纪70年代石油危机的爆发，短期菲利普斯曲线描述的通胀和失业（产出）关系不再稳定，一些学者开始基于厂商定价机制的微观基础来解释通胀和失业（产出）的动态变化。

Lucas（1973）[3] 从不完全信息假设出发对菲利普斯曲线的变化给出解释，在价格波动比较小的地区（或时间），供给者会把总价格变化误认为相对价格变化，因而延缓价格调整步伐，造成总需求变化对产出的影响大而对物价的影响小。Lucas 还对18个国家1951～1967年的数据进行统计分析，得出实际产出波动性和价格变化波动性具有正相关的经验关系。Alberro（1981）[4]、Kormendi 和 Meguire（1984）[5] 等多篇论文进一步验证了 Lucas（1973）关于价格波动性和菲利普斯曲线斜率具有正相关关系的结论。

Ball、Mankiw 和 Romer（简称 BMR，1988）[6] 对 Lucas（1973）的上述发现进一步给出了新凯恩斯主义的微观解释：波动性更大的总需

① 易纲、张帆：《宏观经济学》，北京：中国人民大学出版社，2009。

② 格里高利·曼昆：《经济学原理（宏观经济学分册）》（第5版），第293页，北京：北京大学出版社，2009。

③ Lucas, Robert E., 1973, Some International Evidence on Output - Inflation Trade - offs, American Economic Review, 63, 326 - 334.

④ Alberro, Jose, 1981, The Lucas Hypothesis on the Phillips Curve: Further International Evidence, Journal of Monetary Economics, 7, 239 - 250.

⑤ Kormendi, Roger C., Meguire, Philip G., 1984, Cross - Regime Evidence of Macroeconomic Rationality, Journal of Political Economy, 92, 875 - 908.

⑥ Ball, Laurence, Mankiw, N. Gregory, Romer, David, 1988, The New Keynesian Economics and the Output - inflation Trade - off, Brookings Papers on Economic Activity, Vol. 1988, No. 1, pp. 1 - 82.

求与更高的通胀水平一样，推动着厂商更频繁地进行价格调整，使得短期菲利普斯曲线斜率更为陡峭。他们不仅给出了详细的微观价格调整模型，还通过跨国的时间序列对其模型进行了验证。Defina（1991）① 则以 43 个国家不同时期数据为基础，用多种不同的方法对BMR 模型进行了验证，发现对大多数国家可以得出名义冲击对实际产出影响的大小与平均通胀水平相反的结论。此外，Hess 和 Shin（1999）②，Kiley（2000）③ 等也对上述新凯恩斯主义模型进行了进一步验证。Laxton、Meredith 和 Rose（1995）④ 使用西方七国（G7）数据验证了通胀—产出关系非线性的设想，指出产出缺口的大小决定了短期菲利普斯曲线的斜率，实际产出越接近其产能约束，菲利普斯曲线就越陡峭，反之则越平坦。

Dotsey、King 和 Wolman（简称 DKW，1999）⑤ 使用状态依赖定价（State Dependent Pricing）模型对微观主体价格调整进行解释：单个厂商在随机长度的时间间隔里离散地调整产品价格，其定价频率随平均通胀和经济周期而变化。这为解释通胀—产出的宏观均衡关系变化提供了另一个渠道。Veirman（2007）⑥ 发现日本 1998~2002 年持续较大的负产出缺口并没有加速通缩，这是固定斜率线性短期菲利普斯曲线

① Defina, Robert H. , 1991, International Evidence on a New Keynesian Theory of the Output – inflation Trade – off, Journal of Money, Credit, and Banking, Vol. 23, No. 3, 410 – 422.

② Hess, Gregory D. , Shin, Kwanho, 1999, Some Intranational Evidence on Output Inflation Trade – offs, Macroeconomic Dynamics, 3, 187 – 203.

③ Kiley, Michael T. , 2000, Endogenous Price Stickiness and Business Cycle Persistence, Journal of Money, Credit, and Banking, 32, 28 – 53.

④ Laxton, Douglas, Meredith, Guy, Rose, David, 1995, Asymmetric Effects of Economic Activity on Inflation: Evidence and Policy Implications, International Monetary Fund Staff Papers, Vol. 42, No. 2.

⑤ Dotsey, Michael, King, Robert G. , Wolman, Alexander L. , 1999, State – Dependent Pricing and the General Equilibrium Dynamics of Money and Output, The Quarterly Journal of Economics, Vol. 114, No. 2, pp. 655 – 690.

⑥ Veirman, Emmanuel De, 2007, Which Nonlinearity in the Phillips Curve? The Absence of Accelerating Deflation in Japan, Reserve Bank of New Zealand Discussion Paper Series 2007/14.

所不能解释的，他使用包括 Lucas（1973）、BMR（1988）、DKW（1999）等在内的多种方法构造了四类变斜率短期菲利普斯曲线，结果相比固定斜率的菲利普斯曲线而言均更好地解释了日本没有进入大幅通缩的现象。Ball 和 Mazumder（2010）[①] 运用美国 1960～2007 年历史数据估计的菲利普斯曲线来对 2008～2010 年的通胀进行预测，发现预测的通胀水平要比实际通胀水平下降更快。他们通过对菲利普斯曲线进行两处修订来解决这个问题：一是使用通胀中值来度量核心通胀率；二是允许菲利普斯曲线斜率跟随通胀水平和方差的变化而变化，结果显示修订后的方程的拟合程度明显改善。Hatzius、Phillips、Stehn 和 Wu（2012）[②] 的最新研究再次强调了菲利普斯曲线（通胀与失业率）的扁平化问题，用可变系数方程进行模拟后发现，1985 年以来美国菲利普斯曲线斜率绝对值在不断下降。

对于中国通胀—产出的动态变化，近年来国内也有不少学者进行了一些研究探索。刘树成（1997）[③] 把中国改革开放后 1982—1996 年的数据分三个阶段，并对基于"失业—物价"的菲利普斯曲线在我国的陡峭型变形进行了研究。陈乐一（2006）[④]、黄启才（2012）[⑤] 发现，中国的菲利普斯曲线具有显著的机制转移特征，在不同的经济周期阶段下，通胀与产出缺口间具有不同的关系。耿强、付文林和刘荃（2011）[⑥]

[①] Ball, Laurence, Mazumder, Sandeep, 2011, Inflation Dynamics and the Great Recession, Brookings Papers on Economic Activity, 42.

[②] Hatzius, Jan, Phillips, Alec, Stehn, Jari, Wu, Shuyan, 2012, A Flatter and More Anchored Phillips Curve, Goldman Sachs Economics Research No. 12/45.

[③] 刘树成：《论中国的菲利普斯曲线》，载《管理世界》，1997（6）。

[④] 陈乐一：《论中国菲利普斯曲线与经济周期阶段》，载《山西财经大学学报》，2006（5）。

[⑤] 黄启才：《我国菲利普斯曲线的非线性与体制转移特征分析》，载《金融理论与实践》，2012（8）。

[⑥] 耿强、付文林、刘荃：《全球化、菲利普斯曲线平坦化及其政策含义——中国数据的实证分析》，载《学海》，2011（2）。

根据新凯恩斯主义框架，实证分析了中国菲利普斯曲线的新变化，结论认为随着开放程度的不断加深，通胀与产出之间的短期替代性在下降。姜梅华（2011）[1] 应用平滑迁移方法对中国菲利普斯曲线进行了实证检验，结果证实中国确实存在菲利普斯曲线的非线性特征，通胀对产出缺口的斜率在通胀预期值超过 2.6% 时比通胀预期值低于 2.6% 时低。纪尚伯（2012）[2] 结合新凯恩斯混合菲利普斯曲线模型的实证检验结果表明，1978 年以来中国菲利普斯曲线呈现明显的阶段性与动态性，产出与通胀的弹性系数经历了由小变大再变小的变化。王金明（2012）[3] 考虑到产出波动与物价波动时间上的不同步性，构造了一个简单可变系数的菲利普斯曲线，发现 1994 年以来中国产出缺口对通胀的弹性基本呈下降趋势，即菲利普斯曲线逐渐变得平缓，表明产出缺口对通胀率的影响越来越小。尽管如此，上述关于中国菲利普斯曲线的研究都未对其背后的微观理论基础进行深入剖析，且缺乏对各种时变性菲利普斯曲线的对比分析和系统性研究，本章的研究试图弥补上述不足。

二、产出—通胀关系的实证考察之一：传统菲利普斯曲线的估计

（一）对中国传统菲利普斯曲线的估计

我们将先结合中国的数据，对基于产出缺口的传统菲利普斯曲线进行初步估计[4]，从而为稍后的时变性菲利普斯曲线的实证改进提供基

---

① 姜梅华：《非对称的"产出—价格"菲利普斯曲线机制研究》，载《求索》，2011（4）。
② 纪尚伯：《中国菲利普斯曲线的动态变化研究》，载《统计与决策》，2012（14）。
③ 王金明：《我国通货膨胀决定因素的计量分析》，载《统计研究》，2012（4）。
④ 我们未使用基于失业率的菲利普斯曲线的主要原因是，由于中国失业率数据质量等问题，其数值缺乏足够波动性，以此估计的菲利普斯曲线很不理想。因此，现实中使用失业率构建中国菲利普斯曲线的实证研究并不多见。

础。在传统菲利普斯曲线的估计过程中，关于通胀预期的选择，国内外大多采用的是适应性预期，而不是理性预期。理性预期在技术上往往难以操作，而且郭凯等（2013）的最新实证研究表明中国 CPI 通胀率的适应性预期特征强于理性预期特征[1]。因此，本文也采用适应性通胀预期，其菲利普斯曲线方程的一般形式如下：

$$\pi_t = \sum_{i=1}^{n}(a_i\pi_{t-i}) + \sum_{j=0}^{m}(b_j\mathrm{gap}_{t-j}) + c \qquad (9.1)$$

其中，π_t 为 t 期通胀率，$\sum_{i=1}^{n}(a_i\pi_{t-i})$ 衡量的是适应性通胀预期，gap_t 为 t 期的产出缺口，a_i、b_j、c 为对应的变量系数。

本节选用消费者物价指数（CPI）作为衡量中国通胀的指标，实际 GDP 作为衡量中国经济（或产出）增长的指标。从走势上来看（见图 9.2），我们可以初步发现 1998 年以来我国 CPI、GDP 同比增速以及产出缺口（GDP_GAP）之间存在较为明显的正相关关系[2]。我们用 1998 年第一季度至 2014 年第二季度的数据进行回归，并对比了选取不同滞后项及常数项的多个菲利普斯曲线方程的回归结果（见表 9.1），综合考虑系数显著性及整体估计效果等统计指标[3]，最终结果显示表 9.1 中的方程 b 拟合度相对较好，CPI 的滞后 1、2 期项及 GDP_GAP 的滞后 1 期项对当期 CPI 的解释度（调整后的 R^2）达到 88.1%[4]。因此，我们

---

① 郭凯、艾洪德、郑重：《通货膨胀惯性、混合菲利普斯曲线与中国通货膨胀动态特征》，载《国际金融研究》，2013（2）。

② 产出缺口 GDP_GAP 采用实际 GDP 同比增速对其趋势值之差计算得到。其中，趋势值采用 HP 滤波法计算，Lambda 选取 1600。此外，若将产出缺口定义为实际产出相对于潜在产出的百分比偏差，回归得到的产出缺口系数均不显著，其统计和经济意义都不十分理想。

③ 表 9.1 仅列举了其中具有代表性的 5 个方程：方程 a 包含 CPI 的滞后 1—3 期项、产出缺口滞后 1 期项和常数项；方程 b 包含 CPI 的滞后 1—2 期项、产出缺口滞后 1 期项和常数项；方程 c 包含 CPI 的滞后 1—2 期项、产出缺口滞后 1 期项；方程 d 包含 CPI 的滞后 1 期项、产出缺口滞后 1 期项和常数项；方程 e 包含 CPI 的滞后 1—2 期项、产出缺口滞后 1—2 期项和常数项。当然还有其他形式，计量结果更不尽如人意，文中未再一一列举。

④ 感谢王苏阳对本部分数据更新所作的贡献。

确定的传统菲利普斯曲线方程的基本方程形式如下：

$$CPI_t = C_1 CPI_{t-1} + C_2 CPI_{t-2} + C_3 GDP\_GAP_{t-1} + C_4 \qquad (9.2)$$

其中，CPI_t 为 t 期我国消费者物价指数同比增速[①]，GDP_GAP_{t-1} 为 t 期的产出缺口。从表9.1中方程 b 的结果来看，滞后1期的产出缺口每扩大1个百分点，将使中国即期的 CPI 同比增速提高0.229个百分点。

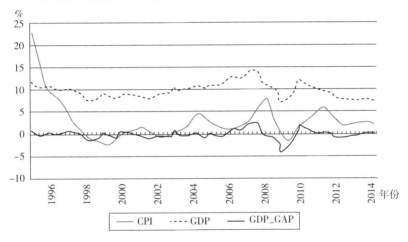

注：图中 CPI、GDP 指的都是同比增速。

数据来源：根据 CEIC 及笔者计算结果绘制。

图 9.2　1995 年以来中国的 CPI、GDP 增速及产出缺口

表 9.1　　　　　　　　　　　　传统菲利普斯曲线的估计结果

1998Q1 至 2014Q4	a	b	c	d	e
CPI （-1）	1.211 *** (0.133)	1.265 *** (0.126)	1.371 *** (0.128)	0.806 *** (0.052)	1.264 *** (0.127)
CPI （-2）	-0.242 (0.201)	-0.455 *** (0.116)	-0.470 *** (0.123)	…	-0.466 *** (0.118)

———————————

① 我们同时尝试了同比以及环比数据，发现同比数据的建模效果相对更好，故最终选用 CPI 的同比数据。

续表

1998Q1 至 2014Q4	a	b	c	d	e
CPI（-3）	-0.175 (0.135)	…	…	…	…
GDP_GAP（-1）	0.158 (0.126)	0.229 ** (0.114)	0.132 (0.115)	0.463 *** (0.108)	0.177 (0.148)
GDP_GAP（-2）	…	…	…	…	0.079 (0.142)
C	0.419 *** (0.139)	0.393 *** (0.138)	…	0.417 *** (0.153)	0.417 *** (0.146)
R-squared	0.889	0.886	0.871	0.858	0.887
Adjusted R-squared	0.882	0.881	0.867	0.853	0.879
S. E. of regression	0.826	0.830	0.875	0.920	0.835

注：本表括号内数值为相应回归系数的标准差；***、**、* 分别表示应在99%、95%、90%的置信度下拒绝系数显著为零的 t 检验原假设。表中"…"表示对应的方程无此参数设置。

（二）国际金融危机后通胀对产出更敏感了吗

上述对传统菲利普斯曲线的估计，是基于中国通胀—产出关系长期以来保持基本稳定的假设。但事实上，此次国际金融危机以来中国的通胀—产出关系可能已经出现不稳定的苗头。为验证上述传统菲利普斯曲线的稳定性，我们有必要对其进行断点检验。由于国际金融危机期间中国推出非常规的刺激政策，产出、物价、外贸、汇率等宏观指标基本都是在2009年第一季度前后发生了一些拐点性的重要变化，因此我们初步假设2009年第一季度为结构性断点并对此进行验证。表9.2的 Chow 断点检验结果显示，F 值、对数似然比、Wald 值等各个检验统计量均表明，应在95%的置信度下拒绝原假设，说明模型参数不具有超样本特性，回归方程在断点前后有显著差异。这也在实证上表明2009年第一季度后中国通胀—产出的关系确实发生了显著变化。

表 9.2   **Chow 断点检验结果**

Null Hypothesis：No breaks at specified breakpoints

F - statistic	3. 1599	Prob. F（4，58）	0. 020
Log likelihood ratio	13. 012	Prob. Chi - Square（4）	0. 011
Wald Statistic	12. 640	Prob. Chi - Square（4）	0. 013

以 Chow 断点检验为基础，我们将样本期分为 1998～2008 年与 2009～2014 年两个子样本分阶段进行回归（表 9.3 的方程 a），回归结果显示两阶段的拟合度都相对不分阶段（表 9.1 中的方程 b）的拟合度有所提高，但危机后产出（缺口滞后 1 期项）的系数并未如我们图 9.1 所预料的那样增加，反而大幅减少；增加虚拟变量①后的检验结果（表 9.3 中的方程 b）也类似。究其原因，一方面可能是后一阶段样本数相对较少，不能充分反映宏观变量之间的相互关系；另一方面，也可能是表 9.3 中的方程 a 和方程 b 中产出缺口使用的是滞后 1 期项而非图 9.1 所示的即期项，因此在 CPI 两期滞后项的影响之下，未能全面反映出通胀与产出的真实关系。为此，我们也针对分阶段的方程进行优化（表 9.3 中的方程 c），发现仅包含 CPI 滞后 1 期项及产出缺口即期项的不变系数菲利普斯曲线②表现出了与我们预期（如图 9.1 所示的危机后通胀对产出缺口变化的弹性更大）相一致的变化。

表 9.3   **各种分阶段的菲利普斯曲线回归结果比较**

自变量	a		b	c	
	1998～2008	2009～2014	1998～2014	1998～2008	2009～2014
CPI（-1）	1. 082 *** （0. 153）	1. 449 *** （0. 237）	1. 249 *** （0. 222）	0. 883 *** （0. 052）	0. 672 *** - 0. 075

① 表 9.3 的方程 b 中 DU_GDP_GAP 为复合虚拟变量，其计算公式为 Dummy × GDP_GAP。其中，Dummy 为简单虚拟变量，1998～2008 年各期设置为 0、2009～2014 年各期设置为 1。

② 回归方程为：$CPI_t = C_1 CPI_{t-1} + C_2 GDP\_GAP_{t-1} + C_3$。

续表

自变量	a		b	c	
	1998~2008	2009~2014	1998~2014	1998~2008	2009~2014
CPI（-2）	-0.276 * (0.148)	-0.705 *** (0.166)	-0.516 *** (0.164)	···	···
GDP_GAP	···	···	···	0.576 *** (0.126)	0.676 *** (-0.108)
GDP_GAP（-1）	0.527 *** (0.147)	0.002 (0.208)	1.393 *** (0.577)	···	···
DU_GDP_GAP（-1）	···	···	-1.320 ** (0.519)	···	···
C	0.266 * (0.145)	0.759 * (0.390)	0.869 ** (0.345)	0.185 (0.150)	1.054 *** (0.253)
Adjusted R - squared	0.895	0.885	0.912	0.886	0.900
S. E. of regression	0.811	0.691	0.606	0.847	0.645
Log likelihood	-51.135	-20.887	-17.345	-53.551	-19.946
F - statistic	123.716	54.994	55.363	168.305	95.692
Akaike info criterion	2.506	2.262	2.031	2.570	2.086
Durbin - Watson stat	2.381	2.353	2.264	1.678	1.564

注：a 为式（9.2）的分阶段回归结果；b 为在式（9.2）基础上添加虚拟变量 DU_GDP_GAP
后的全样本回归结果；c 为方程 $CPI_t = C_1 CPI_{t-1} + C_2 GDP\_GAP_{t-1} + C_3$ 的分阶段回归结果。表中，
括号内数值为相应回归系数的标准差；$***$、$**$、$*$ 分别表示在99%、95%、90%的置信度下
拒绝系数显著为零的 t 检验原假设。"···"表示对应的方程无此参数设置。

　　无论如何，上述各个回归结果不尽一致的结果似乎表明，简单的
分阶段研究也许并不能充分反映危机后我国通胀—产出关系动态变化
的复杂性，也不能完全克服危机后样本点过少的内在缺陷[①]。因此，十

----

①　由于数据可得性的限制，此处的分析可能存在自由度偏低的缺陷。尽管如此，对分阶段
菲利普斯曲线的估计是本文分析思路的起点。随着未来可得数据的增加，分阶段估计传统菲利普
斯曲线这一问题或许值得今后更加深入的考察。

分有必要做进一步深入探索分析，考虑引入具有微观经济学理论基础的，且能克服分段研究中样本点分布不均等缺陷的时变性菲利普斯曲线。

三、产出—通胀关系的实证考察之二：时变性菲利普斯曲线的探索

（一）时变性菲利普斯曲线的微观基础

关于通胀—产出关系动态变化的微观基础，往往是运用新凯恩斯主义的基本理念进行阐述的，其推导过程一般都比较复杂。大量理论与实证研究都是以 BMR（1988）模型为工作母机和分析起点。下面我们在借鉴该理论的基础上[①]，简要地探讨在不同的通胀环境下，厂商定价机制的变化及其对传统菲利普斯曲线的影响。该逻辑机理类似于Taylor（1980）[②] 和 Blanchard（1982，1985）[③] 的研究，我们假设时间是连续的，经济中的厂商处于不完全竞争状态，由于价格调整是有成本的，因此厂商不定期（而不是连续）地进行定价调整。但与 Taylor（1980）等的主要区别在于，BMR（1988）模型中厂商进行价格调整的时间间距是内生的，即为应对各种冲击，调价的频率是内生的。下面我们着重研究厂商价格调整行为的决定因素及其对通胀—产出动态关系的影响。

为了简化，我们考察一个有代表性的厂商 i 的行为。与通常的采用

---

① 本节列出了有关模型的核心推导过程，这有助于理解微观基础相关内容以及其如何影响菲利普斯曲线的逻辑关系。

② Taylor, John B. , 1980, Aggregate Dynamics and Staggered Contracts, Journal of Political Economy, Vol. 88, pp. 1 – 23.

③ Blanchard, Olivier J. , 1982, Price Desynchronization and Price Level Inertia, NBER Working Paper No. 900. Blanchard, Olivier J. , 1985, "The Wage Price Spiral", NBER Working Paper No. 1771.

成本和需求函数得到利润函数的做法不同的是，本文假设厂商 i 的利润水平简单地取决于三个变量：经济中的总支出 y，厂商 i 的相对价格 $p_i - p$，以及厂商 i 面临的外部冲击 θ_i（所有变量都是对数形式）。其中，总体价格水平 p 简单地定义为经济中所有厂商定价的平均值。总支出 y 通过移动厂商 i 所面临的需求曲线来影响其利润，即当总支出增加时，该厂商可以在既定的相对价格出售更多产品。$p_i - p$ 则是通过决定该厂商在需求曲线的实际位置来影响其利润。θ_i 表示来自需求或者成本方面的特殊冲击。

假定厂商 i 利润最大化的实际价格 $p_i^* - p$ 相对于 y 的弹性为正的常数 v。不失一般性，假定 $p_i^* - p$ 对 θ_i 的弹性为 1，且 θ_i 的均值为 0。于是，厂商利润最大化时的实际价格为[①]

$$p_i^*(t) - p(t) = v[y(t) - \bar{y}(t)] + \theta_i(t) \quad v > 0 \qquad (9.3)$$

其中，$\bar{y}$ 是产出的自然增长率。

1. 调价时距 λ 保持不变时的情形

假设厂商根据利润最大化原则预先设定了一个初始价格，但后来遇到某外部冲击（如货币供给冲击）后并没有及时调价。具体地，$\phi(\cdot)$ 表示厂商的利润，它是厂商定价的函数；p_i 是厂商 i 预先设定的初始价格，p_i^* 是使其利润最大化的定价（如果遇到冲击后厂商及时调价）。运用泰勒级数展开，我们可以近似得到不及时调价的厂商利润损失函数：

$$\phi(p_i^*) - \phi(p_i) \approx \phi'(p_i^*)(p_i^* - p_i) - \frac{1}{2}\phi''(p_i^*)(p_i^* - p_i)^2$$

$$(9.4)$$

---

① 事实上，式（9.3）来源于有关效用函数和生产函数的推导结果。关于其更深层次的微观基础，请详见 Ball, Laurence, and Romer, David, 1987, The Equilibrium and Optimal Timing of Price Change, NBER Working Paper No. 2412。

由于 p_i^* 是利润最大化的定价，因此 $\phi'(p_i^*) = 0$。于是，利润损失函数式（9.4）演变为

$$\phi(p_i^*) - \phi(p_i) \approx -\frac{1}{2}\phi''(p_i^*)(p_i^* - p_i)^2 \qquad (9.5)$$

毫无疑问，如果价格调整是完全无成本的，厂商 i 将在任何时候都会将价格设定为 $p_i = p_i^*$。但现实并非如此，由于调价成本（"菜单成本"）的存在，使得厂商仅在 λ 的时间间距才调整一次价格。假设每次调价的固定成本为 F，于是每单位时间的调价成本为 F/λ。厂商 i 在时点 t 设定价格，它将选择合适的价格水平和调价时距 λ，从而在该定价区间内（从 t 到 $t+\lambda$）实现平均利润最大化。厂商利润最大化等价于其利润损失最小化，具体地，也就是以下两方面损失的最小化：一是调价的固定成本；二是实际定价偏离其利润最大化定价所造成的利润损失，即式（9.5）所示。为了简化，令 $K = -\phi''(p_i^*)$，于是厂商 i 每单位时间的损失为

$$L = \frac{F}{\lambda} + \frac{1}{\lambda}\frac{1}{2}K\int_{E=0}^{\lambda}E_t[p_i^*(t+s) - p_i]^2\mathrm{d}s \qquad (9.6)$$

2. 求解均衡的调价时距 λ

接下来，我们可以来推导厂商价格调整之间的均衡时距 λ^E。假设初期经济中其他厂商选择的调价时距为 λ，而厂商 i 选择的调价时距为 λ_i。厂商 i 的损失函数 L 将同时受到 λ_i 和 λ 的影响，后者之所以重要是因为它决定了整体价格行为。将 $L(\lambda_i, \lambda)$ 最小化即其对 λ_i 进行一阶求导：$\partial L(\lambda_i, \lambda)/\partial\lambda_i = 0$。最终，$\lambda_i$ 和 λ 将实现对称的纳什均衡，即意味着 $\lambda_i = \lambda$，则有

$$\left.\frac{\partial L(\lambda_i, \lambda^E)}{\partial\lambda_i}\right|_{\lambda_i = \lambda^E} = 0 \qquad (9.7)$$

换言之，当 λ 达到最终均衡时，必然是经济中各厂商都选定调价时距为 λ 时，也即厂商 i 根据其自身利益选定调价时距为 λ 时。然后，

将式（9.3）的 p_i^* 代入式（9.6）后，再一并代入式（9.7）。最后，通过数值计算，即可解出均衡的 λ 值（由于难以直接得到方程的解析解，因此采用数值求解来替代解析求解，即通过不断地猜测和尝试选择 λ 的数值，并逐步代入式（9.7），直至该导数趋近于零为止）[1]。其结果表明，在平均通胀较高的时期，以利润最大化为目标的厂商往往会缩短时距 λ 来迅速调整（上涨）价格，从而获得频繁调价的收益。这表明，在平均通胀率较高的时期，厂商的频繁调价行为使得菲利普斯曲线更加陡峭，价格对总需求及其产出的变化将更加敏感。类似地，数值计算的结果还表明，在其他冲击较为剧烈的时期（如通胀的方差较大时），由于实现未来利润最大化的价格是高度不确定的，厂商也不愿意将价格固定太长时间，菲利普斯曲线也因此更加陡峭。

（二）时变性菲利普斯曲线的估计

根据断点检验以及分阶段回归的结果，让我们有理由相信中国通胀—产出的关系及菲利普斯曲线的斜率可能不是保持线性稳定的。结合上述时变性菲利普斯曲线的微观基础，下面运用中国的数据进行验证，我们将分别考察两类时变性费利普斯曲线：一是基于平均通胀变化的变斜率菲利普斯曲线；二是基于通胀波动性变化的变斜率菲利普斯曲线。

1. 时变性菲利普斯曲线之一：基于平均通胀的变化

本节重点考察通胀—产出的关系是否会随着通胀平均趋势或者通胀的波动性而发生变化。参照 Veirman（2007）的做法，我们对传统菲利普斯曲线进行修订，建立变斜率的菲利普斯曲线模型。首先，假设通胀—产出的斜率是动态变化的，并取决于近期通胀水平，建立基于平均通胀变化的时变性菲利普斯曲线回归方程：

---

① 具体的求解过程可详见 BMR（1988）一文的附件。

$$CPI_t = C_1 CPI_{t-1} + C_2 CPI_{t-2} + C_3 \overline{\pi}_t GDP\_GAP_{t-1} + C_4 \quad (9.8)$$

其中，$\overline{\pi}_t$ 为 t 期的趋势通胀或者说平均通胀率，即通过对过去一段时间的 CPI 进行几何加权平均得到，计算公式如下：

$$\overline{\pi}_t = \frac{1-\theta}{\theta - \theta^{J+1}} \sum_{j=1}^{J} \theta^j CPI_{t-j} \quad (9.9)$$

$\overline{\pi}$ 相当于按衰减率 θ 对过去 J 个季度的 CPI 进行加权平均，综合考虑我国通胀周期及物价的滞后性，我们设定 $\theta = 0.85$，$J = 12$，[1] 以全面反映最近一段时间的整体通胀水平。显然，$\overline{\pi}$ 相对于 CPI 的走势更为平滑和稳定。

用 1998 年第一季度至 2014 年第二季度的数据对方程（9.8）进行回归，结果显示方程（9.8）的拟合程度较不变斜率的方程更好（见表9.4）：各回归系数 t 检验更显著，对数似然值更大，AIC、SC、HQC 等统计量更小，DW 统计量也更接近于残差序列无自相关性的推断。CPI 滞后 1、2 期项及 GDP_GAP 滞后 1 期项对当期 CPI 的解释度（调整后的 R^2）也有所提高。

表 9.4　传统与时变性（基于平均通胀变化）的菲利普斯曲线比较

1998Q1 至 2014Q2	传统菲利普斯曲线	时变性菲利普斯曲线 （基于平均通胀变化）
CPI（−1）	1.265 *** (0.126)	1.239 *** (0.129)
CPI（−2）	− 0.455 *** (0.116)	− 0.425 *** (0.120)

----

① $\theta = 0.85$，$J = 12$ 可以使 $\overline{\pi}_t$ 反映过去 3 年的通胀水平，超过了平均通胀周期的一半，而且过去一年 CPI 的权重超过 50%。我们也对比了 Veirman（2007）研究中使用的 $\theta = 0.93$，$J = 71$ 和 $\theta = 0.9$，$J = 20$ 两种参数设置，结合中国的数据来看，这两种设置反应周期都太长，权重衰减相对较慢，造成近期通胀在 $\overline{\pi}_t$ 中的影响不明显。

续表

1998Q1 至 2014Q2	传统菲利普斯曲线	时变性菲利普斯曲线（基于平均通胀变化）
GDP_GAP（−1）	0.229 ** （0.114）	0.175 ** （0.038）
C	0.393 *** （0.138）	0.400 *** （0.137）
Adjusted R − squared	0.881	0.882
S. E. of regression	0.830	0.825
Log likelihood	− 79.296	− 78.837
F − statistic	160.701	163.040
Akaike info criterion	2.524	2.511
Durbin − Watson stat	2.181	2.084

注：括号内数值为相应回归系数的标准差；*** 、** 、* 分别表示应在99%、95%、90%的置信度下拒绝系数显著为零的 t 检验零假设。传统菲利普斯曲线选取的是表9.1 中方程 b。时变性菲利普斯曲线选取的是基于平均通胀变化的回归方程（9.8），其中，GDP_GAP（−1）的回归系数为方程（9.8）中 $C_3 \bar{\pi}_t$ 的平均值，所附标准差为 C_3 的标准差。

从图9.3 可以明显看到，在时变性（基于平均通胀变化）的菲利普斯曲线中，CPI 对产出缺口的弹性系数[①]在1998 年后快速下降，至2000 年达到谷底后开始震荡回升，整体在 ［− 0.053，0.525］ 区间内动态波动。特别地，在2009 年第一季度后（即国际金融危机全面爆发之后）该系数虽然也有所起伏，但平均值约为0.266，明显高于传统菲利普斯曲线0.229 的固定水平（见图9.3）。这充分说明，中国 CPI 对产出缺口的弹性与平均通胀水平相关，且其弹性在国际金融危机全面爆发后显著提升。

---

① 该弹性系数即方程（9.8）中 GDP_GAP_{t-1} 的回归系数 $C_3 \bar{\pi}_t$，它随着 $\bar{\pi}_t$ 值的变化而动态变化。

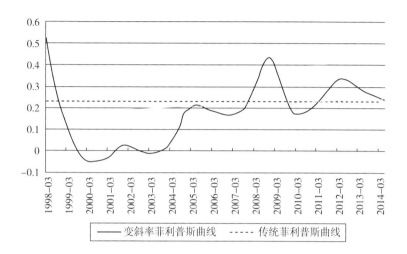

注：虚线表示的是传统菲利普斯曲线中产出缺口的不变斜率，实线表示的是时变性菲利普斯曲线（基于平均通胀水平变化）中产出缺口的可变斜率。

数据来源：根据笔者计算结果绘制。

图9.3　传统与时变性（基于平均通胀变化）菲利普斯曲线的产出缺口斜率比较

2. 时变性菲利普斯曲线之二：基于通胀波动性系数的变化

Lucas（1973）以及 BMR（1988）等的研究表明，通胀—产出弹性也可能取决于通胀的波动性而非通胀的绝对水平。为了保证本文研究的全面性和系统性，我们也尝试对这一结论在中国的适用性进行验证。具体地，我们用反映通胀波动性的指标来修正产出缺口的系数，建立基于通胀波动性变化的时变性菲利普斯曲线的回归方程如下。

$$\mathrm{CPI}_t = C_1\mathrm{CPI}_{t-1} + C_2\mathrm{CPI}_{t-2} + C_3\mathrm{var}_t(\pi)\mathrm{GDP\_GAP}_{t-1} + C_4$$

$$(9.10)$$

其中，$\mathrm{var}_t(\pi)$ 为 t 期的通胀波动率，通过按衰减率 θ 对过去一段时间趋势通胀率的离差平方进行加权平均估算，其计算公式如下。

$$\mathrm{var}_t(\pi) = \frac{1-\theta}{\theta-\theta^{J+1}}\sum_{j=1}^{J}\theta^j(\mathrm{CPI}_{t-j} - \overline{\pi}_t)^2 \qquad (9.11)$$

$\overline{\pi}_t$ 的计算方法如式（9.9）所示，其具体参数设置保持不变：$\theta = 0.85$，$J = 12$。

表 9.5　传统与时变性（基于通胀波动性变化）菲利普斯曲线比较

1998Q1 至 2014Q2	传统菲利普斯曲线	时变性菲利普斯曲线（基于通胀波动性变化）
CPI（-1）	1.265 *** (0.126)	1.396 *** (0.118)
CPI（-2）	-0.455 *** (0.116)	-0.559 *** (0.110)
GDP_GAP（-1）	0.229 ** (0.114)	0.028 (0.013)
C	0.393 *** (0.138)	0.338 ** (0.149)
Adjusted R - squared	0.881	0.873
S. E. of regression	0.830	0.855
Log likelihood	-79.296	-81.266
F - statistic	160.701	150.192
Akaike info criterion	2.524	2.584
Durbin - Watson stat	2.181	2.255

注：括号内数值为相应回归系数的标准差；*** 、** 、* 分别表示应在99%、95%、90%的置信度下拒绝系数显著为零的 t 检验零假设；不变斜率菲利普斯曲线选取表9.1中的方程 b；时变性菲利普斯曲线中 GDP_GAP（-1）的回归系数为方程（9.10）中 $C_3 \mathrm{var}_t(\pi)$ 的平均值，所附标准差为 C_3 的标准差。

我们用 1998 年第一季度至 2014 年第二季度的数据对方程（9.10）进行回归，VAR_LGAP 回归系数 t 检验不显著[1]，与不变系数的菲利普斯曲线相比，该时变性模型的拟合度也有所下降（见表9.5），说明中

———

① VAR_LGAP 为 $\mathrm{var}_t(\pi)$ 与 GDP_GAP 滞后 1 期项的乘积。

国 CPI 对产出缺口的弹性与通胀波动性之间的关系并不十分明显。因此，我们的实证结果并不支持通胀—产出关系随通胀波动性变化的微观定价机理。

3. 传统与时变性菲利普斯曲线的预测效果比较

基于上述两种时变性菲利普斯曲线回归结果，最终我们有理由选择基于平均通胀变化的方程作为中国时变性菲利普斯曲线的典型代表。进一步看，我们在样本区间内分别用传统和（基于平均通胀水平）时变性菲利普斯曲线进行预测并比较（见图 9.4）。结果显示：在有限的样本区间内，两种菲利普斯曲线预测效果总体相差不算太大，但时变性菲利普斯曲线的预测效果似乎更好，尤其在 2008～2009 年国际金融危机影响最为严重的时间里，由于平均通胀水平变化较为剧烈，利用时变性菲利普斯曲线形成的预测值反应似乎更为迅速，拐点更贴近通胀的真实值，其底部数值也与实际水平相仿，这些实证结果也与新凯恩斯主义的厂商定价微观机理相吻合。

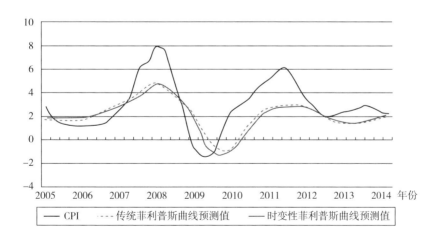

资料来源：根据笔者计算结果绘制。

图 9.4　传统与时变性菲利普斯曲线的预测效果比较

需要指出的是，对比上述预测结果的主要目的仅是比较传统与时变性菲利普斯曲线之间的区别。相比而言，时变性菲利普斯曲线能更好地解释我国通胀与产出的动态变化关系。当然，从图9.4的绝对预测效果看，无论是传统还是时变性菲利普斯曲线所预测的通胀水平，都与实际通胀水平存在一些差距，这可能是所有"简单菲利普斯曲线模型"[①] 均不能避免的。我们认为，研究菲利普斯曲线的主要意义不在于其对通胀的精准预测（更精准的通胀预测需要添加其他经济变量或者构造专门的通胀预测模型），而是大致衡量通胀与产出（或者就业）这两大宏观经济变量的相互替代关系，因此未来更精细化的建模分析可能是我们继续研究的方向。

四、小结

本章以估计传统菲利普斯曲线为研究起点，结合新凯恩斯主义的厂商定价微观理论基础，实证考察了中国产出—通胀关系的动态变化。这些都是分析货币需求时十分重要的因素。从研究结果来看，中国产出—通胀的关系并不一定是线性的。菲利普斯曲线的斜率可能随着平均通胀水平的变化而发生变化，具有明显的时变性。我们的研究从实证上支持新凯恩斯主义厂商微观定价理论的有关观点。具体地，在平均通胀水平高企的时期，厂商为了避免潜在损失并实现利润最大化，往往会增加调价（涨价）的频率。这时整体价格水平将相应加速抬升，菲利普斯曲线的斜率因此变得更加陡峭；相反地，在平均通胀水平较低的时期，厂商将降低调价频率，菲利普斯曲线将因此变得更加平缓。此外，尽管有微观基础表明，产出—通胀的关系也可能随着通胀的波

---

① 这里，"简单菲利普斯曲线"是指只含有通胀、产出（或者就业）两个基本变量及其变化项，而不含其他经济变量的最简化的菲利普斯曲线模型。

动性而发生变化，但我们对中国的实证研究并不支持该结论。

上述结论有着重要的现实意义和政策含义。一方面，它很好地解释了此次国际金融危机后，由于通胀水平高企引致菲利普斯曲线更加陡峭，从而使得中国的通胀对产出更加敏感；另一方面，该结论也预示着在物价低迷阶段，由于菲利普斯曲线的扁平化，持续的通缩可能会对产出造成破坏。因此，货币政策等宏观经济金融调控政策应与时俱进，注重产出—通胀非线性动态变化与当时通胀环境之间的关联，深入研究菲利普斯曲线斜率的时变性。特别地，在物价高企特别是严重通胀时期，应高度关注由于厂商调价行为引致的物价螺旋式上升；在物价低迷特别是通缩时期，则应充分考虑到物价对产出的潜在负面影响，从而合理加大宏观政策"逆周期"调控的力度，加强政策调整的前瞻性和有效性。

值得一提的是，在此次国际金融危机之前，全球经济处于严重的失衡状态，各主要国家的菲利普斯曲线都出现了明显的扁平化趋势。但实践证明，这种高增长—低通胀的状态是不可持续的。在国际金融危机的冲击下，各国的内外需结构正在进行重大调整，其产出增长方式以及通胀形成机理也可能会随之发生变化。特别地，对于转型中的中国而言，随着经济金融结构的变迁以及微观主体市场化推进，今后产出—通胀的关系也还可能处于不断变化的动态过程之中。结合更多可得的样本数据，未来我们仍有必要持续考察并权衡产出—通胀之间的关系，从而更好地为经济金融调控提供科学的决策依据。

第四部分

货币供求动态与经济结构

第十章　货币供求与产出—通胀动态：短期视角

在前两部分中，我们分别研究了货币供给和货币需求问题。在货币供给部分，分析了信用货币创造的渠道及其变化，解释了存贷差这一指标背后所反映的货币运行规律，并在一个更开放和宏观的框架内分析了离岸市场的货币创造及其与境内流动性之间的关系等。在货币需求方面，分析了潜在经济增速、货币替代以及产出—通胀的动态变化对货币需求的影响。我们发现，对总量问题进行结构化剖析有利于更清晰和深入地理解这些问题。因此在对上述问题的分析中，始终体现着结构化的思路和视角。从这一章开始，我们则试图将把货币供给和货币需求结合起来，从而能够在一个供给和需求互动的完整框架内来解释和分析相关问题。货币供求变化会直接影响流动性的状况，我们常说的流动性过剩、流动性不足以及流动性陷阱即直接对应着货币供求的不同状况。而流动性的变化又与经济增长、通货膨胀的变化紧密相连，深入研究各变量之间的交互影响及其动态，可以为理解我国的宏观经济运行提供一个全新视角的分析。

一、货币供求与流动性

我们从可以反映货币供求变化的流动性问题入手，作为研究货币与增长、通胀动态的起点。受我国经济长期处于大额双顺差格局、外汇大量流入影响，流动性过剩一度成为宏观经济领域最引人注目的问

217

题之一。不过，"流动性过剩"既是宏观经济理论与政策分析研究中最频繁使用的词汇之一，也是含义最为模糊不清的概念。到目前为止，有关流动性过剩（不足）的概念尚未形成统一的认识，对宏观意义上的流动性过剩（不足）的成因、衡量及其治理的很多讨论也难以经得起严谨的学术推敲，由于没有形成关于流动性统一和严谨的分析框架，从而形成对流动性过剩（不足）问题从不同角度各执一词、相互争论的局面。有人认为流动性仅包括货币，并主要从货币角度谈论这一问题，有的则强调由各类金融资产价值膨胀所形成的流动性问题。最为普遍的一种观点，将流动性过剩与国际收支双顺差下的货币供给相联系，认为在结售汇制度和人民币单边升值预期状况下，国际收支持续顺差导致货币过快投放，由此形成国内流动性过剩格局。不少人还以我国 M2/GDP 数值较其他国家明显偏高来印证货币偏多的观点。但这一观点显然也是有问题的。例如，在国际收支顺差大幅增长的 2003 年至 2008 年，我国 M2 相对 GDP 的增长是改革开放以来最慢的。2003 ~ 2008 年 M2/GDP 值基本平稳，甚至还下降了 0.06。相比而言，1979 年以来 M2/GDP 年均增长为 5.8%，其中 1979 ~ 2002 年均增长达到 6.5%。可见，我国 M2/GDP 高低及其增速与流动性水平进而物价变化之间并没有必然联系。从绝对增速上看，2003 ~ 2008 年我国 M2 增长年均保持在 17% 左右，与超过 10% 的经济增速以及历史上的货币增长情况相比较，这一增速也很难说过快。进一步看，如果观察金融机构贷款余额与 GDP 的关系，可以发现 2003 ~ 2008 年这一比率不升反降，已从 2003 年的 1.17 下降到 2008 年的 1.0，显示货币政策在抑制信贷过快增长方面取得了较好成效，从而与当时人们普遍认为信贷增长过快的结论相悖。显然，简单地以货币信贷增长过快来解释流动性过剩难以成立，货币信贷增长与流动性过剩之间似乎存在相悖之处，成为亟待解开的谜团。另一种比较流行的看法则认为，可以更广义地将流动性理解为全部金融资产和金融工具之和。但对金融资产、货币以及流动性过剩之间的关系却缺乏统一和严谨的论述。此外，还有观点认为可从利率水平衡量流动性充裕的程度，也有人以物价变化判断流动性水平，若物价出现上涨，就表明流动性偏多，反之反是。

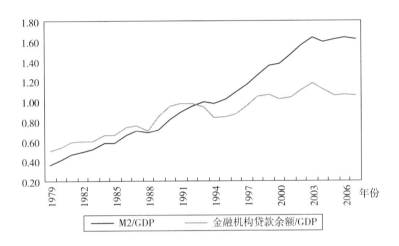

图 10.1　我国 M2、贷款余额占 GDP 比重的变化

由于对流动性过剩形成机理缺乏严谨和统一的分析框架，导致在对如何治理流动性问题的认识上更是意见不同。有的强调解决流动性过剩的关键在于抑制货币信贷过快增长，但反对者认为我国货币信贷增速相对经济增长并不算快；有的针对资产价格的大幅上升，提出应加快资产市场"扩容"以吸纳过剩流动性，而反对者则认为股票等非货币资产增长本身也构成流动性扩张，难以通过上述方式解决过剩流动性问题；还有学者提出流动性存在两极分布，应采取措施引导过剩流动性进入中西部以及农村等资金相对匮乏区域，但反对者则认为这一举措并不能减少货币总量，不可能因此而使流动性过剩问题得以治理。因此，亟待对我国流动性过剩之谜进行理论上的梳理，并建立逻辑一致的基本分析框架。

对流动性过剩的不同理解，彭兴韵（2007）做了比较全面的文献综述，这里不再赘述。我们认为，无论存在怎样的差异，理解流动性过剩仍不可脱离流动性概念的基本含义，而从基本含义理解流动性过剩也最易被各方所接受。在经济学理论中，流动性最基本的含义是指某种资产可以用来交换商品、服务或其他资产的容易程度及速度，也就是所谓变现能力。从这个基本定义出发，对宏观意义上的流动性过剩有两种可能的理解。一是具有流动性的资产总量过多，或者说供大于求，形成所谓"过剩"。但常识告诉我们，若某种商品或资产供大于求，则会造成价格下降。这样一来，与流动性过剩相伴随的应是全部资产价格的整体下降（如房地产、股票价格持续下跌），而这显然是不符合人们对流动性过剩问题的普遍认识。因此，流动性过剩描述的应是这样一种情形，即全部资产中具有高流动性的资产由于供大于求而形成过剩。流动性最高的资产莫过于货币，因此，流动性过剩可以理解为货币总量偏离均衡水平，出现货币供给大于货币需求的状况。在国内，余永定（2007）首先从货币供求关系的角度来定义流动性过剩现象。Polleit 和 Gerdesmeiet（2005）对流动性过剩的衡量大体代表了欧洲中央银行的看法，其基本方法也是测算实际货币量与估计的均衡货币量之间的偏差，当然其应用性很大程度上依赖于货币需求是否稳定。这样，对与流动性过剩相反的情景也就很好理解。流动性不足即指货币需求大于货币供给，从而出现流动性极高的货币供给不足的状况。这种状况推至极致，就会出现所谓"流动性陷阱"，也就是货币需求无限大，即使将收益率（利率）降到零，也无法改变人们对高流动性资产（货币）的强烈需求。

但是，仅从货币市场供求均衡角度出发，虽可对流动性过剩进行比较准确的界定，但尚不足以完整理解流动性过剩的表征与状态。而若要达到上述目的，还应将全部资产纳入进来做整体分析。在这方面，彭兴韵（2007）进行了有价值的探索，但仍存在不足之处。彭兴韵的贡献是将金融资产期限差异与流动性相联系，将流动性过剩理解为人们持有的短期资产超过了合意水平，而长期资产不足，并以此来解释与流动性过剩相伴随的资产价格大幅上涨以及收益曲线平坦化这两个典型现象。应当说，从金融资产的到期日界定流动性较之简单地以货币及资产总量衡量流动性更为深刻和准确，但也有明显的局限。例如，与流动性过剩相伴随出现价格持续上升的，不仅包括到期日相对较长的长期金融资产（如股票等），也包括难以用所谓到期日概念衡量的其他实物类资产，如黄金、石油、房地产等。而且，也很难说在流动性过剩情况下，期限越长的资产就越受偏好，而期限越短就越不被偏好。因此，以到期日长短来理解流动性过剩还不够全面和准确。我们认为，从资产组合分析决策（Portfolio Allocation Decision）的角度出发，将全部资产区分为货币和非货币性资产两类，可以更准确和全面地理解流动性过剩以及不足等现象。

我们的研究发现，所谓流动性过剩（不足）现象，实质是资产市场处于非均衡状态的一种表象，具体来看，就是货币市场与非货币市场"双失衡"同时存在。为说明这一点，我们借鉴 Abel 和 Bernanke（2005）给出的资产市场均衡思想，构建一个描述流动性过剩的简单框架。

我们假设社会总的资产需求等于社会所有经济个体资产需求的总和，即也等于全社会货币资产（M^d）和非货币资产需求（NM^d）的总和。有

$$M^d + NM^d = 名义总资产 \qquad (10.1)$$

接下来再看供给方面。全社会资产供给应等于货币供给（M^s）和非货币资产供给（NM^s）之和，有

$$M^s + NM^s = 名义总资产 \qquad (10.2)$$

我们将式（10.1）减去式（10.2），有

$$(M^d - M^s) + (NM^d - NM^s) = 0 \qquad (10.3)$$

式（10.3）将货币市场与非货币市场供求联系在一起。在式（10.3）中，货币市场非均衡与非货币资产市场非均衡之间具有对偶关

系。即若货币供给大于货币需求，也即 $M^d - M^s$ 小于零，则非货币资产市场必然出现需求大于供给，即 $NM^d - NM^s$ 大于零。反之则反是。只有当货币供给与货币需求相等时，货币市场和非货币资产市场才会同时达到均衡。显然，若货币供给大于货币需求，就会引起非货币资产因需求大于供给出现的价格上涨，这样，流动性过剩与非货币资产（如证券、黄金、房产等）价格上涨会同时出现，货币供求失衡越严重，非货币资产价格上涨就会越高，反之则反是。而这与我们在经济现实中观察到的现象是完全吻合的。货币市场与非货币市场之所以存在上述对偶变化关系，基于这样的经济机理：货币供给大于货币需求，意味着相对货币供给经济主体持有货币的意愿不足，人们更倾向于用货币购买非货币资产，超额货币供给（Excess Supply for Money）会涌向非货币资产市场，从而引起非货币资产需求上升，进而导致其价格上涨。

那么，为什么人们会更倾向于非货币性资产呢？总体来看，扣除风险贴水后的相对（预期）收益比较是决定人们资产选择和配置的主要因素。一般来说，货币相对收益较低时（即低利率环境）容易形成流动性过剩，因为这可能促使人们更多选择非货币资产，以增加资产总收益。但低利率条件并不必然形成流动性过剩，严格说，同样的利率水平，既可能对应流动性过剩，也可能对应流动性不足甚至是流动性陷阱。这其中的关键是经济主体对经济的预期。若普遍抱有繁荣和乐观预期，则人们会认为股票、房产、贵金属等价格会持续上涨，同时对非货币资产风险贴水的估计也会下降，从而降低货币需求，转而购买更多的非货币资产。在同样的利率水平下，若预期乐观，全社会会有更多的借贷、融资和交易行为，金融资产扩张会大大加快。反之，若全社会对经济预期发生转变，从乐观预期转而形成普遍悲观预期，那么人们对非货币资产价格上涨的信心会受到打击，转而倾向于变现能力最强的货币资产，此时货币的相对收益会大大增加，而股票、房产等非货币资产则可能出现集体抛售，货币需求增加与非货币资产价格下跌将同时出现，而这正是流动性不足的典型表现。由此我们发现，由于预期的变化，在同样的货币供给条件下，完全可能发生流动性过剩瞬间转变为流动性不足的状况。美国次贷危机就是十分典型的例子。在次贷危机爆发前，全球都在为流动性过剩担忧，但在以雷曼兄弟破产为标志的次贷危机全面爆发之后，美国金融市场立即出现流动性不足现象。这迫使美联储为维护金融体系稳定连续大幅降息，并采用TAF（短期贷款拍卖）、PDCF（一级交易商信用工具）及 TSLF（定期证券信贷工具）等多种方式直接向市场注入流动性。从本文的框架来看，美联储上述做法实质上就是在货币市场需大于供的情况下增加货币供给，以纠正货币市场失衡。根据式（10.3）可知，如果货币市场供求实现平衡，非货币市场也就会自然实现均衡。从这个意义上讲，联储的做法是避免非货币资产价格继续下跌、维护金融市场稳定的必然选择。当然也要看到，货币供给也具有内生性，货币增长不仅取决于央行的意愿，也在很大程度上受金融机构以及企业、个人行为的影响，只有借贷意愿都很强烈，货币供给才能较快增长，而这种借贷意愿主要是受到各方面对经济预期、未来收益以及风险判断的影响。次贷危机爆发以来，美联储连续 10 次大幅降息，联邦基金利率由 5.25%下降到 0 ~ 0.25% 的水平，并通过购买国债及机构债实行信贷宽松（Credit Easing）的货币政策。但金融市场贷款利率与 LIBOR 等价差一直比较高，显示出市场信心尚未恢复，对风险水平的判断依然较高。进一步看，若全社会对经济预期严重悲观，对流动性最强的货币资产高度偏好，货币需求在中央银行运用常规手段最大程度地扩大货币供给的努力下（将政策利率水平降至零，是货币当局运用常规手段扩张货币供给的极限）仍得不到满足，就会出现所谓"流动性陷阱"，因此，流动性陷阱实质上是流动性不足的一种极端状态。

综上可见，流动性变化的背后体现了货币供求的变化，而货币供求又与经济结构、物价变化等紧密相关，因此需要进一步拓展分析视野，把增长、通胀与货币供求、流动性变化纳入一个框架内进行分析。这也是下面要做的工作。在具体的研究上，我们采取了分时段的办法，分别研究了 2003 年之前、2003 年至 2008 年以及 2008 年国际金融危机爆发以来这几个时期。在这些不同的时期里，我国的货币、增长、通胀都表现出了不同的组合关系，显然，揭示这些现象背后的机理是宏观经济研究十分重要而又充满乐趣的课题。

二、1997～2003 年：从结构变化视角理解"货币消失"之谜

我国宏观经济运行的一系列引人注目的现象，集中在宏观经济三个最重要变量，即经济增长率、货币供给量与通货膨胀率的关系上，而它们之间的变动往往使传统的经典理论难以解释。改革开放后的大多数年份，我国出现了明显违背传统货币数量论的情况，即货币供应量增速显著高于经济增长率与通货膨胀率之和，出现所谓"超额货币供给"，这对传统货币需求函数的稳定性提出了挑战。而且，在财政下降的同时，快速的货币供给增长并没有带来严重的通货膨胀，这一独特现象被 McKinnon（1993）称为"中国之谜"。20 世纪 90 年代，一批经济学家曾用货币化思路解释上述问题（谢平，1996；易纲，1996；张杰，1997；世界银行，1996；McKinnon，1993；Yi，1991；Qin，1994；Girardin，1996），认为货币化过程稀释了大量货币，使其未能转化为通货膨胀。他们认为，随着货币化水平的提高，其对通货膨胀的抑制作用会逐渐降低，并且存在一个折点，过了这一点，货币供给量增长就会引起加剧的通货膨胀。易纲（1996）认为这一折点在 1985 年，这之后货币化进程会显著变慢，超额货币供给的主要后果是造成通货膨胀。谢平（1996）则认为折点在 1992 年，张杰（1997）认为折

点在 1988 年左右。

但是，即便以对货币化折点最晚（1992 年）的判断来看，中国经济在此之后也并未出现加剧的通胀现象，相反很快进入持续的通货紧缩时期。值得注意的是，虽然 1997 年之后至 2003 年新一轮经济上行周期启动前中国经济增长持续放慢，GDP 增长率、广义货币（M2）增长率以及通货膨胀率都处在改革开放后总体最低的水平上，但 M2/GDP 值却快速上升（从 1997 年的 1.22 上升到 2003 年的 1.93），1997～2003 年 M2/GDP 的年平均增速为 8.2%，比 1980～1996 年的增速（7.2%）高出一个百分点，同时消费物价指数一直在零附近波动，1998 年、1999 年和 2002 年都出现了通货紧缩。这使我们推测，1997 年之后，货币供给增加对经济增长的推动力量在下降，也就是说，我们需要相对更多的货币供给来推动经济增长，同时这些新增货币并未形成通货膨胀压力，货币供给量与物价水平之间出现了反常关系。我们分段检验了货币供给与经济增长之间的关系，在 1979～1996 年，M2 增长对 GDP 增长的边际贡献为 0.29，但在 1997～2003 年，其边际贡献则下降到 0.16。这一结果支持了上述判断。可以看出，90 年代中后期以来，中国宏观经济运行和"超额货币供给"表现出了新的特点：经济增长相对放慢，出现明显通货紧缩现象，但货币供给增加却相对加快。我们关心的是，相对增多的"超额"货币的去向，如何理解这种"货币消失"（missing money）问题以及上述一系列传统理论所难以解释的新现象。

"货币消失"及与其相联的对货币需求函数稳定性的讨论并不是新问题。S. M. Goldfeld（1976）最早关注了这一问题，发现在美国 1952～1973 年的季度数据中，实际货币量与货币需求函数预测量之间存在明显差距。在 Goldfeld 基础上，Gillian 和 Pak（1990）研究了联邦基金市场上可转换基金（Immediately Available Funds，IAFs）交易的发展与货币需求函数估计偏差的关系，探讨了 IAFs 是否是货币的问题。他们认为，大部分"消失"的货币存在联邦基金市场，另外小部分则与货币市场中其他金融技术的发展有关。Case M. Sprenkle（1993）关注美国货币供给中的"现金消失"问题（missing currency）。他发现，1986年，国内居民、商业机构以及地下经济所持有的美元现金量仅占全部美元现金总量的20%左右，其余部分主要在国外，由外国人持有。这些在外国的美元会同当地货币展开竞争，出现类似拉丁美洲"美元化"现象。John V. Duca（2000）研究了20世纪90年代出现的"M2消失"现象，发现M2变动与债券互助基金（bond mutual fund）流动的波动相伴随，认为这种现象可以通过将资产转换成本变动纳入货币模型的方法得以解释。有意思的是，上述"货币消失"现象主要表现为货币需求函数高估实际货币需求，与中国的情况相反，而且其分析主要集中在金融技术创新以及美元作为国际硬通货的性质上，显然不适宜拿来作为对中国情况的解释。

进入新世纪以来，中国的"货币消失"问题又开始引起关注。余永定（2002）指出，传统货币数量公式中的货币应当是狭义货币，不应当使用M2数据。而M2中包含的快速增长的居民储蓄存款成为释放货币增速高于GDP增速形成的通胀压力的最重要因素。余永定给出了M2/GDP增长的动态路径，发现经济增长速度和通货膨胀率与M2/GDP值呈反向关系，国民储蓄率与M2/GDP值则呈同向变化。余永定观点的突出之处是围绕M2/GDP动态变化建立了一个新的分析框架，但其使用了标准的宏观经济学方法，利用单部门动态方法以及菲利普斯曲线—奥肯定律等解释货币供应量、通货膨胀率以及经济增长之间的关系。现代宏观经济学揭示的是成熟市场体制的宏观经济运行规律，注重总量分析。单纯使用这种方法会忽视发展中国家经济发展以及体制转轨中结构变动对宏观经济的影响，这也使余永定在一些重要问题上缺少充分的解释力。另外，即使不使用M2而用M1代入传统货币数量公式，我国1979年以来M1增速也并未基本等于GDP增速与CPI之和，两者之间仍然有相当大的差异，"货币消失"问题并未得到解决。

伍志文（2003）则试图通过扩展货币形态的方法解释"中国之谜"。他认为传统的货币数量论建立在实体经济基础上，忽视了虚拟经济部门。而大量货币在资本市场以股票债券和金融衍生产品等形式积聚是导致货币供应量与物价关系反常变动的直接原因。这种分析方法也存在明显缺陷。一是可能夸大资本市场在"积聚"货币方面的作用。从我国经济发展和转轨过程看，房地产价格上涨和住房、教育、医疗等的货币化都会起到"吸收"货币的作用，并不仅仅是资本市场。近两年，资本市场疲软，股指大幅下滑，但"超额"货币供给量并未随之减少，也说明资本市场说的解释力并不强；二是混淆了概念。按伍志文的观点，货币形态包括股票债券和金融衍生产品等形式，"超额"货币供给中的很大部分以这些形式存在。但是，股票债券等在目前并未被纳入广义货币 M2 统计范围，因此仍然不能解释 M2 中的"超额"供给部分去向哪里。

本节则试图通过发展经济学方法来解释"中国之谜"及其在近几年出现的新变化，将此现象放入经济发展过程的更宽阔视野中观察，而不仅仅考虑货币和金融部门。利用结构变化的多部门模型分析"中国之谜"，在理论界仍是空白。我们发现，当把这一现象放入发展经济学的多部门结构变动模型中加以分析时，在 1997～2003 年出现的经济增长、货币供应量、币值变化情况及其内在决定机制都可以得到较好解释。

（一）模型：基本框架

近些年，发展经济学的一个重要发展是更多引入新增长理论的模型方法。但是，新增长理论的兴起并不等同于发展经济学的新发展。增长理论描述的是成熟市场体制下的情况，大多使用单部门模型；发展经济理论更多关注经济结构变化，强调多部门模型的应用（Ros，

2000）。在本文中，我们将结构变化的经济发展过程理解为一个专业化分工不断深化的过程。这种经济发展机制可以用杨格（A. Young）定理来描述。杨格（1928）发展了斯密定理，认为专业化分工是经济增长的源泉，但分工程度并不仅仅取决于市场范围。市场范围表现为购买力，购买力由生产率决定，而生产率由分工水平决定，因此分工一般地取决于分工自身，经济发展表现为分工自我繁殖、自我演进的过程。斯密（1876）曾指出，投资是发展分工的工具。如果将投资作为起点，那么上述过程就表现为"投资发展分工—分工提高生产率，扩大供给—供给创造相应需求—需求和市场规模扩大，促进分工发展"这样一个循环过程，经济在这个过程中实现报酬递增。因此，从古典发展经济理论观察，经济能否实现持续的内生增长取决于上述循环过程是否顺畅，而对经济发展中很多重要现象的解释也可以通过考察这一循环过程来进行。

分工发展和体制转轨过程集中表现为经济结构变化，新的分工领域和部门逐渐出现，经济结构不断调整。发展经济学研究发现，在此过程中结构约束（structural constraints）会对经济增长产生重要影响，Kalecki（1976）给出了一个结构约束的基本分析框架。而在中国，"结构约束"尤其突出并独有特点。为了说明这一点，我们从对投资和消费的分析入手。从支出法来看，GDP由投资、消费和净出口构成，其中投资与消费占有绝大多数份额。解释清楚投资和消费的变化机制，也就能够在很大程度上解释清楚中国经济增长的变化情况。

在计划经济体制下，中国经济的重要特点是蕴含着投资和消费的双冲动。投资的冲动一方面来源于国有产权的特点，另一方面来源于中国特有的社会分工协调机制。协调分工可以有三种机制：政府协调、市场协调和组织内协调。理论上讲，计划经济应当由中央政府集中协调社会分工网络的运转。但是由于激励和信息等原因，这种协调方式的交易费用相当高。因此，权力下放成为新中国成立后一系列政策调整和改革的核心内容，1978 年之后的改革也仍然是将放权让利作为突破口。从社会分工的角度看，放权的实质在于改变协调社会分工网络的方式，缩小由中央集中协调的分工网络的范围，发挥地方政府在协调本地经济网络中的作用。协调方式的变化促进了地区之间的竞争，推动了市场化发展（张维迎等，1998）；但也在全国形成了若干相对独立的经济网络。两种情况随之出现，一种情况是不同地区之间的地方贸易保护；另一种情况是在一个相对独立的经济系统中，地方政府会充分发挥协调和保护功能来促进经济增长，一方面表现为给当地企业创造和保护市场，另一方面则表现为多争取投资项目。这一体制成为中国地区之间出现过度投资和重复建设的重要原因。

消费者具有的消费冲动来源于公有制的规定性。樊纲（1994）指出，由于生产资料公有，劳动者天生具有与生产资料结合的权利，同时又不能拥有自己的私有财富，因为这会成为否定公有制的因素，这样国家就需要为劳动者提供全面的福利保障。由于劳动者不拥有财富也不存在财富在生命周期中的分配问题，因此其效用函数中不存在投资与消费之间的两难冲突，劳动者具有当期消费的冲动。

应当说，投资与消费的双冲动成为改革开放后推动中国经济高增长的重要力量。但是，这种力量是逐步减弱的，市场化的基本目标就在于消除这类"冲动"，一方面使投资主体在硬约束下做投资选择，另一方面消费者则需要在整个生命周期里做财富分配。值得注意的是，从改革发展历程看，投资行为与消费行为的变化并不平衡，总体看，投资体制改革相对消费改革而滞后。20 世纪 90 年代中期以后，住房、医疗、教育、养老等改革相继推出，其核心是原来由国家承担转变为由居民（主要是城市居民）个人逐步承担这些项目的消费支出。同一般消费品相比，这些"商品"的特点是需求价格弹性很低，货币支出额很高。这些改革措施推出后，居民消费冲动很快消失，倾向于以更多储蓄来为大额消费做准备。但投资"冲动"则带来了供给能力的相对过剩。尤其是 1992～1994 年，中国经历了投资快速增长时期，固定资产投资增速在 30%～62%。投资过快增长引起社会商品供给能力快速增长，但居民消费需求不断下滑，出现通货紧缩压力。

但是，通货紧缩压力并不是对所有社会商品与服务而言的。1997 年之后，我国经济出现了明显的"两部门问题"（国家发改委课题组，2004），一个是一般竞争性产品部门，面临的问题主要是"需求约束"，出现持续的通货紧缩；另一个是具有垄断性质或产品需求弹性很低的部门，其货币化"商品"主要在 90 年代中期以后出现，包括住房、医疗、养老、教育、水电燃料以及以股票等为代表的金融产品，其问题是"供给约束"，基本都出现持续的通货膨胀。在这个意义上，中国经济呈现出一种特殊的"二元"结构。

为分析方便，我们用 A 和 M 分别代表"需求约束"部门和"供给约束"部门。由于供给能力的快速增长，以一般竞争性产品为主的 A 部门可被视为完全竞争的市场形态。设 A 部门的生产函数为 $A = k_A L_A$，L_A 为劳动投入，k_A 为技术系数。通过解利润最大化，可以得到劳动投入的需求函数：$L_A = \dfrac{p_A}{w_A} A$，其中 p_A 为 A 部门产品的价格水平，w_A 为 A 部门雇佣劳动的工资率。

设 M 部门的生产函数为 $M = k_M L_M$，假设 M 部门是垄断竞争部门，可知该部门劳动投入的边际收益为

$$MRL_M = P_M k_M \left(1 - \frac{1}{\varepsilon}\right) \tag{10.4}$$

其中，P_M 是 M 部门商品价格，ε 为需求价格弹性的绝对值。M 部门生产的总成本为 $TC_M = w_M L_M$，其中 w_M 是 M 部门的工资水平。可知，M 部门边际成本为 w_M。垄断厂商会根据 $MR = MC$ 的原则做最优产量决策，可得

$$P_M = \left(\frac{\varepsilon}{\varepsilon - 1}\right) \cdot \frac{w_M}{k_M} \tag{10.5}$$

容易看出，M 部门产品价格 P_M 同需求价格弹性 ε 有密切关系，ε 越小，M 部门产品的市场定价将越高。

A 部门和 M 部门的产品都是消费者所需要消费的，因此两个部门之间存在相互需求。为简化分析，我们假定每个消费者的消费量都是相同的。这样，整个经济对 A 产品的总消费价值应为

$$P_A \cdot C_A = P_A c_{AA} L_A + P_A c_{AM} L_M \tag{10.6}$$

其中，C_A 产品 A 的总需求数量，c_{AA} 和 c_{AM} 分别是 A 部门和 M 部门一个代表性消费者 A 产品的消费量。假设每个消费者的工资（w）为其全部收入。一个代表性消费者会将工资中的一部分作为储蓄（以 s 代表，$s \geq 0$），其余则分别用来购买 M 和 A 商品。这样可以将式（10.6）进一步整理为

$$P_A \cdot C_A = (w_A - s_A - P_M c_{MA}) L_A + (w_M - s_M - P_M c_{MM}) L_M \tag{10.7}$$

相应地，整个经济对 M 产品的总消费价值为

$$P_M \cdot C_M = P_M c_{MM} L_M + P_M c_{MA} L_A \tag{10.8}$$

我们接着分析 A 部门总产出的决定。假设对 A 部门的总需求由对 A 商品的消费和投资需求构成，以 I_A 代表对 A 的总投资需求，有

$$A = C_A + I_A \tag{10.9}$$

将式（10.7）代入式（10.9），可得

$$A = (w_A - s_A - P_M c_{MA}) \frac{L_A}{P_A} + (w_M - s_M - P_M c_{MM}) \frac{L_M}{P_A} + I_A \tag{10.10}$$

为简化分析，假定 A 部门生产函数中 $k_A = 1$，则 $A = L_A$，有

$$L_A = (w_A - s_A - P_M c_{MA}) \frac{L_A}{P_A} + (w_M - s_M - P_M c_{MM}) \frac{L_M}{P_A} + I_A \tag{10.11}$$

解得

$$L_A = \frac{C_{AM}/P_A + I_A}{1 - w_A/P_A + s_A/P_A + P c_{MA}} \tag{10.12}$$

其中，$P = \dfrac{P_M}{P_A}$，是两部门价格水平之比；C_{AM} 为 M 部门消费者对 A 产品的需求总量。由式（10.12）可以看出，假定其他变量不变，A 部门投资增加、M 部门对 A 产品需求增加以及 A 部门实际工资率下降都有利于增加 A 部门的劳动就业量，从而增加该部门产出；相反，A 部门代表性消费者储蓄量增加、M 部门产品价格相对上升都将减少 A 部门的劳动雇佣数量，并进而使该部门产出减少。

我们利用图 10.2 来说明两部门经济的变化特点。图 10.2 描绘了 L_A 和 P 之间的关系。如果 A 部门的劳动就业量增加，由于 M 部门是垄断部门，M 产品是需求弹性很小，A 部门对 M 产品的需求量会相应加大，使 M 产品价格上升，因此 M 部门的供给线（MM 线）呈现出正斜率；另一方面，由式（10.12）可知 P 与 L_A 呈反向关系，这是因为随着 M 产品相对价格不断上升，在名义工资不变的情况下，A 部门消费者的实际收入会下降，但因为 M 产品需求弹性很小，即便价格上升人们也必须消费，因此在实际收入下降的情况下人们会选择减少对产品 A 的购买，从而导致 A 部门有效需求下降，进而引起劳动需求量减少。

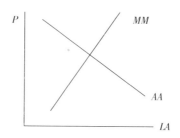

图 10.2　相对价格与劳动力需求

在上图描述的经济中，A 部门投资增加会导致 AA 线向右上方移动，投资效果被分解成两种效应：一是 A 部门劳动就业量（LA）增加；二是 M 产品相对价格上升。M 产品相对价格上升会使 A 部门消费者实际收入下降，抑制有效需求增加，从而抑制投资对就业的吸纳作用，A部门的产出增加进而也会受到影响。如果A部门的投资增加是由扩张性的财政政策或货币政策带来的，这些宏观调控政策的效果会因为上述两种效应的存在而打折扣。进一步看，投资对增加A部门就业和产出的作用取决于M产品供给的价格弹性（即MM线斜率），弹性越小，投资对A部门就业和产出的带动作用就越小。在一个极端情况下，当M产品供给的价格弹性为零，即MM线成为一条垂线时（见图10.3），投资对A部门就业和产出的推动作用会完全被M产品相对价格的上升所抵消。

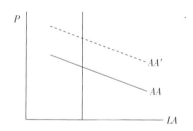

图 10.3　M产品价格零弹性时的情景

此时，在不考虑M部门产品价格上涨导致其可能对产品A增加需求的情况下，投资增加以及实行扩张性财政和货币政策都不会对A部门的产出与就业产生影响，此时如果部门A有失业，扩张性的宏观政策不能解决失业问题。而且，M产品价格相对上升后，由于供给无弹性，M产品供给量不会变化，劳动就业量不变，因此M部门每个就业者收入将上升，两部门劳动者收入差距会趋于扩大。

我们进一步考虑另一种特殊情况（见图10.4）。这种情况大多出现在可以产生泡沫经济的行业中，例如，房地产和股票。房地产和股票投资往往遵循"追涨杀跌"的规律，在泡沫崩溃之前，价格越高，需求反而越大，投入和占用的资本越多。这样，在图10.4的 P – LA 空间中，如果以MM线代表房地产和股票行业，它将为负斜率。因为当

M 产品相对价格不断上升时，会吸引 A 部门就业者将大量收入投入 M 产品市场，对一般性消费品 A 的购买量减少，A 部门有效需求减少，导致就业和产出量下降。在这种情况下，A 部门投资增加或者实施扩张性财政和货币政策不但不会改善 A 部门情况，反而会减少其就业和产出水平。可见，在本文给出的两部门经济形态中，传统凯恩斯宏观调控政策的传导机制会发生变化，政策效果会由于两部门经济的存在而减弱，甚至出现无效和负效果的情况。

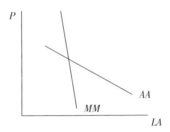

图 10.4　*MM* 线呈现负斜率时的情景

（二）"两部门陷阱"与"货币消失"

在进一步解释"货币消失"与相关宏观经济现象之前，首先借助经验研究观察中国经济增长机制在改革开放以来出现的一些变化，然后借助"两部门"模型对这种变化进行解释，并探讨其与"货币消失"现象的关系。我们通过杨格（1928）提出的经济自我循环的内生增长思想来考察这种变化，观察供给创造需求能力的变化情况。

我们以固定资产投资增长来代表社会供给能力增加的情况，以居民消费增长代表社会最终消费的变化情况。如果经济运行中存在杨格定理描绘的自我演进机制，那么上述两变量间应当具有一定的因果关系。在使用数据时，本文选择了固定资产增长率和居民消费增长率的名义值，这样有利于将货币流因素考虑在内。

我们利用格兰杰因果检验（Granger，1969）来考察投资与消费变动之间的因果关系。进行格兰杰因果检验的前提是两个时间序列必须都是平稳的，对变量的平稳性检验（ADF 检验结果见表 10.1）显示，固定资产投资增长率和居民消费增长率时间序列均为非平稳序列，但对它们进行一阶差分后，两个序列均通过所有三项检验（常数项、时间趋势、没有常数项和时间趋势），表明这两个序列一定是一阶平稳的，因此可以对平稳的一阶差分序列 ΔNC、ΔNI 做格兰杰因果检验。

表 10.1　　　　　　　　投资与消费增长率序列的平稳性检验

变量	检验类型	t - 统计量	临界值
NI	C, 0	- 2.30	- 2.66
NI	C, t, 0	- 2.33	- 3.28
NI	C, t, 1	- 2.95	- 3.92
NI	C, 1	- 2.76	- 3.04（5%）
NC	C, 0	- 2.14	- 2.66
NC	C, t, 0	- 2.37	- 3.28
NC	C, 1	- 1.99	- 2.66
NC	C, t, 1	- 2.34	- 3.29
ΔNC	C, t, 0	- 4.66	- 3.29
ΔNC	C, 0	- 4.62	- 2.66
ΔNC	N, 0	- 4.76	- 1.63
ΔNI	C, 0	- 3.88	- 2.66
ΔNI	N, 0	- 4.00	- 1.63
ΔNI	C, t, 0	- 3.77	- 3.29

注：1. 表中 NI 和 NC 分别代表名义固定资产投资增长率和名义居民消费增长率，Δ 代表其后序列的一阶差分；

2. i, t, n 分别表示常数项、时间趋势和没有常数项与时间趋势，0, 1 代表采用的滞后阶数；

3. 除临界值后单独注明外，表中临界值均在 10% 水平下得到。

格兰杰因果检验结果（见表 10.2）显示，在滞后 1—3 期检验中，固定资产投资增长与居民消费增长的一阶差分序列之间都具有显著的因果关系，ΔNI 为 ΔNC 的格兰杰成因。尤其是滞后 1 期时，我们有 98.5%的把握支持 ΔNI 的变动会导致 ΔNC 的相应变动。进一步看，ΔNI 是 ΔNC 的格兰杰成因意味着 NI 和 NC 之间也一定存在格兰杰因果关系。我们接着分析上述计量检验结果的经济学含义。

表 10.2　固定资产投资增长率与居民消费增长率的格兰杰因果检验

		样本范围：1982～2001 年		
T	零假设	N	F - 统计	概率
1	ΔNC 不是 ΔNI 的格兰杰原因	18	2.196	0.159
1	ΔNI 不是 ΔNC 的格兰杰原因	18	7.620	0.015
2	ΔNC 不是 ΔNI 的格兰杰原因	17	0.669	0.530
2	ΔNI 不是 ΔNC 的格兰杰原因	17	5.784	0.017
3	ΔNC 不是 ΔNI 的格兰杰原因	16	1.505	0.279
3	ΔNI 不是 ΔNC 的格兰杰原因	16	3.569	0.060

注：T 为滞后期；N 为样本数；ΔNI 和 ΔNC 分别代表名义固定资产增长率和居民消费增长率的一阶差分序列。

固定资产投资增长与居民消费增长之间的因果关系及其变化，很大程度上可以反映出改革后中国的投资与消费双冲动及其变化。图 10.5 所反映出的一个增长的基本机制是，面对大量有待发展的分工领域，需要大量资本投入，首先是固定资产投资增速变化，伴随这一过程的是贷款和货币供给量的变化。通过投资和生产过程，投放的货币和贷款转化为劳动者的可支配收入，而具有消费冲动的劳动者则很快进行消费。如果贷款和投资快速增长，货币流会首先在生产资料市场上聚集，往往引起生产资料价格上涨，然后通过劳动者收入传导到消费品市场，引起消费品市场的通货膨胀。在图 10.5 中，1985 年和 1993 年出现了两次突出的固定资产投资高潮，相应的 1986 年和 1994 年就有了消费增长的两次高峰；1989 年投资增长跌入谷底，紧接着 1990 年消费增速也降入最低点。两者之间的时滞均为 1 年。这种直观观察也验

证了固定资产投资和居民消费增长之间滞后 1 期时格兰杰因果检验最
显著的结论。虽然伴随着明显的波动，但投资和消费的双冲动在推动
中国经济高速增长方面发挥着重要作用。

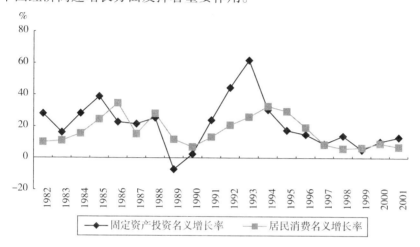

图 10.5　固定资产投资增长与居民消费增长

　　如果上面描述的增长模式可持续，中国经济会继续依此模式实现
高增长。但是，在 20 世纪 90 年代中期以后，这一模式的可持续性出
现了明显问题。对图 10.5 的直观观察就可以看出，改革开放以来投资
对消费的拉动作用呈递减趋势，例如，1985 年投资增长为 38.8%，带
动次年消费增长率达到 34.8%，1993 年投资增长率高达 63.8%，但次
年消费增长率只达到 32.7%，而到 90 年代中期以后，投资与消费之间
基本已看不出相应的关系，甚至出现相反的变动，经济增长速度进入
持续降低的阶段。为验证上述观察，我们对 1982～2001 年的名义固定
资产投资和居民消费增长数据进行了分段检验。在 1982～1994 年时
段，投资与消费滞后 1 期时格兰杰因果检验仍很显著，拒绝概率只有
0.01；在 1995～2001 年时段，拒绝概率则达到 0.48。1982～2001 年投
资与消费增长之间滞后 1 期的相关系数为 0.77，在 1995～2001 年时段
则只有 0.31。虽然分段后样本量比较小，但结果仍是很明显的。

经验研究结果很大程度上支持了我们对"两部门"经济的分析。随着市场化不断推进，尤其是 20 世纪 90 年代中期以后，货币在经济中的流向发生了变化。首先，由计划经济到市场经济转轨的过程是个人财富逐渐受到承认、个人成为理财主体的过程。在这一过程中，由公有制的内在规定性决定的劳动者可以享有的养老、医疗、教育、住房等各种福利保障逐渐消失，劳动者原有的消费冲动随之消失。2002 年底我国居民人均储蓄 6766 元，财富储备水平并不足以应付制度变迁所带来的新增支出，在一个相当长的时期内居民储蓄仍会继续快速增长。在我们的研究中，储蓄增长会产生两方面的影响，一是充当交易中介的货币量相对减少，更多货币被用做贮藏手段，而传统货币数量公式并不包含这部分货币，从而构成"迷失货币"的重要组成部分，也成为缓解当期通货膨胀压力的重要因素；二是储蓄增加可能不利于实体经济增长。在式（10.12）中，在固定其他变量情况下，消费者储蓄增加会减少 A 部门的就业和产出。

影响消费的另一个重要因素是收入两级分化。目前我国基尼系数达到 0.4 以上，不同地区、不同收入阶层以及城乡之间收入差距不断扩大。2002 年末，城镇居民和农村居民人均储蓄的差距达到 7.2 倍多。储蓄增加和收入两极分化导致居民消费倾向持续降低。1985 年城镇居民平均消费倾向为 91%，1987 年下降到 88%，到 2001 年，城镇居民平均消费倾向为 77%，农村为 74%。朱国林等（2002）曾论证收入分配的分化与中国消费不振的关系。在本文研究框架中，消费不振会通过以下机制影响经济：通过式（10.12）可知，在 M 类产品具有需求刚性的情况下，消费者会减少对 A 类产品的需求量，这会造成 A 部门就业与产出的下降，并进而对 A 产品造成通货紧缩的压力。20 世纪 90 年代中期后居民消费增长率持续低于 GDP 增长率和投资增长率，成为我国经济资本—产出比持续上升的重要原因，而这一时期正是经济增速下滑的时期。进一步还可看出，两部门经济的形成及其强化又会扩大部门之间的收入分配差距，M 部门收入提高，A 部门则出现有效需求不足和失业，这会进一步加剧消费不振的局面。

另外，"新产品部门"与"传统一般产品部门"之间的价格比上升也对经济产生了重要影响。具有一定垄断性质的"新产品"价格快速上升，一般竞争性产品价格持续紧缩是近些年中国经济的突出特点，例如，城市房价、教育费用等与 20 世纪 90 年代初相比上涨幅度高达几倍甚至十几倍。两部门价格比上升的背后是货币流向的改变。货币供给量增加时，大量货币被"新产品部门"吸收，而不会如 20 世纪 80 年代时涌向一般竞争性产品部门。在我们的模型中，两部门价格比（P）上升，会减少 A 部门就业和产出。另外，由于 M 产品具有需求刚性，其价格上升将导致 A 部门代表性消费者用于 M 产品的花费（C_{MA}）更高，这同样会减少 A 部门的劳动就业和产出水平。

另外，两部门价格比（P）的上升并不能够被目前衡量总体价格水平的指标有效反映。在现有指标中，居民消费价格指数（CPI）是最常用的，传统货币数量式中的价格水平也通常用 CPI 来代表。但是，在现有的 CPI 构成中，"新产品"所占权数很小，居民购房支出则被作为投资统计。这样，在衡量居民生活的真实成本时，CPI 具有偏差与缺陷①。房价、教育费用等"新产品"价格的快速上涨不能被 CPI 有效反映，股票等金融产品价格变化带来的影响也无法得到体现。

在上述两部门经济中，货币供给量的增加很可能形成下面的传导机制：货币供应量增长中的相当一部分将转化为储蓄，货币供应量 M2 增加，但并不反映在传统货币数量方程式（$PY = MV$）的货币供应量 M 中；剩余部分中相当数量的货币会流入资本市场、房地产及相关市场等"新产品"部门（M 部门），导致这类产品相对价格上升。这会使

---

① CPI 指标在衡量物价水平和消费者生活成本方面的缺陷也一直是国际经济学界讨论的话题。最近的相关研究与讨论见 J. Hausman（2003）、Schultze 和 Mackie（2002）、D. Lebow 和 J. Rudd（2003）等。

传统部门有效需求下降，形成通货紧缩压力，导致传统部门的投资进一步下降；而传统部门的资本很可能趋于逐利目的转而投入"新产品"部门，促使 M 产品价格水平进一步上升。在这个循环过程中，两部门之间的收入差距会趋于扩大，这又会使消费倾向进一步降低。此时，经济中会同时出现以下现象：储蓄快速增加、失业增加、传统部门通货紧缩、收入差距扩大、经济增速下滑，货币扩张对经济增长的推动力下降，我们可以将引致这些现象出现的内在机制称为"两部门陷阱"。容易看出，中国经济在 20 世纪 90 年代中后期以来的运行很大程度上反映出了"两部门陷阱"的特点。

（三）启示与建议

我们试图利用一个两部门经济模型来解释中国宏观经济在 20 世纪 90 年代中后期以后出现的一些重要特征，而对决定宏观经济运行内在机制的探讨也就是对"中国之谜"的求解。可以看到，货币供给量 M2 由于以下几个原因而被传统货币需求函数低估，一是储蓄快速增长，二是传统部门产出萎缩导致的经济增速下降，三是 CPI 计算方法引起的价格水平衡量偏差与低估，四是资本市场等虚拟经济部门对货币的吸纳。应当说，"中国之谜"和超额货币供给出现的新特点是中国经济增长与宏观运行内在机制变化在货币方面的反映。从经济自我演进机制的角度看，"两部门经济"的出现会导致"结构约束"，并进而形成"需求约束"，从多方面导致供给创造需求能力的下降。如果将"可持续增长"定义为经济体供给与需求自我繁殖、自我演进机制能够运行顺畅，那么"两部门陷阱"的存在显然会在一定程度上影响经济增长的可持续性。因此，"两部门陷阱"是目前我国经济增长与宏观政策调控所面临的最重要问题之一。它提醒我们必须关注以下问题：

第一，在判断经济形势与制定经济政策时应当注意中国经济的"两部门"特点及其经济影响。例如，经济处在"两部门陷阱"结构中时，经济过热的表现会与以前的情况不同，投资快速增长的效果并不一定会传导到传统产品部门，引起一般消费品市场的通货膨胀。这时，仅通过 CPI 来判断通胀就缺乏合理性；相反，在传统产品市场有效需求不足情况下，通过大幅度提高具有需求刚性的垄断类产品价格来刺激经济的办法并不可取（例如，大幅度提高教育收费），它有可能导致经济增长的进一步下滑。

第二，应当进一步关注垄断类产品部门和新产品部门（如房地产）的规范发展。应当通过政策调控，合理确定此类产品价格，抑制价格过快上升；同时应加快公共和垄断部门的改革。

第三，在改革推进过程中，应注意投资改革和消费改革相互协调，共同推进。应当加快投融资体制改革，适当抑制社会供给能力的过快增长。

第四，重视经济增长的协调性和可持续性。改革分配体制，缩小收入差距，进一步推动"三农"问题的解决，提高农民收入，扩大农村市场需求。应当特别关注房地产以及资本市场可能出现的泡沫经济。

三、2003～2008 年：M2/GDP 趋稳的同时为什么出现流动性过剩

宏观经济的变化总是耐人寻味。在上一节中，我们对 1997～2003 年经济运行中出现的"货币消失"问题进行了研究，那时中国经济表现出的问题是，M2/GDP 快速上升，从 1997 年的 1.15 上升到 2003 年的 1.63，年均增长 6.9%，但 M2 相对 GDP 的快速增长却没有引发流动性过剩和通货膨胀，相反出现了持续的通货紧缩。也就是说，这一时期的货币供给增速显著高于经济增长和通胀之和（1997～2003 年其差额年均达到 7.6%），超额货币供给与通货紧缩并存。但 2003 年之后，情况却发生了戏剧性的反向变化。2003～2008 年，我国 M2/GDP

改变了持续上升的态势，基本稳定在略超 1.6 的水平，成为改革开放以来这一比值增长最慢的时期，同时 M2 与经济增长及 CPI 的差距也显著缩小，2007 年这一差额已降至零，超额货币供给问题似乎已经消失。但有意思的是，与此同时却出现了突出的流动性过剩和资产价格上涨问题，2007 年之后消费物价也开始上升，当年 CPI 上涨 4.8%，2008 年 2 月上升到 8.7%，创十多年以来的新高，久违的通货膨胀再次来袭。从更宽的视角看，流动性过剩和通货膨胀也一度成为全球性问题，成为中国经济和宏观调控所面临的主要挑战。

根据本章第一节所给出的分析框架，中国经济在 2003 年之后出现的流动性过剩的实质就是货币市场供大于求同时又引起非货币市场的供求失衡，形成的资产市场双失衡状态。货币市场供大于求，或者说货币供给过度，容易让人形成货币增长一定会很快的直感。那么，如何理解 2003 年以来 M2/GDP 不再上升、M2 相对 GDP 增长明显放缓与流动性过剩并存这一独特现象呢？

总的来看，从三个重要视角出发有利于对这一问题的理解。

一是现有广义货币统计口径相对较窄，而实际货币供给增长较快。随着金融市场和金融工具的发展，准确计量货币的难度也不断增加。实际上，如借记卡和信用卡、银行承兑汇票、债券回购协议、短期政策性金融债和政府债券以及托管类金融资产等都已在一定程度上承担起了货币职能（彭兴韵等，2005），但要准确界定货币统计边界并获得时间序列数据，操作起来难度较大。另一种界定货币的口径相对简易，即将所有存款性公司资产都计入货币统计。这种方法遵循的货币经济学理念是：在信用货币时代，全社会所有货币都由中央银行和商业银行通过资产扩张创造。货币供给的根源在中央银行。中央银行向商业银行提供基础货币，构成商业银行进一步发放信贷或购买债券、外汇等资产扩张行为的基础。而商业银行的上述行为都会在其资产负债表的负债方派生等额存款，从而形成全社会的货币供给。可以看到，货币供给是通过中央银行和商业银行增加负债的方式实现的，而负债增加又是资产扩张的结果。也就是说，在信用货币条件下，逻辑上是"先有资产，后有负债；先有贷款，后有存款"，而不是相反。另外，与存款性公司（包括中央银行和商业银行）资产相对应的另一方，除了负债还有所有者权益。从根源上讲，金融机构的所有者权益（如股东注资等）也都来源于中央银行和商业银行创造的货币。如果某股东向商业银行增加注资，则会反映为全社会存款减少，同时商业银行资本金增加，只是存款性公司资产负债表上负债方相关项目的一增一减。但这一过程并不意味着全社会货币减少，只是这些原先作为存款的货币转变成了商业银行的资本金。综上，我们可以一般性地将存款性公司的资产扩张看做是向社会供给货币的过程，存款性公司的全部资产也就可以被视为货币供给总量。将存款性公司全部资产视做更广义的货币统计在国内最早由宋国青（2007）提出。我们将此意义上的广义货币统计称为 M2 + 。显然，M2 + 中不仅包括现有广义货币 M2 统计中的全部内容（流动中现金、活期存款、定期存款、储蓄存款和其他存款），还有 M2 统计中没有包括的部分，包括不纳入广义货币的存款、债券及实收资本等。图 10.6 显示了 M2 + 和 M2 增速之间的对比。显然，2006 年下半年后，M2 + 与 M2 增速之间的差距显著扩大，M2 + 一度持续上升，2007 年 10 月达到 23.6%，超过同期 M2 增速 5.1 个百分点。由此可以部分解释货币供给相对经济增长似乎不快的原因。

　　二是货币流通速度递减趋势逆转，货币需求显著下降。若假定货币供应量统计不存在问题，那么很容易发现 2003 年之后货币流通速度明显加快。改革开放以来，我国货币流通速度总体呈现下降态势。1979 年广义货币 M2 流通速度为 2.77，到 2003 年已下降到 0.61。对于这一现象，理论界主流的意见认为，货币流通速度减缓与货币化进程密切相关（Bordo 和 Jonung，1981；易纲，1996），随着货币化进程的推进，货币流通速度下降的幅度会受到货币化的约束而逐步减缓。正

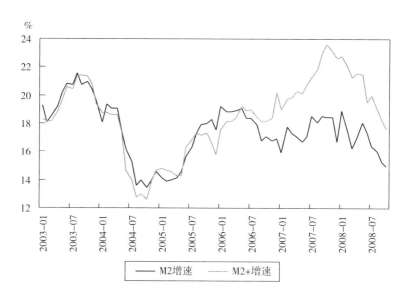

图 10.6　M2 与 M2 + 增速变化

是基于货币流通速度递减的特征，之前的研究发现（韩平、李斌、崔永，2005），利用 Logistic 曲线可以很好地拟合之前我国的 M2/GDP 曲线。按照这一动态演进曲线，目前我国尚处于 M2/GDP 值上升的阶段。由于货币流通速度即为 M2/GDP 的倒数，因此按照上述研究，目前货币流通速度仍处于递减阶段。但自 2003 年以来，广义货币 M2 流通速度改变了持续递减的态势，连续多年保持在 0.61 ~ 0.62 的水平，与原有的加速递减态势相比，流通速度明显加快。理论上讲，货币流通速度加快是流动性过剩的必然反映。当社会充满繁荣预期，经济主体会尽快将持有的货币资产转换为其他非货币资产，如房屋、股票或进行实际投资等，货币需求随之下降，全社会货币流通速度加快。假定货币供给不变，由于货币需求显著减少，货币流通速度加快，承担交易职能的货币总量事实上会显著增长，从而造成由货币市场供大于求而引起的流动性过剩现象。

　　三是国际收支失衡内生了货币过度供给的风险，容易形成流动性过剩。在传统的货币数量方程中，货币主要承担交易媒介的功能，可以用 $MV = PY$ 表示交易与货币之间的关系。实际上，这一方程式描述的是封闭条件下的情景，并未考虑开放条件下外币作为交易媒介时的情况，而这对分析目前我国的货币供给问题十分重要。近年来，我国国际收支持续失衡，贸易顺差从 2003 年的 255 亿美元大幅增加到 2007 年的 2622 亿美元。在大额贸易顺差的情况下，为维护人民币汇率基本稳定，人民银行就必须在银行间市场购买外汇，同时吐出基础货币。在上述过程中，与贸易顺差对应的出口商品是以美元等外汇作为交易媒介完成交易，但国内经济主体出口商品赚得外汇后并未将其用于国外商品进口，而是被中央银行以等价人民币买走，形成国家外汇储备。在这一过程结束后，流到国外的是实物商品，留在国内的则是央行购汇所派生的等额货币。由于这部分货币由顺差形成，也就意味着本国居民并未用其购买国外商品、服务，也未进行海外投资（若用于海外，则国际收支也就平衡了），而是形成本国人民币存款，从而增加了货币供应。显然，在上述框架中，本国货币供给相对于留在国内的实物商品来说将总是偏多。或者说，由贸易顺差所形成的那部分货币供给在国内没有实物商品与之对应。这样也就容易形成所谓"过多货币追逐较少商品"的状况，存在流动性过剩和通胀的潜在压力。当然，潜在压力能否转化为现实的流动性过剩和通货膨胀，根本上仍然取决于公众的预期状况，若普遍存在繁荣预期，潜在风险就会成为现实。但不可否认的是，维护汇率基本稳定和国际收支失衡格局下的货币供给机制，很大程度上加剧了或者说促动了货币市场失衡的可能，更容易引起较为严重的流动性过剩问题。

有人可能对上述解释存有质疑，因为中央银行在购汇吐出基础货币的同时，也在通过公开市场操作、提高存款准备金率以及外汇掉期等方式进行对冲，不少人认为通过这种方式绝大部分购汇吐出的货币又被央行回收，因此上述解释并不合理。实际上，这种理解并不准确。

中央银行对冲流动性只能限制商业银行进一步发放贷款等进行资产扩张的能力，而不可能收回因结汇而被商业银行派生出的货币。我们可以现行结售汇制度下商业银行资产负债表的变化来说明这一点。1994年以后，我国开始实行新的结售汇制度，形成两极外汇市场体制，即银行间外汇市场与银行结售汇市场。在银行结售汇市场上，假定一家企业将出口所得100万美元向A银行结汇，将表现为A银行资产方外汇增加，同时负债方人民币存款增加（见表10.3）。结汇完成后（假定汇率为每美元7元人民币），A银行增加了100万美元资产，而同时这家企业在A银行拥有了700万元人民币存款。接着，A银行需要将这100万美元外汇在银行间外汇市场出售给中央银行，此时A银行美元资产将减少100万元，同时在央行的超额准备金将增加700万元人民币，只是A银行资产方的一增一减，并不涉及负债方人民币存款变化，此时的资产负债转变为表10.4。从理论上说，由于A银行超额准备金增加了700万元，因此可以利用这笔资金发放贷款或购买债券等。不过一旦A银行发放贷款或购买债券，就会派生新的存款，从而增加全社会货币供给。因此，为抑制货币供给，中央银行需要对冲A银行可以动用的700万元超额准备金。假设央行以出售700万元中央银行票据进行对冲，则A银行资产负债将变为表10.5的状态。显然，在结汇和央行对冲整个过程中，最初因结汇而派生出的700万元人民币存款不会受到任何影响，它不会因央行对冲而减少，也就是说，已经创造出的货币不会因央行对冲而消失。事实上，由于近年来我国国际收支持续大额顺差，由外汇占款派生的货币供给迅速增长，一段时期内已经与发放信贷一起成为货币供给的两个主要渠道。因此，相对国内实物商品来说，由贸易顺差所派生的货币供给将总是偏多。更重要的是，在国际收支大额顺差及维护汇率基本稳定的格局下，中央银行难以通过调控货币总量来根本解决流动性偏多问题。此时中央银行只能被动购买外汇并相应派生货币，若要紧缩货币总量，则只能主要依靠紧缩国内银行信贷来进行，由顺差导致的货币供给相对商品偏多的问题并不可能得到根本解决。从本质上看，这也正是"不可能三角"原理的一种外化反映，而在此过程中货币政策有效性必然受到影响。

表10.3

资产	负债
外汇 100 万美元	人民币存款 700 万元（假定美元对人民币的汇率为 1:7）

表10.4

资产	负债
超额准备金 700 万元 外汇 0	人民币存款 700 万元

表10.5

资产	负债
央行票据 700 万元 超额准备金 0 外汇 0	人民币存款 700 万元

　　从宏观意义上讲，一个经济体的经常项目顺差等于其储蓄与投资的差额。这意味着，如果一国消费不足、储蓄率偏高，并且这些储蓄并未全部转化为投资的话，就会形成贸易顺差。或者反过来说，如果一国出现经常项目顺差，也就意味着该国储蓄没有全部转化为投资，从而出现了过剩的储蓄和资本。若汇率自由浮动，则这部分储蓄会以民间对外投资等方式运用于海外，从而实现本国国际收支的总体平衡。但在维护汇率基本稳定、央行大量购汇的情况下，顺差将形成外汇储备，并以政府投资方式用于购买海外证券等，而央行购汇所派生的本币则在国内形成过剩货币供给的压力。此外，资本项下的外资流入也可能加大国内储蓄的过剩程度。这样，随着国际收支不平衡的不断加

剧，储蓄和资本过剩也会相应增加，整个社会的流动性水平将随之增长。这些都可能引发资产价格膨胀和通胀压力，最终难以持续。正因为如此，以扩大消费内需、降低储蓄率为核心推动经济结构性调整，促进国际收支趋于平衡，才是从根本上缓解流动性偏多矛盾、增强经济平衡增长能力的治本之策。其中关键是要调整国民收入在居民、企业和政府之间的分配格局，切实增加居民部门收入，适当减少企业和政府储蓄。进一步放松政府管制和经营垄断，通过减税让利等方式适当减轻微观主体负担，增强经济活力和发展动力。同时，继续完善汇率形成机制，发挥汇率在调节内外部经济平衡、引导资源向内需部门配置及促进经济结构调整中的积极作用。

四、2008 年国际金融危机后：货币、增长和通胀的变化

本节把研究区间进一步拓展至 2008 年国际金融危机爆发之后。我们试图就应对本次国际金融危机冲击后的一段时期内我国货币扩张、经济增长与价格水平之间的关系建立一个基本框架，来分析这一阶段货币、增长与通胀之间所发生的有趣变化。2008 年 9 月以后，以雷曼兄弟公司破产为标志，美国次贷危机迅速演变为国际金融危机。为应对国际金融危机的冲击，我国及时调整宏观政策取向，开始实施积极财政政策和适度宽松的货币政策，并采取了一揽子经济刺激措施。政策实施以后，我国货币信贷持续快速增长，对提振信心、推动经济回升向好发挥了重要作用。但围绕货币信贷快速增长也出现了不少争议，主要是认为 2009 年以来货币信贷增长过快，贷款增速远超同期 GDP 增速，导致 M2/GDP 值从 2008 年的 1.58 跳升至 2009 年创纪录的 1.81，这势必导致严重的通货膨胀。不过从经济的实际表现看，同比 CPI 虽然自 2009 年 7 月触底后开始回升，但即使考虑受到 2010 年初雨雪天气

对农产品供给的影响，CPI 回升速度总体看也显著小于当时市场的普遍预期。货币、增长与物价之间的关系似乎变得更为不稳定。从更长一些的视角看，很多人把 M2/GDP 这一指标看做衡量货币状况和通胀压力的尺度，但经验实证表明 M2/GDP 与 CPI 通胀之间并不具有必然的联系。例如，从 1997 年到 2003 年，我国 M2/GDP 自 1.15 上升到 1.63，年均增长 6.9%，但 M2 相对 GDP 的快速增长没有引发流动性过剩和通货膨胀，相反出现了持续的通货紧缩。2003 年之后到国际金融危机爆发之前，我国 M2/GDP 改变持续上升态势，基本稳定在略超 1.6 的水平，M2 与经济增长及 CPI 的差距也显著缩小，但与此同时却出现了突出的流动性过剩、资产价格上涨和 CPI 通胀问题。国际金融危机以来的情况上面已经做了描述，M2/GDP 的快速跳升并没有带来预期的 CPI 上涨。当然，从货币数量理论（MV = PY）出发，我们可以把上述现象简单归因于货币流通速度发生变化，也可以认为货币统计或通胀衡量指标方面存在问题。这些解释虽然有一定道理，但却可能使我们对问题的认识停留于较浅的层次，妨碍更加深入地理解其内在机理和细致逻辑，从而忽略某些有价值的理论发现。在本节中，我们试图从近年来货币与 CPI 通胀关系的变化入手，分析应对国际金融危机后货币信贷高增长、经济快回升、资产价格持续上涨与 CPI 缓慢上升之间的逻辑和机理，进而分析这些变化背后的政策含义，探讨完善货币政策框架与加强宏观审慎管理的有关问题，在此基础上给出一些政策建议。

（一）货币增长与物价变化的"典型事实"

我们的分析从货币增长与 CPI 通胀变化的"典型事实"入手。在货币主义者看来，通货膨胀本质上是货币现象。对此理论界虽有争议，但很难否认货币是影响价格变化的主要因素，因此在预测 CPI 变化方面货币是经常被使用的变量。不过值得注意的是，我国各口径货币供应量与 CPI 之间的关系并不稳定，而是在逐渐变化的，这种变化构成我们进行分析的一个抓手。

为说明问题，我们分别使用 M1、M2 和 M2＋同比增速来预测同比 CPI 的变化。引入 M2＋，主要是考虑到随着金融产品不断发展，M2 统计口径的准确性有所下降，需要有一个包含更多内容的更广义货币统计口径。M2＋是将所有存款性公司资产都计入货币统计，其中不仅包括现有广义货币 M2 统计中的全部内容（流通中现金、活期存款、定期存款、储蓄存款和其他存款），还有 M2 统计中没有包括的部分，如不纳入广义货币 M2 的存款、债券及实收资本等，因此在一定程度上可以更全面地衡量货币总量。这一口径在上一节已经使用过。我们建立普通线性回归方程，分别对三种口径的货币供应量增速与 CPI 之间进行回归分析。结果显示，M1 对滞后 6 个月的 CPI 预测效果最好，M2 和 M2＋则分别对滞后 11 个月和 7 个月的 CPI 预测效果最好。图 10.7 展示了利用三种不同货币口径预测出的 CPI 与实际 CPI 之间的对比关系。可以清晰地看到，货币增速对 CPI 的预测效果可明显分为几个阶段：第一阶段大致在 2007 年上半年之前，这一阶段 M1、M2 和 M2＋

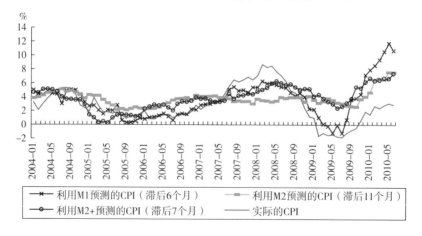

图 10.7　利用不同口径货币所预测的 CPI

都可以较好地预测 CPI 变化，三者与 CPI 的相关系数分别达到 0.82、0.81 和 0.53。第二阶段是在 2007 年下半年至 2009 年上半年。从图 10.7 可以看到，2007 年下半年之后 M2 增速在预测 CPI 变化中的准确性明显下降，两者之间基本上已没有相关关系（相关系数仅为 0.02）。但这一阶段 M1 和 M2 + 仍保持了较好的预测能力，特别是 M1 预测能力较高，其中 M2 + 预测值与实际 CPI 的相关性为 0.65，而 M1 预测值与实际 CPI 的相关系数高达 0.97。

值得注意的是，上述情况在 2010 年 7 月之后开始发生变化。应对国际金融危机各项措施很快发挥作用、CPI 开始由降转升之后，各口径货币增速对 CPI 的预测偏差开始显著增大。观察图 10.7 可见，M1 和 M2 + 仍可以比较准确地预测出 CPI 回升的转折时点（2009 年 7 月前后），但之后均明显高估了 CPI 回升速度。之前 M1 在预测 CPI 方面效果最好，但在 2009 年 7 月之后其预测值与实际 CPI 的偏差却变得最大。以 2010 年 6 月为例，实际的 CPI 为 2.9%，但利用 M1、M2 以及 M2 + 预测的 CPI 分别达到 10.7%、7.6% 和 7.4%，偏差分别达到了 7.8%、4.7% 和 4.5%。这意味着，虽然从晚近这些年的情况看货币与 CPI 变化之间存在着比较稳定的关系，但在国际金融危机爆发实施刺激性宏观政策以来，货币的高增长却没有带来相应的 CPI 高通胀，利用货币因素进行预测会显著高估实际 CPI 变化。这些变化背后的经济机理值得探讨。王庆（2009）试图用"真实 M2"（true M2）来解释这一现象，其基本思路是对广义货币 M2 进行分解，"真实 M2"是指能够真正转化为有效购买力的货币供给，与 CPI 通胀有着直接联系，而剩余的货币则主要流向资产市场，反映为房价和股价的大幅上涨。人民银行通胀监测分析小组（2010）也曾对"真实 M2"进行测算。上述观点代表了理论界一种较为普遍的看法，有助于我们理解货币供给与价格水平之间的关系。不过这种观点并没有完全说清国际金融危机前后货币与物价之间内在机理发生的变化。比如，把货币分解为形成有效购买力和流入资产市场两部分的确有其合理性，不过国际金融危机之前资产价格也出现了持续快速上涨，但货币增速与 CPI 通胀之间仍然具有相对稳定的关系，为什么在国际金融危机之后这种关系会发生变化呢？对这些现象需要在理论上加以说明，而这些实际上也涉及对危机救助和刺激性宏观政策效果的评估和理解。

（二）信贷增长、内需扩张与资产价格上涨

为分析上述问题，我们试图构建一个解释国际金融危机之后一段时期货币扩张、经济增长和通胀变化的基本框架。这一框架包含相互联系的几个逻辑部分。首先需要看到的是，从货币供给的结构变化看，信贷增长成为国际金融危机后货币供给的主要渠道。目前我国货币供给主要有两条渠道：一是信贷投放。金融机构发放贷款的过程就是货币创造的过程，金融机构发放贷款的同时会在资产负债表上派生出等额存款，从而导致 M2 增长。二是外汇占款。金融机构购买企业和个人手中的外汇（也就是企业和个人向银行结汇）也会派生出等额的人民币存款，从资产负债表来看，结汇完成后商业银行资产方将增加一笔外汇资产，同时负债方增加等额的人民币存款，全社会货币供应量 M2 随之增加。此外，商业银行购买非银行金融机构发行的债券以及财政存款的变化等也会影响货币供给，但总体看这些因素影响还不大。图 10.8 显示了 2003 年以来各月我国金融机构新增外汇占款、贷款以及 M2 的变化情况。可以看到，2008 年末和 2009 年初开始实施刺激性宏观政策是一个较为明显的界限，在此之前由信贷投放的货币和由外汇占款投放的货币数量差异并不很大，2005 年之后两者投放形成的货币供给接近平衡，并驾齐驱成为我国货币创造的两个主要渠道，而此时正是我国国际收支顺差快速增长、外需在拉动经济增长中动力增强的时期。不过，国际金融危机爆发之后情况发生了很大变化。由于外部环境骤然恶化，外需在拉动经济增长中的动力显著下降，内需特别是

投资扩张成为保持经济平稳较快增长的主要力量。在刺激性宏观政策作用下，这一时期我国信贷投放持续快速增长。2008 年第三季度末人民币贷款增速为 14.5%，2010 年第一季度末贷款增速提高到 29.8%，第二季度末则进一步上升至 34.4%，上半年新增贷款 7.4 万亿元，全年新增贷款 9.6 万亿元，占当年新增 M2 的 73%。货币供给的结构发生了明显变化。

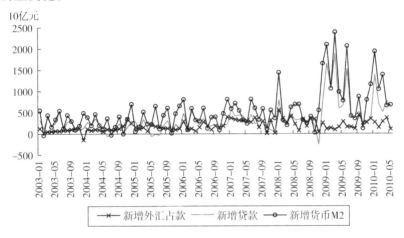

数据来源：中国人民银行，CEIC。

图 10.8　贷款和外汇占款对新增 M2 贡献的变化

贷款之所以成为货币供给的主渠道，是因为从货币投放的功能看，贷款主要用于支持内需特别是投资增长。从这个角度出发，考虑到 2009 年我国内需大幅扩张，仅从短期视角看当年的贷款投放可能并不明显偏多。目前，银行贷款在我国全社会融资结构中占很大比重，贷款主要用于支持各类投资及部分个人消费，由此主要作用于内需。即使是用于出口型企业投资建设的贷款，主要影响的也是内需。因此，贷款投放与内需特别是投资在经济增长中的贡献度之间应有直接的联系。图 10.9 显示了 1993 年以来贷款增速与资本形成对 GDP 贡献率之间的关系。可以清晰地看到，贷款增速与资本形成在 GDP 中的贡献度

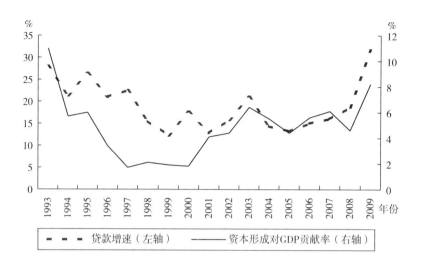

数据来源：中国人民银行，CEIC。

图 10.9　贷款增速与资本形成对 GDP 贡献率的关系

变化是基本吻合的，两者相关系数达到 0.6。贷款增速放慢，资本对 GDP 的贡献度一般也会下降，反之则反是。利用线性回归方法测算，贷款增速每上升 1 个百分点，资本形成对 GDP 的贡献将上升约 0.26 个百分点。或者说，资本形成贡献度每上升 1%，贷款增速会相应上升 3.9%。这一结果与我们之前的理论假想是一致的。国际金融危机爆发之后，经济主体一度预期悲观，外部环境急剧恶化，投资和消费活动迅速放缓，刺激内需成为保持经济平稳增长的选择。从实际情况看，在国际金融危机和外需萎缩的冲击下，2009 年我国经济增长主要依赖内需推动，全年 GDP 增长 8.7%，其中内需对 GDP 增长的贡献达到 12.8 个百分点（资本形成和消费分别贡献约 8.2 个和 4.6 个百分点，净出口则负贡献 4.1 个百分点），较 2008 年（内需贡献为 8.2 个百分点）大幅上升 56%，其中 2009 年资本形成对 GDP 的贡献较 2008 年（资本形成贡献 4.6 个百分点）更是上升了 78%。由于贷款主要支持内需，2009 年内需特别是投资的快速增长必然要求贷款增速相应提高给予支持。根据贷款增速与投资贡献之间回归方程测算，若资本形成对GDP贡献度达到 2009 年的 8.2%，那么相应的贷款增速应达到31.6%，即当年新增贷款 9.6 万亿元。以另一种简单方法匡算，2008年我国贷款增速为 18.7%，相应使内需和投资分别拉动 GDP 增长 8.2个和 4.6 个百分点，以此测算，由于 2009 年内需和投资贡献分别达到12.8 个和 8.2 个百分点，相应的贷款增速应达到 29% 和 33%（即新增贷款 8.5 万亿～10 万亿元）。从实际运行情况看，2009 年新增贷款为9.59 万亿元，以上述标准衡量，从弥补短期总需求缺口的角度而言，贷款增长并未超出实体经济所需。

可以看到，内外需变化、贷款投放与经济增长之间存在着较为紧密的逻辑联系。在国际金融危机冲击下，微观经济主体预期悲观，流动性偏好上升，投资行为趋于谨慎，此时需要政府替公众"花钱"来维护经济增长，熨平经济波动。实现上述目标可以有三种途径：一是政府举债来筹措资金实施投资，二是通过增加银行信贷投入扩大投资，三是依赖直接融资等其他资金投入。不过，政府在短时间内大幅度举债难度较大，而直接融资需要微观经济主体和金融市场的支持，在危机冲击和经济下滑的背景下依靠直接融资并不现实，正因为如此，在财政政策和地方政府信用支持下的信贷投入就成为拉动经济增长的主要动力。也就是说，在外需疲弱，加之企业和个人支出意愿下降的情况下，要实现经济平稳较快增长，必然会依靠大量信贷投入财政政策项目来推动投资和内需快速增长。

进一步看，随着经济形势和内外需结构变化，贷款需求也必然发生变化。从 2010 年的情况看，虽然还存在欧洲主权债务危机等不确定因素的影响，但国际经济仍可能保持缓慢复苏的态势，我国面临的外部环境较之 2009 年总体将有改善，净出口拖累 GDP 增长的状况很可能改变。各方面普遍预计 2010 年净出口对 GDP 的贡献可能会由负转正（如世界银行预测 2010 年净出口可能带动中国经济增长 0.4%），比

2009 年净出口负贡献 4.1 个百分点有明显改善。这意味着，由于外需好转，2010 年内需（投资）对经济增长的贡献即使下降 4 个多百分点也可使当年 GDP 增速达到 2009 年的水平。或者说，由于外需好转，若 2010 年贷款继续保持类似 2009 年的增长速度，2010 年的 GDP 增速将超过 13%，从而导致经济过热，因此也要求贷款投放相应放缓。以上述方法推算，若 2010 年新增贷款 7.5 万亿元左右，即可推动 GDP 实现 9% ~ 10% 的增长①。

在上述分析的基础上，我们还可进一步探讨信贷投放与通货膨胀之间的关系。从上文的分析框架可见，2009 年 9.6 万亿元的信贷投放与当年 8.7% 的 GDP 增长之间是大致吻合的，短期来看，信贷增长并未严重超出实体经济所需，加之 8.7% 的 GDP 增速尚未超出当时学术界一般认可的中国经济潜在增长水平，因此这样的货币和经济增长能够有效抵御危机之后的通缩预期，并且在短期内尚不足以引起明显的 CPI 通胀。不过，信贷持续快速增长导致货币供给速度大大加快，却对通胀预期产生了明显影响。受国际金融危机冲击，2008 年 11 月我国 M2 增速降至 14.8%，但此后持续快速回升，2010 年第一季度和第二季度末分别回升至 25.5% 和 28.5%，至 11 月份高点时达到 29.8%。与此同时，全球主要经济体也几乎都处于快速放松货币条件的阶段。国际金融危机爆发以后，美联储先后十次降息，联邦基金利率从 5.25% 降至 0 ~ 0.25%，欧洲央行连续七次降息 325 个基点至 1%，日本央行先后两次降息 40 个基点至 0.1%，英格兰央行则连续九次降息至 0.5%，主要经济体政策利率都已降至零或接近零的水平。在实施"零利率"政策之后，为继续发挥货币政策刺激总需求的作用，主要经济体还采取了以数量调节为主的一系列非常规货币政策措施，通过购

---

① 随着经济形势变化，股市、债市等其他渠道的融资状况也会发生变化。在测算全社会融资条件时严格来讲应该考虑这些领域的变化。为简化分析未考虑这些因素，但这应不会明显影响文中基本的分析框架和估算结果。

买债券及其他创新工具直接向经济体注入流动性。应当看到，"货币多了就会通胀"是被经济主体广泛接受的理念，在全球快速放松货币条件的大背景下，通胀预期开始较快上升。在一揽子政策措施的综合作用下，中国经济在全球率先复苏，伴随经济持续较快回升，通胀预期开始以房地产、股票、黄金价格快速上涨的形式表现出来，初级产品价格也出现了明显反弹。应当说，股票和初级产品价格与经济基本面的关联性相对更强，正因为如此，在 2009 年下半年国内宏观政策根据新情况、新变化实施动态微调、国际经济复苏也出现一些波动之后，国内股票和国际初级产品价格出现了一定程度回调。比较来看，房地产以及黄金等贵金属则更具抵御通胀的作用，在通胀预期持续上升的情况下，这类商品价格出现了持续大幅度上涨。总的来看，我们可以这样理解，2009 年以来的新增货币供给主要支持了一揽子刺激政策和政府重点项目，但由此也引发了通胀预期，导致存量货币流通速度加快，推升了房地产、黄金等一般认为具有抵御通胀作用的商品价格。这种上涨在一定程度上吸收了货币增多导致的通胀压力，由此也可以解释各口径货币指标 CPI 预测准确性明显下降这一现象。当然，从中长期视角看，由于全社会货币存量较快扩张，潜在的通胀压力上升，特别是一旦出现乐观情绪加剧通胀预期，货币流动速度趋于加快，就会造成 CPI 通胀明显上升，而全社会债务和杠杆率的较快上升也会增大未来的经济金融风险，并抑制经济进一步增长的空间。

专栏 5　大潮退去，方知谁在裸泳：国际视角
看中国的信贷扩张

国际金融危机爆发以来，中国保持了强劲的增长，但由于高度依赖信贷和投资来维持经济活动，脆弱性在增加。快速的增长在一

定程度上掩盖了过去的某些问题，结果是杠杆水平持续增高，损害了金融部门、地方政府和企业的资产负债状况。这最为明显地体现在社会融资总额的持续快速扩张上。社会融资总额占 GDP 比例多年来一直大体保持不变，但 2009 年以来急剧上升（仅仅四年内就增加了 GDP 的 60%）。从国际视角看，中国近期出现的信贷繁荣并非没有先例。然而，国际上的各种先例也都说明了相关的风险，因为大多数信贷繁荣导致了衰退、银行业危机，或二者皆现。①

Dell' Ariccia、Igan 和 Laeven（2012）研究发现②，信贷与 GDP 之比与趋势偏离的百分点（"信贷缺口"）可以很好地预测金融危机。他们使用了与三次方程趋势的偏离，将其应用于中国，该方法显示中国仅在 2008～2009 年有信贷繁荣迹象。但如果使用与实时 HP 趋势的偏离，则显示中国在 2008～2009 年经历了大规模繁荣，在 2012～2013 年经历了小规模的繁荣。不同的信贷衡量法均得出了这些一般性结论。然而，由于中国趋势信贷增长速度很快，因此这些"信贷缺口"技术也许低估了中国的信贷繁荣。

研究显示，信贷繁荣如果开始时其信贷与 GDP 之比就较高，且持续时间较长，那么其更有可能会导致系统性银行业危机爆发。在过去五年里，中国的全社会融资总量的存量增幅为 GDP 的 73%，而经调整的全社会融资总量和非金融部门获得的银行信贷的增幅为 GDP 的 30% 左右。通过观察 50 年里 43 个样本国家的情况，工作人员仅发现 4 起事件的信贷增长规模与近期中国全社会融资总量的增长规模类似。繁荣期之后的三年内，上述 4 个国家均爆发了银行业

---

① 本专栏根据国际货币基金组织《中华人民共和国第四条磋商工作人员报告》（2013 年、2014 年）等有关内容摘编整理。详见 www. imf. org。

② G. Dell' Ariccia, D. Igan, L. Laeven, Credit Booms and Lending Standards: Evidence from the Subprime Mortgage Market, Journal of Money, Credit and Banking, Volume 44, Issue 2－3, 2012.

危机。如果将阈值调低为五年内的信贷增幅为 GDP 的 30%，则得出了 48 个信贷繁荣期，其中的一半在之后出现了银行业危机。

中国需求管理面临的挑战是，在推进经济必要调整的同时防止经济增长过于急剧地减缓。结构改革将促进经济增长并解决脆弱性，但还需采取进一步措施。特别是，应当削减预算外支出，进一步控制信贷增长，并放慢投资增长，以控制风险。这些政策在短期内势必对经济活动产生抑制作用，但结构改革将在长期内促进经济增长。需要在减少脆弱性与维持经济增长之间寻求适当的平衡，这是一个持续的挑战。中国当局应接受低一些的经济增长率，只有在经济增长可能减缓到显著低于目标水平时，才应采取刺激措施。

（三）进一步的分析和启示

对国际金融危机以来价格走势的分析再一次表明，结构性价格上涨已成为当前通货膨胀的重要表现形式。我们的研究发现，经济金融全球化对通货膨胀的生成机理产生了显著影响（张晓慧、纪志宏和李斌，2010；李斌，2010），经济全球化一方面极大地拓展了市场空间，加速了资源的重新整合与配置，使规模经济效应以及外包（outsourcing）等带来的低成本优势得以强化，显著增强了工业生产和产出供给能力，抑制了一般性商品通胀；但另一方面全球化生产、发展中经济体快速融入全球市场等也大大增加了对初级产品和资产的需求，这类产品的重要特征是供给弹性有限，在需求增长和通胀预期上升的情况下，容易出现价格的持续快速上涨。这种"两部门"现象使通货膨胀的生成机理和表现形式发生了明显变化，结构性的价格上涨开始成为通胀的主要表现形式。由此经济运行中出现一个重要而有趣的现象：一方面是 CPI 通胀总体较为稳定，变化不是特别显著，但另一方面资产价格和金融市场波动则明显加大，系统性风险上升，经济不稳定的信号最初不是由 CPI 通胀而是由信贷和资产价格的变化表现出来。CPI 特别是核心 CPI 在衡量经济周期变化上变得相对滞后。关于结构性通胀我们在下文中还要做更深入、详尽的分析。

通货膨胀机理变化对宏观调控提出了新的要求。宏观政策需要更多关注更广泛意义上的整体价格水平稳定，更多关注市场预期以及经季节调整的环比数据变化以提高政策的前瞻性和有效性。实际上在 2009 年第二季度时，虽然同比 CPI 仍然在负值区间运行，但季节调整后的 GDP 环比年率已超过 15%，信贷增速也大幅度提高，这种主要依靠政策推动的经济过快增长不可能长期持续，宏观政策根据形势变化做出了适度微调。总的来看，国际金融危机后国际上已开始反思单一盯住 CPI 通胀的货币政策框架可能存在的问题，考虑到通货膨胀的形成机理和表现形式正在发生变化，货币政策有必要更多考虑更长期的货币稳定、金融稳定和宏观总量风险问题，更多关注诸如资产价格、信用扩张等可能显著影响价格和金融体系稳定的因素，增强科学性、预见性和有效性。理论上讲，一种工具只能主要解决一类问题，在扩展和优化中央银行政策目标体系的过程中，在充分发挥利率等传统工具作用的同时，金融宏观调控也亟须丰富和补充新的工具，强化宏观审慎管理，及早防范系统性风险，提升金融支持经济增长的可持续性。正如 IMF 首席经济学家布兰查德所指出的，宏观审慎管理是对货币政策传统工具的补充，能够发挥利率等总量手段所难以起到的功能。货币政策与宏观审慎管理之间有相当紧密的联系，甚至是你中有我，我中有你，需要相互融合在一起。不过，工具增多也会导致更加复杂的交织影响，如何实现货币政策与宏观审慎政策之间的协调和互补还需要持续的探索和研究。

此外，从本次应对国际金融危机的调控政策来看，多运用市场化的有弹性的政策工具实施宏观调控，对于保持经济平稳增长具有重要意义。行政手段的优点是短期见效快，但广泛采用行政性调控措施容易造成"一刀切"，转弯太急，微观主体难以适从，长期看反而可能加剧经济波动。在市场经济环境下，应多运用市场化手段和价格工具实施调控，以此引导微观主体行为并给予其一定的弹性空间。同时，也要进一步采取放松管制、降低税负等有利于结构调整和强化内生增长动力的措施，引导经济实现稳定和可持续的增长。

五、结构性扭曲与金融资源配置：进一步的分析

在前面几节，我们分时段对我国货币、经济增长、通胀之间的不同组合关系及其内在机理进行了分析，并在分析中坚持使用了多部门和结构主义的方法，并得到了诸多有趣的发现和结论。在本章的最后，我们则试图分析近十多年来中国经济高速增长动力机制及其变化，其目的在于分析当前中国的经济表现及其形成机理，研究结构性扭曲对金融运行进而对货币政策可能产生的影响，这些对研究未来的发展和改革策略、准确把握货币政策的功能与定位是十分重要的。

对我国经济的快速增长可以有很多角度的理解。从发展动力角度看，最近十年的快速增长得益于特殊的制度安排有效弥补了经济的深层次结构性问题，形成了独特的发展模式。但这种模式本身也是一把"双刃剑"，在快速发展的同时也内生了制约进一步发展的因素。

概而言之，我国存在两个不利于经济增长的重要问题，一是储蓄率高，内需不足；二是信用环境有待完善，企业家相对缺乏。但近些年来，依赖特殊的制度安排有效弥补了上述缺陷，促成了经济的高速发展。一方面，通过加快开放、加入 WTO 及赶上以美国高消费带

动的全球高增长周期，通过外需与国内低成本生产要素结合带动了国内生产；另一方面，以地方政府信用及土地财政做支撑，实现了地方政府主导的大规模城市新区、基础设施和房地产建设。由此形成由外需和内需（以投资为主）"双推力"相互促动的高速发展模式。

进一步观察，地方政府主导经济发展遵循大致相同的模式：首先以土地增值作抵押，进行大量（银行）融资，然后利用这些资金进行大规模的开发区、各类园区、旧城改造和基础设施建设，之后再进行招商引资和房地产开发，以房地产增值收入归还银行贷款或再支持其他建设。由此形成一个循环。现实中这样的操作手法不胜枚举。以某地举办世界园艺博览会为例，兴建园区共向银行举债数十亿元，但门票和旅游收入明显不足，主要就是依靠闭园后周边开发房地产获得收入来支撑债务链条。

短期看，上述循环是一个"多赢"的选择。城市面貌大幅改善，建设过程中企业获得发展，居民收入增加，而基于环境改善和收入增长，房地产价格也会上涨，这样政府来自房地产的收入增加，从而可以维持负债和资金链条。多方面的数据表明，在过往十年中几乎所有城市都进行了体量庞大的新城和开发区建设，基础设施大为改善。这种"经营土地"的增长模式具有十分明显的优势，它以政府信用和土地做支持，投资规模往往以百亿元、千亿元计，是仅靠民间资本自发积累所不能想象的，它以快速的城市化带动工业化，并在此过程中提升经济的潜在增长水平，从而成为经济快速增长的强大推动力。

国际金融危机爆发后，"双推力"中的外需动力显著萎缩。为弥补外需不足带来的冲击，我国推出了一揽子经济刺激计划，有力地促进了经济平稳增长，在这一过程中地方政府主导的"经营土地"和大规模融资建设模式得到进一步强化。其弊端也逐步显现出来。

实际上，地方政府"经营土地"的增长模式高度依赖于一个基本前提，这就是房地产价格的不断上涨。只有土地不断升值，才能维持上述链条正常运转。但房地产价格短期过快上涨很容易挤压经济进一步增长的空间。由于地方把土地收入作为经营城市和财政增收的来源，在土地供给上以升值和收益最大化为目标，像"挤牙膏"似地一点一点地供地，也容易导致房价高企，进而成为进一步推进城镇化战略的阻碍。由于土地增值收益主要由政府获得，在收入分配上倾向于政府和企业，也会加剧投资过高、消费不足的不平衡格局。

当中央政府开始调控房地产价格后，房地产市场回落使地方土地收益明显下降，加之处于风险考虑信贷调控也在强化，在前几年高债务杠杆的压力下，地方平台开始更多依靠债券、信托、私募及其他影子银行进行融资，融资渠道更加复杂、透明度差，且呈现"久期缩短、成本上升"的态势，而这正是一般债务危机的潜在风险表现之一。初步估算，2012年末我国总债务率（总债务/GDP）在210%～220%，虽不及一些发达经济体，但已高于绝大多数新兴经济体。虽然一些专家认为我国国内储蓄率高，债务累积以内债为主，出现风险失控的可能性比较小，但对债务率持续上升可能导致的风险仍不可小视。

我们之所以认为我国经济可能经历一个内生动力不足、结构调整和自我修复的过程，主要就是基于对上述"双动力"模式趋弱的判断。一方面，全球经济尚在经历再平衡调整，新的强劲增长模式尚未形成，欧元区以及日本等深层次体制性问题都尚未解决，外需环境短期内难有大的改观。另一方面，国内依赖地方政府主导的发展模式，在经历前几年快速膨胀之后，也面临房地产价格高企、债务杠杆快速上升、产能过剩矛盾突出、资源环境约束明显增强等多重约束，潜在风险也在上升，进一步容忍房价上涨和加杠杆的空间都十分有限。

由于内生增长动力不足，我国经济可能呈现出以下特征：一是经济增速会较前些年下降,与之前高增长相匹配的产能过剩问题凸显。二是经济运行呈现脉冲式的小幅和反复波动特征,下行压力较大。三是未来一段时期经济总体将承受降杠杆和去产能的压力,经济增速应相对慢一些为宜。

从金融角度看,近些年来的金融运行基本附着在上述经济发展模式上。在经济中存在大量财务软约束和对利率不够敏感的部门时,结构性问题会使货币运行路径发生变化,这类似于我们在"两部门"模型中分析的情景。由于有政府信用和充足抵押品的支持,加之融资需求大,金融资源自然容易流向软约束部门和房地产领域,并通过相互推动逐步强化。软约束部门和房地产业对利率往往不够敏感,加之融资量大,容易推升利率水平,导致价格杠杆扭曲,从而对其他经济主体尤其是民营经济形成挤出。PPI 已连续两年多持续负增长,以 2014 年以来的数据测算,以 PPI 平减的实际贷款利率在 9% 甚至更高水平。一方面,以实体经济收益衡量的实际利率并不算低,但另一方面,全社会融资需求仍很旺盛,扩张动力依然较强。这意味着大量资金是流向地方平台和房地产业的。这很容易造成金融资源配置上的扭曲。经济结构决定着金融结构。上述现象也使总量调控面临难题:从实际利率看,似应降低名义利率水平,但这不符合抑制总量扩张的要求,且还可能进一步刺激软约束部门和房地产投资;从软约束部门和房地产快速扩张的角度看,似应提高名义利率水平,但这又会对一般产业形成打压。在这样的环境下,宏观总量政策的边际效果是下降的,总量政策实际上难以应对结构性问题。近年来,虽然宏观部门和监管机构做了大量工作,但反映一般企业"融资难、融资贵"问题似乎越发突出,究其原因与经济发展模式有很大关系。或者说,这实际上是特殊的经济增长模式在金融领域的自然映射。金融资源配置的投向、风险及其可能的调整变化都可以在这个框架中得到理解。

专栏 6　"超额"货币需求与软预算约束理论[①]

软预算约束（Soft Budget Constraints）是针对硬预算约束提出的一个合乎逻辑的反义概念。硬预算约束不仅是私人企业严格遵守的重要范畴，也是传统微观经济学和宏观经济学理论的基本假定，这些理论含蓄地假设消费者和生产者都在明确的硬约束中活动。匈牙利经济学家亚诺什·科尔奈（Janos Kornai）1980 年在《短缺经济学》一书中深入研究了传统的社会主义计划经济模式，并首创性地提出了软预算约束的概念，用于解释在价格机制下社会主义体系中的短缺现象。具体地，国有企业即使亏损也能生存下去，因为国家总是不断地、仓促地对它提供救助，科尔奈把这种状态称为软预算约束。相反，硬预算约束则意味着一个支出大于收入的企业将无法维持下去。政府给亏损企业注资，短期内可能是有效的，但从长期看，这些企业会像吸食了鸦片的人一样，滋生一种恶习——向政府要求资助、资助、再资助。

科尔奈认为，软预算约束大致有五种表现：一是政府定期或不定期地向效益低下的企业发放财政补贴；二是软的税收制度，企业可以就纳多少税的问题同政府讨价还价，甚至干脆可以不纳税；三是软的银行信贷，即亏损企业也能很容易地从银行获得贷款，导致银行不良贷款比例升高；四是软的商业信用，例如，企业甲向企业乙供货，企业乙却不按时向企业甲付款，长此以往，可能在企业间形成债务锁链；五是企业拖欠工人的工资。理智告诉我们，经济的

---

① 该专栏部分内容摘编自《匈牙利著名经济学家亚诺什·科尔奈提出：硬化预算约束是一场战争》，载《中国改革》，1999（9）；以及许罗丹、梁志成的《软预算约束与社会主义国家的经济转轨——软预算约束理论二十年发展述评》，载《经济科学》，2000（4）。专栏标题由笔者自行添加。

高效运行需要硬预算约束。政府不会不明白这一点，然而它们为什么要违背经济规律，选择软预算约束呢？科尔奈认为，这大概出于四种动机：其一，担心形成负面影响，比如，一家亏损企业同时又是垄断者，若让它破产就会带来供给困难；其二，考虑到声誉问题，比如，某个投资项目被发现是错误的，但签字批准该项目的官员为掩盖其错误，仍继续增加拨款；其三，迫于政治方面的压力，例如，为避免工人失业而不肯让亏损企业破产；其四，由于官员的腐败，比如，施援的机构与被援助单位的领导人之间有某种私人关系。

在软预算约束下，由于企业不必承担决策失误所应承担的风险，就可能产生不负责任的经营。而银行向亏损企业提供贷款，必然会不断出现坏贷款，从而产生对货币的超额需求。只有在硬预算约束下，企业才会有改善其经营结构的紧迫感，以免遭破产的命运。科尔奈还认为，发生在泰国等东南亚国家和韩国的泡沫经济，其实都同软预算约束有关。他认为，预算约束硬化不仅是一场战斗，而且是一场战争。从根本上说，预算约束硬化有赖于产权改革。解决这一问题没有立竿见影的办法，它需要坚持不懈地斗争。斗争的办法可以有多种，如制定亏损企业破产法、现代会计法、现代银行法等，更重要的是将这些法律真正付诸实施。

软预算约束理论在20世纪80年代初期的中国经济学界曾产生很大反响，深刻影响了不少中国经济学人。随着应用领域的不断拓展，软预算约束已经成为一个基础概念，被广泛应用于各项相关的经济前沿研究，并且取得了巨大的进展。然而，该概念的生命力还远不止如此。预算约束的软硬程度、预算约束硬化的方法和技巧的应用、它们对决策者的影响及其对社会主义国家经济发展的现实指导意义等方面的研究都是该理论的重要组成部分。

当前我国经济的主要问题，归结起来，就是依靠外需和地方政府主导大规模投资的增长模式难以持续，但新的增长动力又尚未形成，由此须依靠政府主动加杠杆来托举经济，但动力不足情况下债务快速累积，又造成风险持续上升。解决之道可能在于两个方面，一是要把握好平衡；二是要尽快找到增长动力，带动经济走出徘徊，并通过高增长实现去杠杆。前者是基础，后者是根本。鉴于此，可能需要采取以下措施：

一是要保持稳定适中的货币金融条件。金融是经济增长的强大助推剂，转变经济发展方式必须把握好货币金融的"度"。在结构性矛盾突出的情况下，货币环境不能太紧，否则可能影响经济平稳增长，也使结构调整不具备条件，还可能触发潜在风险。货币环境也不能太松，否则结构调整动力不足，且会累积更大风险。重点是要为经济结构调整与转型升级创造适宜的金融环境，并促进经济运行在合理区间，这样市场主体就能有一个合理和稳定的预期。在一个软约束和结构性矛盾较为突出的经济环境下，占优策略首先应是允许软约束和影子银行部门出现一定调整，释放一定风险，使之行为趋于理性，之后货币政策再及时适度微调，否则简单实施货币"放水"反而可能进一步固化经济的结构性扭曲，积累更多矛盾和风险。当然，需要把握和权衡好两者之间相互衔接的时点，在经济调整过程中也要防范出现区域性、系统性金融风险，维护好整体金融稳定。

二是要提高对产业兼并重组和结构调整的容忍度，并提供适当的政策环境。结构调整过程"不破不立"。目前的制造业产能是与以往高投资、高增长相匹配的，随着经济潜在增速下行必然会出现产能过剩问题，不仅影响经济效率，还占用大量金融资源。调整必然是一个先抑后扬的过程。要容忍阶段性"变差"。在这个过程中，要落实好社会政策要"托底"的要求，着力保障和改善民生，支持企业转型升级，搞好失业救济和再就业培训。要加强对商业银行的引导，提供激励相容的政策环境。金融机构用好增量，盘活存量，其资产扩张速度就可能变慢，就可能出现一些坏账，就可能有短期的效益下降，也就可能在表面上看出现整体资金效率阶段性下降的现象，这些都是正常和必然的。要更科学合理地考核银行经营绩效，更多用中长期眼光看待和思考问题。同时，也要有效防范系统性金融风险，督促金融机构加强内控和风险管理，继续加强对金融创新和业务发展中潜在风险的监测，守住不发生系统性、区域性金融风险的底线。

三是要加快转变政府职能，逐步改变"经营土地"的大规模投资增长模式。加快推出市政债的有关工作，建立规范透明的地方融资机制。增加地方平台资产负债透明度，适当限制其融资增长。推进物业税、房地产税，完善中央和地方财税关系，减轻地方政府对土地收入的依赖。增加房地产有效供给。研究对地方债务率进行量化管理，确定警戒水平和必要上限。理顺市场与政府的关系，市场能做的都交给市场，政府重在完善规则，营造公平、高效的政策环境。

四是要加快经济结构调整和改革，释放经济增长潜力。这也是解决问题的根本之道。目前的问题是，竞争性领域效率较高，但相当部分已过剩。非完全竞争和垄断行业供给不足，但有准入限制，有潜力但释放不出来。由此大量资源可能流向房地产等领域，助长经济泡沫。要进一步深化改革开放，推动国有企业改革，促进公平准入。应在全社会形成鼓励创新、自由创业的氛围。进一步推进金融改革，完善金融组织架构，提供更好、更全面覆盖的金融服务。总体看就是要尽快形成新的增长引擎，这也有利于金融资源找到新的配置空间，更加有效地支持经济结构调整和转型升级。

专栏7　总需求刺激还是经济结构调整①

国际金融危机的全面爆发至今已有多年，但是全球经济仍在努力摆脱国际金融危机带来的长期性低迷。经济长期性低迷的深层次原因是什么？解决的方法又是什么？这些问题都不容易解答。目前主要有两种观点：一是"需求缺口观点"，强调主要问题是由于全球总需求存在长期缺口，主张进一步采取传统的扩张性政策；二是"资产负债表观点"，认为解决问题关键是消除资产负债表衰退对经济增长造成的障碍。需求缺口观点广为人知，该观点认为全球需求存在着长期性缺口，而那些受危机影响的发达经济体尤其严重；资产负债表观点不那么广为人知，该观点承认存在需求缺口，但其原因是由于资产负债表衰退及由此引起的信贷需求疲软，这使得传统总需求管理政策的效果被削弱。我认为，后者更加可信。具体地，资产负债表观点强调资产负债表和经济活动的紧密联系。它关注的是在金融繁荣时期资产负债表问题和实体经济中的相关扭曲是如何发展的，这些问题和扭曲在经济上升时很难发现，只有在经济萧条时才会现身。该观点承认金融因素的力量，但也认为只有结构性的金融因素才是长期增长的关键。

关于政策建议，首先我想说明这两种观点在以下关键点上是一致的：在国际金融危机发生的时候，当金融市场严重受创时，首要任务是避开崩溃的金融体系与经济活动间的不稳定的螺旋关系。特别是在危机管理阶段，央行应使用一切手段积极应对以解决市场缺陷和重振信心，始终充当传统的最后贷款人角色。但当进入下一个阶段，问题不再是重振市场信心，而是努力促进可持续增长的时候，这两种观点在政策"处方"上的差异就会更加明显：

---

① 摘译自 BIS 总经理卡鲁阿纳（Jaime Caruana）2014 年 4 月在哈佛大学发表的题为"Global Economic and Financial Challenges：A Tale of Two Views"的主题演讲，来源：www. bis. org。专栏标题为笔者自行添加。

　　在危机管理阶段过后，需求缺口观点的政策"处方"非常直接。既然存在一个缺口，就必须填充这个缺口，首要任务是传统的需求刺激。甚至有些人觉得，超出目标的通胀也是一种解决办法：它减少了政策利率再次达到零利率下限的风险，并且能够减少债务的实际价值。此外，应该实施更加扩张性的财政政策，进一步刺激需求；任何必需的财政整顿都可以等以后更好的时机再用。应该减少使用审慎政策，以避免信贷供应紧张。结构性政策虽然很重要，但是也可以留待日后再用。

　　资产负债表观点的政策"处方"是不同的。其首要任务并不是采用传统的需求管理方法机械地弥补产出缺口，而是通过积极地修复资产负债表来为经济自我快速复苏奠定基础，以解决危机遗留问题和减少长期缺陷的风险。在这个阶段，货币政策应该与审慎政策和财政政策相互配合，以正面解决债务挤压和资产质量恶劣之间的相互联系。而且，若要减少未来增长的障碍，货币政策应该让步于结构性政策。在决定货币政策的宽松程度时，应当慎重辨别通胀下行压力到底是由于积极的供给增长还是内需缺口。

　　总的来看，需求缺口观点忽略了短期刺激和长期增长之间的关系。而资产负债表观点从根本上是关于跨期的一种权衡：短期内刺激需求会给今后的经济发展带来更多的"揪心之痛"，协调短期和长期发展的唯一途径就是着力提升后者。因此，对仍然处于资产负债表衰退恢复阶段的国家来说，应直面解决债务累积和资产质量恶劣的有害关系，且减少使用传统的总需求政策，因为这些政策有效性低，长期看来可能会在某一个时刻适得其反。对于那些正经历金融繁荣的经济体，要积极主动地借助这种繁荣，但不要被其繁荣的虚假表象所迷惑。必须确保财政账户稳健，金融机构资本充足，并竭力实施结构性政策。

六、小结

在这一章，我们主要运用"两部门"等结构化方法分时段考察了货币供求与增长、通胀之间的交互动态。研究发现，在判断经济形势、货币运行与制定政策时应当注意到我国经济的"两部门"结构性特点及其影响。应当进一步关注垄断类产品部门的规范发展。通过政策调控，合理确定此类产品价格，抑制价格过快上升；同时应加快公共和垄断部门的改革。在改革推进过程中，应注意投资改革和消费改革相互协调，共同推进。应当加快投融资体制改革，适当抑制社会供给能力的过快增长。重视经济增长的协调性和可持续性。改革分配体制，缩小收入差距，进一步推动"三农"问题的解决，提高农民收入，扩大农村市场需求。应当特别关注房地产以及资本市场可能出现的泡沫经济。

在经济中存在大量财务软约束和对利率不够敏感的部门时，结构性问题会使货币运行路径发生变化。由于有政府信用和充足抵押品的支持，加之融资需求大，金融资源自然容易流向软约束部门和房地产领域，并通过相互推动逐步强化。软约束部门和房地产业对利率往往不够敏感，加之融资量大，容易推升利率水平，导致价格杠杆扭曲，从而对其他经济主体尤其是民营经济形成挤出。在这样的环境下，宏观总量政策的边际效果是下降的，总量政策实际上难以应对结构性问题。在一个软约束和结构性矛盾较为突出的经济环境下，占优策略首先应是允许软约束和影子银行部门出现一定调整，释放一定风险，使之行为趋于理性，之后货币政策再及时适度微调，否则简单实施货币"放水"反而可能进一步固化经济的结构性扭曲，积累更多矛盾和风险。当然，需要把握和权衡好两者之间相互衔接的时点，在经济调整过程中也要防范出现区域性、系统性金融风险，维护好整体金融稳定。

第十一章　货币供求与产出—通胀动态：中长期视角

一、为什么不同经济体的货币总量及 M2/GDP 会相差甚远

在这一章里，我们转向中长期视角，研究决定货币总量及 M2/GDP 水平的因素，并探究 M2/GDP 的动态演进轨迹。我们希望分析清楚一个有趣的问题，这就是在同样支持了经济增长和保持物价基本稳定的情况下，为什么不同经济体之间的货币总量和 M2/GDP 值会相差甚远。为什么有的经济体货币总量较多、M2/GDP 很高，有的却很低。我们同样以结构化视角来观察和研究这一问题。

首先想说明的是，M2/GDP 曾被作为衡量金融发展和货币深化的一个指标，但随着金融市场和金融产品多元化发展，M2/GDP 已不具备理论上的严谨性和国际间的简单可比性，与宏观经济的关系也不稳定，因此并不是一个"好"的指标。不过，由于 M2/GDP 简单直观，易于理解，在我国仍然是一个被广为使用和受到高度关注的指标，频繁地被用来说明"货币超发"、通胀风险大等问题，并且每隔一段时间就会被拿出来"热炒"一番。特别是在我国广义货币 M2 总量超过 100 万亿元关口时，有关货币总量及 M2/GDP 问题再次成为社会焦点。因此有必要对这一问题进行分析研究。从现实情况看，理论界和社会上对我国 M2/GDP 值偏高存在很多十分流行的观点和解释，其中有合理的分析，但也有相当部分的解释似是而非，看似合理，但稍一推敲就

会有明显漏洞；而有些解释虽然结果可能是对的，但对其机理的分析实际上并不符合货币金融学的基本原理，难以经得起学理检验。此外，现有的不少解释往往还只是一些理论假想和逻辑推理，也缺乏严谨的实证检验。这些都要求我们对 M2/GDP 问题进行系统、深入的理论和实证研究，或者说进行严谨和规范的经济学分析。

基于上述考虑，本章试图对与 M2/GDP 有关的诸多问题进行阐释。这包括：究竟是什么因素决定一国 M2/GDP 的高低；为什么我国的 M2/GDP 在 2003 年之前持续上升，而在之后的较长时间里却停止上升甚至出现下降；M2/GDP 与通货膨胀之间是什么样的关系；我国 M2/GDP 未来可能会遵循怎样的变化路径，是否存在一个上升极限，若存在会大致在怎样一个水平；宏观政策应如何把握和采取怎样的应对态度。在确定了上述研究问题后，研究方法就至关重要。为防止先入为主地使用某种理论从而可能得到有局限性的认识，我们并未遵循先给出理论框架（模型），然后进行经验验证的一般写作过程，而是首先逐项检验已有的种种理论解释，通过逐项"排查"找到正确的影响因素，以此着手对 M2/GDP 问题进行分析。通过使用上述方法，我们建立了一个基于货币创造理论的银行资产负债—储蓄率框架，解释了有关 M2/GDP 的一系列基本问题及其形成机理，并进行了相应的国别实证研究。同时，我们也求解了我国 M2/GDP 的动态演进路径，从而对其未来可能变化进行了量化分析，并给出了合理确定 M2 增长目标的参考建议。

二、关于 M2/GDP 的"典型事实"观察与既有观点剖析

为更清晰地观察"典型事实"并进行理论剖析，我们首先给出了改革开放以来我国 M2/GDP 的变化轨迹以及部分主要经济体货币总量/

GDP 的情况（见图 11.1 和图 11.2）。从我国情况看，2003 年之前 M2/GDP 呈持续上升态势，2003 年之后则趋于平稳甚至有所下降，但在 2009 年又出现一次明显跳升。我们将在下文对这些变化逐一进行解释。事实上，从 20 世纪 90 年代我国 M2/GDP 问题开始受到理论界关注至

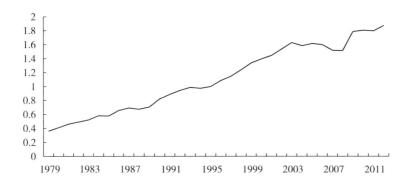

图 11.1　我国的 M2/GDP 变化

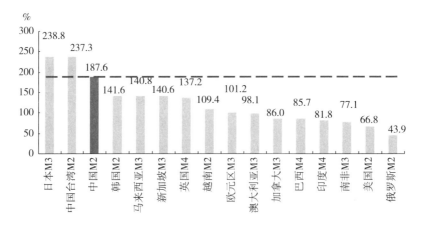

注：上图中国、美国、日本、新加坡、俄罗斯、南非为 2012 年数据，其他国家为 2011 年数据。

数据来源：Wind。

图 11.2　全球主要经济体广义货币/GDP 比较

今，有关货币与经济总量比例的问题已形成大量文献。汪洋（2007）曾就此做了较好的文献综述工作，这里不再赘述。总体来看，就我国 M2/GDP 较高的原因形成了几大类十分流行的观点。即使在近期媒体热辩我国 M2 超百万亿元以及所谓"货币超发"问题时，这些理论观点仍被普遍使用。这些观点有些是较为正确的，有些则存在明显的漏洞或者已不再适用。需要我们对这些理论观点进行系统梳理。

一是货币化理论。用货币化来解释我国 M2/GDP 较高在国内最早由易纲（1995）提出，是非常有影响力的理论。这一理论认为，改革开放以来，我国从计划经济体制逐步向市场经济转型，计划经济下很多产品通过直接划拨等方式进行分配，落后地区还存在以物易物的交易方式，全社会货币需求较小。随着市场化程度不断提高，土地、房产等越来越多的商品借助货币来标注价值、媒介交易，货币化进程大大增加了全社会的货币需求，而且由于有实物对应，这种货币增长并不会引致通货膨胀，或者说，大量的货币被经济消化了。由此，货币增长率可以由四个因素来解释，这包括货币流通速度下降、货币化进程提高、GDP 增长和通货膨胀，即 $\dot{M} = -\dot{V} + \dot{\lambda} + \dot{Y} + \dot{P}$（其中 λ 代表货币化程度），这实际上也是给传统货币数量方程引入了新的影响变量。货币化理论对于早期解释货币需求总量增长，测算货币需求变化具有重要意义。但也存在一些不足，特别是在解释我国 M2/GDP 持续走高方面有比较明显的缺漏。首先，货币化同时也是实物产品计入 GDP 统计的过程，因此 M2/GDP 中分子和分母很可能是同时等量增加的，不应该出现 M2/GDP 持续上升的现象。尤其是在 M2/GDP 超过 100% 时就更难解释。其次，正如汪洋（2007）所言，货币化理论也无法从国际间横向比较中来解释 M2/GDP 高低。发达经济体金融发展充分，货币化程度高，按理其 M2/GDP 应当更高一些，发展中国家则应相对低一些。但事实显然与此相悖，观察图 11.2 可知，一国货币化程度与其 M2/GDP 高低之间没有必然联系。如美国早已完成货币化进程，但

2012 年其 M2/GDP 只有 0.67，远低于我国 1.88 的水平，而同为新兴市场经济体的俄罗斯则只有 0.44。显然，这些用货币化理论都难以解释。至于更细致的分析，如为什么 2003 年之后的较长时间里我国 M2/GDP 会由升转降、2009 年又会再次回升等，更是无法用货币化来解释和分析。

二是所谓金融深化理论。这一理论将 M2/GDP 视为金融深化的表征，并以金融深化程度不断加深来解释 M2/GDP 的持续上升。不过，这一理论的缺陷也是很明显的。形成于 20 世纪 60 年代的金融发展理论认为，金融发展与经济增长之间存在正相关关系，金融深化就是通过金融产品的快速增长来形成金融和经济发展之间的良性关系。为检验金融发展与经济增长之间的关系，金融发展理论提出了金融相关比率（FIR）的概念，即某一时点上金融资产与国民财富之比，而 M2/GDP 正是根据金融相关比率的基本思想形成的一个量化指标。与 M2/GDP 类似，金融发展文献中还包含着诸如股票市价总值/GDP、股票成交总量/GDP 等一系列指标。也就是说，M2/GDP 只能衡量金融相关性的一个部分，而不能代表金融资产的全部。如果说在金融发展理论的早期（20 世纪六七十年代以前），银行融资仍在金融活动中占据相当重要的位置，因此使用 M2 尚能较好地代表金融资产总量的话，那么随着直接融资和金融市场的快速发展，金融结构发生了显著变化，金融资产构成日益复杂，M2/GDP 就越来越难以表征金融发展与经济发展的相关性。而且，理论和实践的发展也表明，M2/GDP 指标所反映的信息本身也是模糊的，并不具有特别的含义，这一指标的上升既可能是金融深化而形成，也可能是金融抑制的结果。如果以全部金融资产而不仅是 M2 来衡量的话，很多经济体都要比中国高。例如，以 2012 年数据测算的金融资产总量（包括广义货币、股票市值和债券余额）/GDP 值，美国、欧元区和日本分别为 4.2、3.3 和 5.1，均远高于同期我国 2.8 的水平。此外，即使直接使用 M2/GDP 进行比较，我们也同样面临类似货币化理论的难题，无法进行国际比较。美国、欧元区等发达经济体金融深化程度都要远超中国，但其货币/GDP 则明显低于我国。可见，用金融深化来解释我国 M2/GDP 较高且持续上升是难以成立的。

三是经济虚拟化理论（或金融市场发展理论）。经济虚拟化理论实际上是货币化理论的一个延伸，强调了金融市场（股市、债市）发展会增加货币需求，需要把这部分因素纳入传统货币数量框架，由此可以解释货币供给增长快于 GDP 增长这一现象。尤其是我国金融市场发展基本上是从无到有，且增长速度很快，如沪深股市总市值从 2002 年末的 3.8 万亿元增长到 2012 年末的 23.0 万亿元，交易成交量从 2002 年的 2.8 万亿元增长到 2012 年的 31.5 万亿元；在中央结算公司托管的债券余额从 2002 年的 2.8 万亿元增长到 2012 年的 23.8 万亿元，全国银行间市场成交量从 2002 年的 11.8 万亿元增长到 2012 年的 263.6 万亿元，这些都使得用金融市场发展来解释货币增长快的观点容易被各方接受。如石建民（2001）就认为股票市场交易与货币需求量之间存在正向关系，或者说超额货币被股票市场交易吸收了。不过，这种理论并经不起严谨推敲，实际上金融市场发展与货币增长之间可能会同时相伴，由此在实证上检验出统计相关关系，不过两者可能并不存在必然的因果联系。我们认为，金融市场和证券业发展对货币需求的影响可能是多方面的，存在多种效应，既有增加货币需求的效应，也有替代货币需求的效应。前者相对易于理解，而之所以存在所谓替代效应，主要是因为金融市场或者说直接融资发展会部分替代银行融资，而银行融资（如发放贷款等）会直接派生存款，从而增加货币供给（这一点在下文还有详细阐释）。因此，如果融资更多地借助金融市场的直接融资来完成，由银行资产扩张导致的存款货币就会相应减少，从而使货币增长速度下降。可见，对金融市场发展需要综合评估其货币需求效应和货币替代效应，而不能简单地下结论。实际上，从大量国别研究来看，对货币的替代效应可能会更加显著。很多金融市场高度发达的经济体，其货币/GDP 都是相对较低的，如 2012 年美国 M2/GDP 只有 0.67，英国 M4/GDP 也只有 1.38。迄今我们还找不到虚拟经济发展就会导致 M2/GDP 持续上升的证据。

四是银行不良资产理论。刘明志（2001）、钟伟等（2002）以及谢平、张怀清（2007）等均提出过类似观点，但角度并不相同。刘明志（2001）主要是从银行不良资产比例高，会导致贷款回收困难、银行贷款周转慢来进行解释。谢平、张怀清（2007）则是从所谓内部货币虚增的角度来说明。实际上，更清晰地表述不良资产较高可能对 M2/GDP 的影响可以从银行资产负债表来观察。表 11.1 给出了一张高度简化的银行负债表。假定部分贷款到期，当借款者向银行归还 2000 元贷款时，银行资产方贷款和负债方存款将同时减少 2000 元，由于存款构成 M2 统计的主要部分，因此归还贷款的过程也是全社会 M2 总量减少的过程。不过，如果银行不良资产占比高，意味着很多贷款无法按期收回，从而存款货币也就不能相应减少，因此不良贷款上升就可能导致全社会货币总量相对较多。这是银行不良资产理论合理的地方。但必须看到，不良资产理论要成立还需要一些必要条件。例如，不良资产多会导致货币相对较多，如在表 11.1 中存款就有 8000 元，比归还贷款的情况下（见表 11.2）要多出 2000元。虽然从资产方看存在不良贷款，但对应负债方的存款则都是企业和个人可以自由使用的资金。此时若直接融资发达，存款所有者就可以使用这笔资金去购买债券、股票等，从而支持实体经济增长，导致 GDP 上升，由于分母扩大，分子不变，M2/GDP 就不一定会上升，甚至可能下降。反之，若直接融资和金融市场不发达，存款所有者无法使用这笔资金，那么实体经济发展就只能再依靠银行贷款，进而派生存款，导致更多货币被创造出来。上述分析意味着我们不能孤立地来看不良贷款可能对 M2/GDP 的影响，还必须观察全社会融资结构等其他条件。

表 11.1

资产	负债
贷款 10000 元 　其中，不良贷款 2000 元	存款 8000 元 所有者权益 2000 元

表 11.2

资产	负债
贷款 8000 元	存款 6000 元 所有者权益 2000 元

五是金融资产结构单一和高储蓄理论。这一理论以樊纲和张晓晶（2000）为代表。他们认为，当一国的金融结构以银行为主，金融市场不发达，那么全社会的大部分金融资产就只能以银行储蓄的形式存在，这样准货币就处在一个较高水平，从而导致 M2/GDP 也很高。谢平和张怀清（2007）也持类似观点，认为银行主导的金融系统是导致中国 M2/GDP 高的主要因素。彭文生（2013）则用流动性偏好理论解释这一问题。他认为，我国 M2/GDP 大幅上升不能用朴素的货币数量论来解释，还必须考虑货币的储值功能。如承担储值功能的货币较多，则 M2/GDP 上升也不会带来物价上涨压力。就上述理论假说，我们选择了包括中国、美国、欧元区、日本、韩国、新加坡在内的 18 个经济体进行了实证分析（见图 11.3 和图 11.4）。由于欧元区本身就包括了二十多个经济体，因此这项实证分析实际上基本涵盖了全球主要地区。容易看到，实证结果非常支持 M2/GDP 与融资结构和储蓄率高度相关的结论。

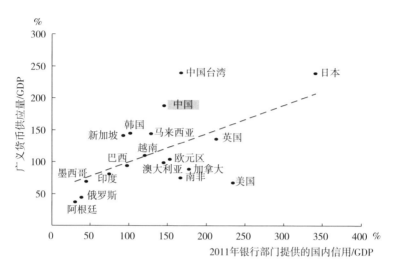

图 11.3 各经济体银行信用/GDP 与广义货币供应量/GDP

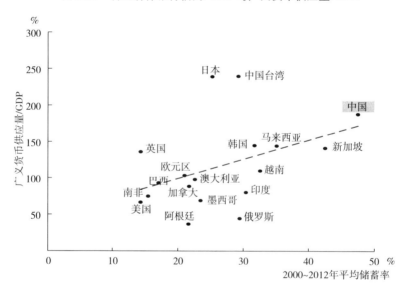

注：上图中国、美国、日本、俄罗斯、南非的广义货币供应量/GDP 为 2012 年数据，其他经济体为 2011 年数据。其中储蓄为总储蓄/GDP。

数据来源：世界银行，Wind。

图 11.4 各经济体储蓄率与广义货币/GDP

三、从融资结构和储蓄率视角理解货币总量

通过上文的梳理，我们会发现已有的关于 M2/GDP 问题的解释很多都存在逻辑上的缺陷，但融资结构和储蓄率假说得到了较强的实证支持。不过虽然结果可能是"对"的，但既有的关于融资结构和储蓄率的解释在理论上仍需深化和修补，这主要是由于其中的一些理念实际上也是似是而非的。我们需要构建一个更为规范、严谨和完整的框架，既能横向解释不同经济体 M2/GDP 值高低的源起，也能纵向说明我国 M2/GDP 轨迹起伏变化的原因。我们认为，既然涉及货币总量问题，那么分析框架就必须从货币创造这个源头开启。其中的逻辑是，既然有这么多货币存在，那么首先需要观察和分析的就是这些货币是从哪里来的，其次需要解释为什么会有这么多货币被创造出来，从而导致 M2/GDP 较高。鉴于这种"追根溯源"的思路，分析首先从货币创造理论开始。

我们可以再回顾一下货币创造理论中的那些核心内容。在信用货币时代，全社会所有货币都由中央银行和商业银行通过资产扩张方式创造。货币供给的根源在中央银行。中央银行向商业银行提供基础货币，构成商业银行进一步进行资产扩张的基础。而商业银行的一系列资产扩张行为，如发放贷款、购买外汇、购买债券以及一些同业运用行为等，都会在其负债方派生出等额存款。在这个过程中，银行资产负债表不断扩大，存款不断增加，而这也就是所谓货币创造的过程。也就是说，在信用货币条件下，是逻辑上"先有资产，后有负债；先有贷款，后有存款"，而不是相反。我们再利用本书第二部分中曾多次运用过的几张简化的资产负债表来演示一下这一过程。假设有人向央行出售一笔债券获得 100 元现金并存入 A 银行，且法定存款准备金率为 20%，则 A 银行初始资产负债表为

表 11.3

资产	负债
超额准备金 80 元	存款 100 元
法定存款准备金 20 元	

当 A 银行向客户发放 80 元贷款时，银行资产负债表将变为

表 11.4

资产	负债
贷款 80 元	存款 100 + 80 = 180 元
法定存款准备金 36 元	
超额准备金 64 元	

由于存款是 M2 的主要组成部分，经过上述发放贷款的过程，全社会 M2 就会因此而增加 80 元。假定 A 银行进一步扩张资产，购买了 120 元债券，那么其资产负债表将变为

表 11.5

资产	负债
贷款 80 元	存款 100 + 80 + 120 = 300 元
债券 120 元	
法定存款准备金 60 元	
超额准备金 40 元	

我们再假设 A 银行又购买了 20 美元外汇，则其资产负债表将变为

表 11.6

资产	负债
贷款 80 元	存款 100 + 80 + 120 + 120 = 420 元
债券 120 元	
20 美元（假设美元兑人民币汇率为 1·6）	
法定存款准备金 84 元	
超额准备金 16 元	

上述四张资产负债表虽然简单，但却能够说明一些重要问题：一是商业银行的放贷、买债、购汇等资产扩张行为都会在负债方派生存款，从而增加货币供给。其中的道理十分简单，相当于向银行借贷、售汇和卖出债券的企业或个人在完成交易后在 A 银行账户中会增加等额的人民币存款。二是与直观想象不同，银行放贷、买债、购汇之后不但既有存款不会减少，反而还会等额增加，也就是说全社会货币供给会随之增加。商业银行的资产扩张行为会直接创造货币，这是银行不同于其他经济主体最为重要的特征。

比较而言，直接融资行为，如企业发行债券、股票，只要这些有价证券不是被银行购买，而是被其他企业或个人购买，就只涉及货币在不同经济主体之间的转移，货币总量不会受到影响。例如，B 企业和 C 企业都在 A 银行开设存款账户，C 企业购买 100 元 B 企业发行的债券，则 C 企业在银行账户中存款会减少 100 元，同时 B 企业在银行账户中的存款会增加 100 元。在这个过程中存款货币总量不会有任何改变，但货币流通速度可能会因此而加快。可见，直接融资和间接融资对货币的影响是有很大差异的。

理清上述货币创造规律后，我们就容易得到一个重要推论：由于所有货币都必须经银行体系创造出来，那么若一个经济体货币相对较多，或 M2/GDP 较高，则其银行融资在全部融资中的占比就一定会是比较高的。其背后的机理简单而清晰：只要融资活动经银行进行（或者说由银行"出钱"），就会相应派生存款，从而增加货币供给；而不经由银行的直接融资活动，只涉及货币在不同主体之间的转移，货币总量不会发生变化。可想而知，在一个直接融资高度发达的经济体，由于货币创造活动少，货币数量就会相对少一些，M2/GDP 就可能相对低一些。但这并不代表这些经济体货币条件就比较紧。实际上这与其货币条件松紧没有必然联系，而与融资结构差异有很大关系。这也可以解释为什么会出现图 11.3 中银行信用与 M2/GDP 呈正相关的现象。

　　细心的读者可能会发现，虽然图 11.3 中银行信用和 M2/GDP 之间总体上有正相关关系，但亚洲经济体（如日本、中国、中国台湾、韩国、新加坡）基本都处在趋势线上方。对此我们需要进行解释。由于缺乏相关数据，我们在图 11.3 中使用的是世界银行计算的各经济体银行"国内信用/GDP"数据。实际上正如上文所提到的，银行的"国外资产"（如购买外汇）等同样会派生存款，也构成银行融资的组成部分。由于亚洲经济体普遍积累外汇储备较多，由此也创造出大量货币。如日本、韩国的外汇占款占其全部 M2 的比重都在 10% 以上。这可以解释亚洲经济体货币/GDP 在趋势线之上的原因。

　　接下来，我们对上述融资结构理论作更加一般化的拓展。这有利于更加全面、严谨地理解这一框架，并有利于纵向解释我国 M2/GDP 发生起伏变化的原因。按照国际货币基金组织（IMF）的口径，存款性金融机构资产负债表可以简化为以下形式：

表 11.7

资产	负债
国内信用	货币和准货币
国外资产	实收资本

　　与前文的资产负债表相比，表 11.7 更完整地包括所有者权益项，

并将银行资产概而分之为国内信用（如贷款、债券等）和国外资产两项。为简单起见，假定不存在流通中现金，这样银行存款就构成全部货币供给量 M2。根据表 11.7，很容易得到下面的恒等式：

$$M2 = 国内信用 + 国外资产 - 实收资本 \qquad (11.1)$$

值得再次强调的是，式（11.1）虽然是一个恒等式，但其中的因果关系至关重要。银行的资产扩张（国内信用和国外资产增长）会直接等额地创造出 M2。如上文所言，这意味着一个 M2 较多或者说 M2/GDP 较高的经济体，其银行体系在全部金融中的占比一定也是比较高的。同时我们还会看到，所有者权益是 M2 的一个削减项。之所以会出现这样的情况，是因为当企业和个人投资入股银行时，他们手中的存款货币就会减少，同时银行的资本金相应增加。从宏观的角度看，这就会表现为货币供给量 M2 减少，而银行资本水平上升。

银行所有者权益和货币之间的关系可以为解释 2004～2008 年我国 M2/GDP 出现下降的原因提供重要支持。如图 11.1 所示，在这个时间段，我国 M2/GDP 一改之前持续上升态势，从 2003 年的 1.63 下降至 2008 年的 1.51。关于这个重要变化的原因，既有文献很少涉及。宋国青（2012）认为，住房购买高增长导致居民金融资产增长率相对减慢，这是 2004～2008 年货币与 GDP 比例看起来逆转的重要原因。这里发生了房产对金融资产的替代。从本节的框架看，上述解释是值得商榷的。实际上房产买卖增多，只涉及作为交易媒介的货币在不同经济主体之间的转移，货币总量并不会因此减少。且考虑到大量房地产交易都依靠银行融资支持（如居民按揭贷款增加、房地产开发贷款增加等），在房地产市场发展中银行还会通过放贷等创造出大量新增货币，因此以居民增加住房购买来解释 M2/GDP 下降可能并不准确。导致这一时期我国 M2/GDP 下降的真正原因，是 20 世纪末和 21 世纪初我国商业银行改革迈出实质性步伐，国有商业银行不良资产剥离后陆续改制上市，资本水平得到很大提升，这使得 M2 增速相对放缓。据统计，2003～

2008 年银行业金融机构"所有者权益和各项准备"新增达到 3.9 万亿元（其中所有者权益为 3.1 万亿元），年均增长约 7700 亿元；而之前的 2000~2002 年所有者权益和各项准备仅增加 1870 亿元，年均仅 620 亿元左右。2003~2008 年所有者权益和资本准备规模的增加会等额减少 M2 数量。若假设不存在这部分货币减损，则 2008 年我国 M2/GDP 值将比现有水平提高约 12 个百分点，这基本等于甚至超过按趋势值法推算出的当年 M2/GDP 水平。

根据上述分析框架，我们也同样可以解释 2009 年我国 M2/GDP 再次出现跳升的原因。同样观察图 11.1 可见，我国 M2/GDP 从 2008 年的 1.51 快速回升至 2009 年的 1.79，一年内反弹了 28 个基点，这在之前是没有出现过的。其中的主要原因，是为应对 2008 年爆发的国际金融危机冲击我国开始实施大规模刺激措施，适度宽松货币政策传导顺畅，2009 年全年贷款新增 9.59 万亿元，同比多增了 4.69 万亿元，增速达到 31.7%，较上年加快了 19 个百分点，贷款的快速增长派生了大量货币供给。这些都直接导致了 2009 年我国 M2/GDP 出现大幅跳升。

在上文中，我们以融资结构模型从源头上解释了各国货币/GDP 的差异以及我国 M2/GDP 的起伏变化。不过，仅靠融资结构还不能构成一个完整的分析框架。由于全部存款货币均由银行体系创造，因此对于一个货币相对较多、M2/GDP 相对较高的经济体，其银行融资在全部融资中的占比一定是比较高的。但我们还需进一步解释，为什么这些经济体需要那么多的银行贷款？而且，即使一个经济体以银行融资为主，货币/GDP 比较高，但若货币增速和 GDP 增速保持一致，其货币/GDP 就会保持稳定，那么为什么包括我国在内的一些经济体其货币/GDP 会出现持续上升？从另一个角度看，若一个经济体 M2/GDP 持续上升，一定意味着其 M2 增速要持续快于 GDP 增速，这一现象显然不能完全由融资结构理论来全部解释，那么其背后的机理又是什么呢？这些都需要补充和丰富既有的分析框架。

基于上述考虑，我们引入储蓄率这个新的因素。就货币而言，除承担交易媒介功能外，还有价值贮藏功能。而广泛存在的流动性偏好，也增加了经济主体对货币的需求。若一个经济体储蓄率高，微观经济体都倾向于多储蓄，且其金融市场不发达，可供选择的金融产品比较少，那么这个经济体的银行存款就必然会相对较多，而其中很大部分承担了价值贮藏的功能。储蓄率高会至少从两个角度对货币/GDP 产生影响：

一是如果新增货币中用于贮藏的货币增速快于用于交易的货币增速，或者说新增货币中越来越多的部分被用于储蓄，那么该经济体中货币增速就会超过 GDP 增速（因为只有用于交易功能的货币才有支持GDP 增长的作用），这样货币/GDP 或者说 M2/GDP 就会出现上升。考虑到 M1 主要承担交易功能，而 M1 之外的准货币部分更多承担储值功能，因此我们可以用 M1/M2 来观察货币结构的变化[①]，若 M1/M2 是趋于下降的，同时 M2/GDP 是上升的，就可以支持上面的理论假说。从图 11.5 可以看到，我国 M1 占 M2 比重总体呈持续下降态势（由于月度数据的约束，这里选取了 1997 年以来的时间序列），这意味着货币总量中用于储值的货币总体看是越来越多的。图 11.6 显示我国的储蓄率呈现持续上升态势。这些实证数据都支持我们的上述判断。

二是除了储蓄率较高本身就会使货币供给增多之外，储蓄率高还会从另一个层面增加货币供给。当储蓄率较高且金融市场不发达时，经济主体持有货币后会将其中很大部分作为储蓄存款来承担价值贮藏功能，而不是去购买股票、债券等从而向企业提供融资支持，这意味着这部分储值货币并未对实体经济发展发挥直接作用，此时企业若有融资需求，就需要主要借助向银行借贷，而银行放贷又会派生出新的存款，从而导致货币供应量进一步增加。储蓄率越高、金融市场越不

---

① 更多关于 M1/M2 变化原因的细化分析可详见专栏 8。

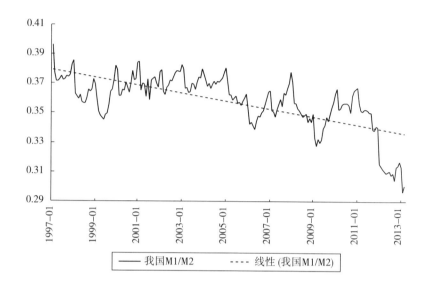

图 11.5　我国 M1/M2 变化

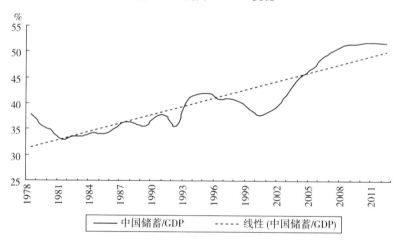

图 11.6　我国储蓄率变化

发达，企业融资就越需要借助银行的新增贷款，从而也就越会增加全社会的货币供给。可能会有人对上述解释存有质疑。因为很多人都认为企业和个人把钱存入银行后，作为中介的银行又将这些钱通过贷款等借给其他企业和个人使用，因此这些存款并没有"闲置"。实际上，这种理念并不符合信用货币创造规律，是"实物"货币理念的一种直觉反应。回顾上文的表 11.3、表 11.4，我们就很容易发现，在信用货币条件下，银行新发放贷款时不会对既有存款造成任何影响，而只会增加新的存款创造。从宏观整体而言，存款最终都是由贷款等银行的资产扩张行为创造出来的，是逻辑上"先有贷款，后有存款"，而不是相反。这意味着，只要银行增加贷款等去支持实体经济融资，就一定会相应增加存款总量，而不是说既有的那笔存款又被借给其他人来使用，从而货币总量并不发生变化。经济主体用作储蓄的存款越多，处于"闲置"状态的存款货币也就会越多，这样实体经济融资就必须依靠新的货币创造来支持，全社会的货币总量也就会越多。秦朵（2002）的实证研究也表明，储蓄与准货币供给之间存在着相当稳定的关系，我国广义货币相对于 GDP 的持续增长主要是由准货币的高速增长造成的，而准货币的增长又基本上可由城乡储蓄的高增长来解释。

为了更准确地评估融资结构—储蓄率框架的解释力，我们采用面板模型（panel data）进行了实证检验。根据重要性和数据质量，我们选取了 1999～2011 年 12 个经济体（包括中国、美国、欧元区、英国、日本、韩国、澳大利亚、巴西、俄罗斯、加拿大、印度、南非）相关数据序列构建以下模型：

$$M_{i,t} = \alpha_t + \beta_1 B_{i,t} + \beta_2 S_{i,t} + \varepsilon_{i,t} \tag{11.2}$$

其中，$M_{i,t}$ 代表样本经济体货币/GDP，$B_{i,t}$ 代表样本经济体银行信用/GDP，$S_{i,t}$ 为样本经济体储蓄率（储蓄/GDP），下标 i 为各经济体，t 为年份。我们采用确定效应变截距模型的估计结果显示，模型拟合优度 $R^2 = 0.992$，F 检验的显著水平为 0.00，表明模型的拟合效果相当不错。运用融资结构和储蓄率这两个变量可以较好地解释各国货币/GDP 水平。模型中 $\beta_1 = 0.3$，$\beta_2 = 0.28$，显示银行信用占比和储蓄率每上升 1 个百分点，将导致该经济体货币/GDP 值分别上升约 0.3 个和 0.28

个百分点。

综上而言，我们建立了一个融资结构和储蓄率相结合的分析框架。这个框架既可横向解释不同经济体 M2/GDP 的差异，也可纵向剖析我国 M2/GDP 起伏波动的原因。从本文的框架很容易看到，对于一个以银行融资为主、储蓄率很高的经济体，其货币总量必然会相对多一些，货币/GDP 也很可能会比较高。进一步看，随着经济结构逐步调整转型，银行融资占比逐步下降，融资渠道更加多元，居民资产组合的选择会更加丰富，同时随着消费上升，储蓄率也会逐步降低，这些因素都会使货币增长速度逐步放缓，货币总量/GDP 值自然也不会持续上升，甚至有可能逐步降低下来。因此，并不宜通过简单比较不同经济体货币总量/GDP 的高低来评估货币条件和通胀压力等问题。

专栏8　货币流动性（M1／M2）告诉了我们什么

货币流动性指标（M1/M2）是宏观经济分析（尤其是短期分析）中各界普遍关注的重要变量之一，其变化包含了许多有价值的经济信息[1]。从定义上来看，"货币流动性"是狭义货币供应量（M1）与广义货币供应量（M2）之间的比值（M1/M2）。因为 M1/M2 测度了货币供应内部的活跃程度，有人也称为"货币活化程度"。但在具体分析中，货币流动性还有其他增量形式的表达方法，例如在现实中大家往往会对比 M1 增速和 M2 增速的变动趋势，有人把它称为"货币剪刀差"，这在本质上也是货币流动性。我国央行也关注该指标，例如，人民银行发布的 2010 年第二季度《中国货币执行报告》中提到："M1 增速连续 10 个月高于 M2，货币流动

---

① 伍戈：《中国的货币流动性分析》，载《金融与经济》，2011（6）。

性仍相对较强"。从中国的现实情况来看，货币流动性呈现出十分有趣的特征：20 世纪 80 年代以来，M1/M2 出现大幅下降的趋势；从 1996 年左右开始该值趋于相对稳定；从 2011 年后似乎又有下降趋势（见图 11.7）。从 M2 的内部结构占比变化来看，活期存款和储蓄存款的结构性变迁导致了货币流动性的显著变化。

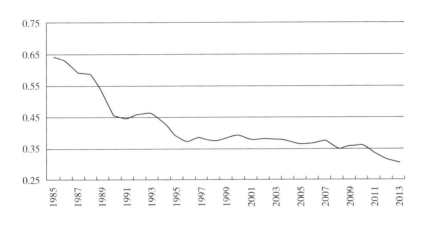

图 11.7　中国的货币流动性指标（M1/M2）

综观国外文献，关于货币流动性的系统研究并不多见。在国内，有关文献一般以 1996 年左右为"分水岭"分别针对两个历史阶段进行研究。第一阶段是 1996 年以前，货币流动性大幅下降的时期。谢杭生等（1996）认为，20 世纪 80 年代以来货币流动性呈下降趋势是由于经济高速增长和国民收入分配向个人倾斜，居民储蓄倾向随收入增加而上升，这就使得作为准货币主要部分的储蓄存款增长加快，从而导致货币流动性不断下降。与此同时，由于受投资控制、信贷规模和名义利率的影响，货币流动性的变化还围绕其长期下降趋势呈周期性波动。易行健等（2003）认为，1978～1995 年货币流动性比例不断下降的原因是：随着居民可支配收入的大幅上涨，但证券市场规模太小，银行存款成为居民最重要的投资（储蓄）渠道，这样就造成交易性货币需求的平均和收入弹性逐渐小于谨慎性、储蓄性货币需求的收入弹性，由此导致狭义货币增速小于准货币增速。

第二阶段是 1996 年以后，货币流动性基本平稳的时期。卜永祥（1999）认为，造成我国货币流动性波动的原因包括实际利率、商品市场和资本市场冲击、社会有效需求的变动以及居民资产形式的多样化和企业直接融资的比重。毛定祥（2003）认为，货币流动性与当期实际国内生产总值、滞后 1 期的股市规模以及滞后 1 期的实际利率之间存在长期均衡关系。货币流动性的短期波动主要依赖于自身的一阶滞后，同时也与宏观经济的波动有关。易行健等（2003）认为，1996~2002 年流动性趋于平稳，其周期波动可以由利率、通胀率和证券交易量来解释。腊博（2009）认为，M1 相对于 M2 增速加快是信贷投放、宏观经济、企业利润三方面的综合反映：一是信贷投放的扩张，即新增企业贷款增加，企业活期存款回升的速度要快于定期存款，促使 M1 增速大于 M2 增速；二是宏观经济改善，即居民消费意愿增强导致居民储蓄存款向企业存款（定期或活期）转化，储蓄搬家促使 M1 增速大于 M2 增速；三是企业利润回升，即企业经营活动改善，活期存款回升的速度大于定期存款，存款活期化促使 M1 增速大于 M2 增速。伍戈（2011）对货币流动性相对稳定区间（1997~2010 年）的研究表明，工业增加值增加和股指高企引发了货币活化程度的提高。实际利率对货币活化水平有短期负向作用，但其影响系数和显著性有限，这可能与利率尚未完全市场化有关。实际利率与货币活化却存在长期正向关系，这可能与"金融深化"有关，即长期内实际利率提升有助于解除资金价格扭曲和金融抑制，增加货币活化程度。

四、探索中国 M2/GDP 的动态演进路径

在上文中，我们试图解释不同经济体货币/GDP 差异以及我国 M2/GDP 的起伏变化，并得到一些有趣的结论。在这部分，则试图对我国 M2/GDP 的动态演进路径进行模拟，并对其未来变化进行一些预测。我们还会进一步讨论 M2/GDP 与通货膨胀之间的关系，由此为之后的政策讨论奠定基础。

对我国 M2/GDP 的专题研究主要包括刘明志（2001）和余永定（2002）等。刘明志（2001）对我国 1980 ~ 2000 年 M2/GDP 的趋势、水平与影响因素进行了研究，但并未对 M2/GDP 未来的增长趋势作出定量分析。就 M2/GDP 的动态演进路径问题，余永定（2002）曾做了重要工作。余永定利用动态方法研究 M2/GDP 的增长路径，并试图解释 M2/GDP 值快速上升却未形成严重通货膨胀的原因。余永定（2002）认为，传统货币数量公式中的货币应当是狭义货币（M0 或 M1），不应当使用 M2 数据。而 M2 中所包含的越来越多的居民储蓄存款成为释放货币增速高于 GDP 增速形成的通货膨胀压力的最重要因素。余永定首先假定企业的固定资产投资资金全部来源于银行贷款，在银行体系根据产品流通和企业投资需要提供贷款的情况下，流通中的广义货币同产出、企业投资以及物价水平存在下述关系：

$$\Delta M2 = \frac{1}{v}\Delta(YP) + IP \tag{11.3}$$

其中，Y 为产出，P 为价格水平，IP 表示投资品，它等于居民储蓄，即 $IP = \Delta SD$。在假定狭义货币流通速度 $v = 1$ 的情况下，经过推导得到 M2/GDP（定义为 m）增长的动态路径的通解为

$$m = \frac{n + \pi + s}{n + \pi} - C_1 e^{-(n+\pi)t} \tag{11.4}$$

设初始条件 $t=0$ 时，$m=1.46$；经济增长率 $n=0.08$；通货膨胀率 $\pi=0.02$；国民储蓄率 $s=0.40$，则 $C_1=3.54$，这样就可以得出 M2/GDP 增长的动态路径的相应特解（我们称为余氏方程 a）

$$m = 5 - 3.54e^{-0.1 \cdot t} \qquad (11.5)$$

余永定进一步认为，企业固定资产投资资金除银行贷款外还有两个重要来源：企业留利和资本市场融资。把这两个因素考虑进来，通过相同的推导，新的 M2/GDP 动态路径的通解为

$$m = \frac{n + \pi + s - \rho - \gamma + e}{n + \pi} - C_1 e^{-(n+\pi)t} \qquad (11.6)$$

设初始条件 $t=0$ 的时候，$m=1.46$；$n=0.08$；$\pi=0.02$；$s=0.40$；利润率 $\rho=0.1$；企业流动资金－产出比 $e=0.05$；股票融资－产出比 $\gamma=0.2$，则 $C_1=1.04$，从而可得出 M2/GDP 增长的动态路径的相应特解（我们称为余氏方程 b）：

$$m = 2.5 - 1.04e^{-0.1 \cdot t} \qquad (11.7)$$

余氏方程实际上是修正指数曲线。余永定（2002）通过计算得到中国 M2/GDP 增长上限约在 2.5。但是，余永定并未利用我国经验数据进行实证检验。那么，余氏方程是否与我国实际情况相符？

我们将我国 1978 年到 2004 年的 M2/GDP 实际数据代入余氏方程 a 和 b。图中的实线表示余氏方程的路径，虚线表示实际路径。结果显示，当 m 取余永定给出的初始值 1.46 时，余氏方程显然不能拟合实际情况（参见图11.8 和图11.9）。我们将 m 初始值取为 1978 年的实际值 0.32 时，从图 11.10、图 11.11 观察，无论是余氏方程 a 还是 b 仍然不能很好地拟合 M2/GDP 的实际增长路径。

为进一步验证上面的推测，我们可以将余氏方程 a 和 b 所代表的修正指数曲线分别变形为 $\ln(5-m) = \alpha - \beta t$ 和 $\ln(2.5-m) = \alpha - \beta t$，通过观察余氏方程的散点图来分析。在假定增长上限 L 分别等于 2.5 和 5 时，分别对 $(2.5-m)$ 和 $(5-m)$ 取对数，可以得到图 11.12 和图

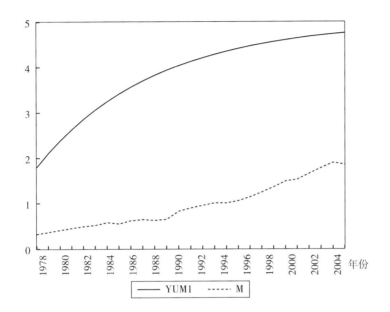

图 11.8　初始值 $m = 1.46$　　余氏方程 a

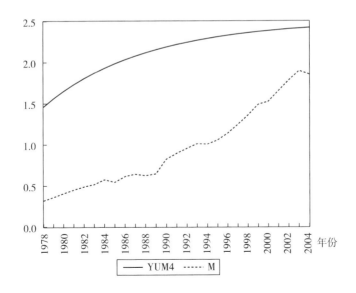

图 11.9　初始值 $m = 1.46$　　余氏方程 b

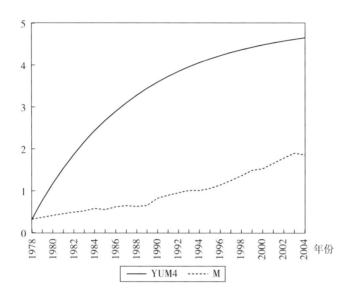

图 11.10　初始值 $m=0.32$　　余氏方程 a

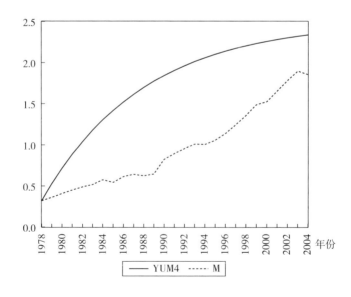

图 11.11　初始值 $m=0.32$　　余氏方程 b

11.13 的散点图。图中纵轴表示 $\ln(2.5-m)$ 和 $\ln(5-m)$，横轴表示时间，显然 $\ln(2.5-m)$ 和 $\ln(5-m)$ 并未呈现出直线趋势，而是曲线形状，这同样表明余氏方程或者说修正指数曲线不能够拟合我国实际的 M2/GDP 增长路径。

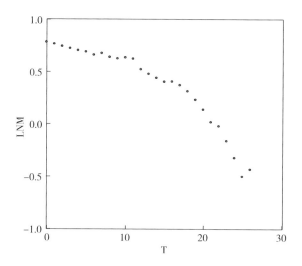

图 11.12 $L=2.5$ 时修正指数曲线

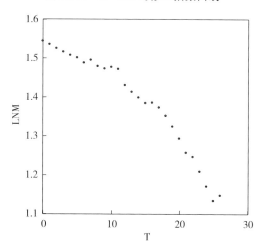

图 11.13 $L=5$ 时修正指数曲线

余氏方程不能很好地描述我国现实情况的原因在于，余永定假定狭义货币流通速度 $v=1$，但这并不符合我国实际情况。狭义货币流通速度自 1978 年以来一直大于 1，而且呈现出递减趋势，从 1978 年的 3.61 下降到 2004 年的 1.42。针对上述情况，我们将对 M2/GDP 的动态路径做进一步分析，并利用我国实际数据进行相关检验，以期深化对这一问题的研究。

我们的分析从货币数量方程出发。根据货币数量方程，货币流通速度变化率可以通过下面的方程来表示：

$$-\frac{dv/dt}{v} = \frac{dM2/dt}{M2} - \left(\frac{dY/dt}{Y} + \frac{dP/dt}{P}\right) \qquad (11.8)$$

在式（11.8）中，v 表示货币流通速度，在本文中指广义货币流通速度；M2 表示全部的货币供应量；Y 表示实际产出；P 代表价格水平。式（11.8）意味着，货币流通速度的变化率等于货币供应量增长率与经济增长率和通货膨胀率之和的差。

如果令 $\beta = -\dfrac{dv/dt}{v}$，$m = \dfrac{M2}{YP}$，则式（11.8）可以表述为

$$\frac{dm/dt}{m} = \frac{d\left(\dfrac{M2}{YP}\right)/dt}{\dfrac{M2}{YP}} = \frac{dM2/dt}{M2} - \frac{dY/dt}{Y} - \frac{dp/dt}{P} = \beta \qquad (11.9)$$

这样，m（即 M2/GDP）的动态增长路径的形态就取决于货币流通速度变化率 β。关于货币流通速度变化率 β 的变化情况，大致可以有三种假定。

第一种假定：货币流通速度是固定不变的。传统的货币数量论者大都持有这种看法，比如欧文·费雪（1911）。在这种假定下，$\beta = 0$。式（11.9）变为

$$\frac{dm/dt}{m} = 0 \Rightarrow m \equiv m_0 \qquad (11.10)$$

第二种假定：货币流通速度以不变速度减缓。弗里德曼认为货币

流通速度具有高度的规律性和稳定性，但并不意味着货币流通速度随着时间的推移而保持不变，只是表明货币流通速度与决定它的若干因素呈现一种稳定的函数关系。根据弗里德曼本人对美国近一百年数据的测算，美国的货币流通速度每年以 1% 的速度递减。林继肯（1991）对中国 1955 ~ 1983 年数据计算表明中国的货币流通速度每年递减 0.088 次。在这种假定条件下，$\beta \equiv \beta_0$。式（11.9）将变为

$$\frac{\mathrm{d}m/\mathrm{d}t}{m} = \beta_0 \Rightarrow m(t) = C_0 + \exp(\beta_0 \cdot t) \tag{11.11}$$

其中，C_0 为一常数。根据式（11.11），我们可知 $\frac{M2}{YP}$ 将呈现出一种指数趋向上升的趋势，但上升速度递减，最终趋于 C_0。

第三种假定：货币流通速度下降，并且下降速度越来越慢。理论上说，由于货币流通速度减缓与货币化进程密切相关（Bordo 和 Jonung，1981；易纲，1996），随着货币化进程的推进，货币流通速度下降的幅度会受到货币化的约束而逐渐减缓。因而，我们假定，货币流通速度变化率 $\frac{\mathrm{d}m/\mathrm{d}t}{m}$ 会受到货币化程度 m 的一个线性约束，两者呈反向变动关系，货币化程度越高，货币流通速度变化率越小。[1] 用公式 A 来表示这种假定就是 $\frac{\mathrm{d}m/\mathrm{d}t}{m} = \beta - \gamma \cdot m$，公式 A 中的 γ 是系数项，β 是截距项。为推导方便，将公式 A 重新表述为

$$\frac{\mathrm{d}m/\mathrm{d}t}{m} = \beta\left(1 - \frac{m}{L}\right) \tag{11.12}$$

---

[1] $\frac{\mathrm{d}m/\mathrm{d}t}{m}$ 表示的实际上就是货币流通速度的变化率，因为

$$\frac{\mathrm{d}m/\mathrm{d}t}{m} = \frac{\mathrm{d}\left(\frac{M2}{YP}\right)/\mathrm{d}t}{\frac{M2}{YP}} = \frac{\mathrm{d}M2/\mathrm{d}t}{M2} - \frac{\mathrm{d}Y/\mathrm{d}t}{Y} - \frac{\mathrm{d}p/\mathrm{d}t}{P} = -\frac{\mathrm{d}v/\mathrm{d}t}{v}。$$

公式 A 中的 γ 等于式（11.12）中的 $\dfrac{\beta}{L}$。由于 γ 和 β 都是固定参数，显然 $L = \gamma \cdot \beta$ 也是固定参数。[①]

对式（11.12）变形之后，两边同时求积分，得到

$$\int \frac{\mathrm{d}m}{m\left(1 - \dfrac{m}{L}\right)} = \int \beta \mathrm{d}t \tag{11.13}$$

为了便于求积分，我们把式（11.13）的左边变形，得到

$$\frac{1}{m\left(1 - \dfrac{m}{L}\right)} = \frac{L}{m(L - m)} = \frac{1}{m} + \frac{1}{L - m} \tag{11.14}$$

这样式（11.13）就可以写成

$$\int \frac{\mathrm{d}m}{m} + \int \frac{\mathrm{d}m}{L - m} = \int \beta \mathrm{d}t \Rightarrow \ln|m| - \ln|L - m| = \beta t + C$$

$$\Rightarrow \ln\left|\frac{m}{L - m}\right| = -\beta t - C \Rightarrow \left|\frac{m}{L - m}\right| = e^{-\beta t - C}$$

$$\Rightarrow \frac{L - m}{m} = \alpha e^{-\beta t}, \text{ 其中：} \alpha = + e^{-C} \text{ 或} - e^{-C} \tag{11.15}$$

最后将得到一个 Logistic 方程

$$m(t) = \frac{L}{1 + \alpha \cdot e^{-\beta \cdot t}}, \text{ 其中，} \alpha = \frac{L - m_0}{m_0} \tag{11.16}$$

此时，M2/GDP 的动态路径将表现为先加速上升，经过拐点后增加速度逐渐减缓，最终趋于一个增长上限的变化特点。

可以看出，当货币流通速度变化特点不同时，我们会得到不同的 M2/GDP 动态增长路径，在上述三种假定条件下，M2/GDP 动态增长路径将分别呈现出不变常数、指数曲线和 Logistic 曲线特征。在从理论

---

① 这种推导 Logistic 曲线的方法是由比利时数学家 Verhust 在 1838 年研究人口增长规律时最先提出的，具体可以参见：W. Boyce 和 R. DiPrima, Elimentary Dfferetial Equations, 5th ed.，Wiley, 1992，第 54 页。

上推导出 M2/GDP 三种可能增长路径后，我们需要对我国的情况进行实证分析。

对我国 M2/GDP 实际变化的观察可知，我国 M2/GDP 的变化显然不符合指数曲线特征而是表现出加速上升趋势，与 Logistic 曲线递增上升阶段的特征吻合。同时，实证研究表明（国务院发展中心，2003；左孝顺，1999），1978 年以来我国广义货币流通速度不断下降，同时降幅表现出递减趋势，变化路径呈现出较明显的凸向原点特征。因此我们认为，利用 Logistic 方程式（11.16）可能会较好地描述我国 M2/GDP 的动态变化路径。

为进行更严格检验，我们对上文推导出的 Logistic 动态增长路径作了经验检验和数据估算。数据区间为 1980～2012 年。我们首先运用三和值法来确定 Logistic 方程式（11.16）的初始值，由于三和值法对数据平滑性要求较高，因而运用 H－P 滤波方法对 M2/GDP 数据作了平滑处理。将数列分为三组（每组 11 个数据），运用三和值法可得到参数估计值：

$$L = 2.27 \qquad \alpha = 4.5031 \qquad \beta = 0.0934$$

我们接着运用非线性最小二乘法（NLS）进行参数的精确估计。将上述计算作为参数初值，经过 10000 次迭代，迭代因子为 0.001，得到三个参数的估算值：

$$L = 2.18 \qquad \alpha = 4.9096 \qquad \beta = 0.0986$$

从检验结果看，模型的拟合优度达到了 0.982。我们还运用该模型进行了趋势预测，从预测结果看，MAPE = 4.09984，TIC = 0.025346，总体看模型预测不错，能够很好地拟合我国 M2/GDP 的动态演进路径。这也使我们有理由相信，我国 M2/GDP 的变动路径很可能遵循 Logistic 曲线的基本形状，将经历先加速上升后增长速度逐渐减缓，最终趋于稳定状态的变化过程。根据三和值法和 NLS 法的计算，假定按照目前的路径运行，我国 M2/GDP 的动态演进上限可能在 2.2～2.3。韩平、李斌和崔永（2005）使用同样方法进行的上限预测要更高一些，目前的预测相对较低，与前几年 GDP 修正后数值增大有关。

接下来我们关心的是 M2/GDP 变化与物价之间的关系。从逻辑关系上讲，由于影响 M2/GDP 的主要因素是融资结构和储蓄状况，因此 M2/GDP 高低与通胀之间并不存在明显的直接关系。从国际上看，M2/GDP 与 CPI 之间也不存在显著的实证关系。不过，M2/GDP 偏离其动态路径或趋势值的缺口与通胀之间则存在明显联系。图 11.14 显示了我国 M2/GDP 与 Logistic 曲线模拟路径的关系。图 11.15 则是 M2/GDP 偏离其 Logistic 曲线的缺口。直接观察可以看到，存在正缺口的时期基本也都是我国经济偏热和物价上涨加快的时期。我们对 M2/GDP 偏离 Logistic 曲线的缺口以及 CPI 之间进行了格兰杰因果检验。结果显示，在滞后 1～2 期时，拒绝 M2/GDP 缺口是 CPI 的格兰杰成因概率分别只有 0.046 和 0.129。支持 M2/GDP 缺口是导致 CPI 变化重要原因的判断。为进一步进行验证，我们运用 HP 滤波方法测算了我国 M2/GDP 偏离其趋势值的缺口（见图 11.16），并对这一缺口与 CPI 之间的关系也进行了格兰杰因果检验。结果显示，在滞后 1～2 期时，拒绝 M2/GDP 缺口是 CPI 的格兰杰成因概率分别只有 0.018 和 0.065。这同样也说

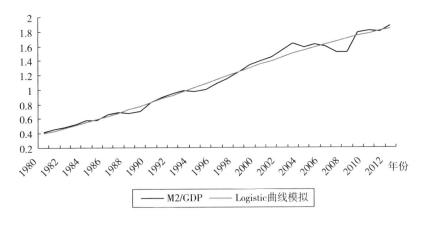

图 11.14　对 M2/GDP 轨迹的模拟

明，M2/GDP 缺口而不是 M2/GDP 值本身，与通货膨胀之间存在密切联系。在实际的宏观政策操作中，关键是要保持 M2/GDP 值的平稳变化，避免因 M2/GDP 短期过快上涨（下降）而导致对物价稳定产生影响。我们对 M2/GDP 动态演进路径的研究实际上也可为确定货币总量预期调控目标提供新的方法和一定参考。

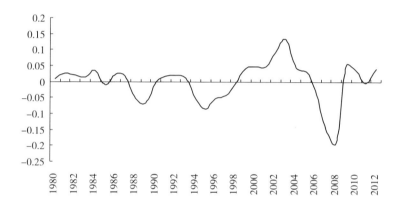

图 11. 15　M2 /GDP 偏离 Logistic 曲线的缺口

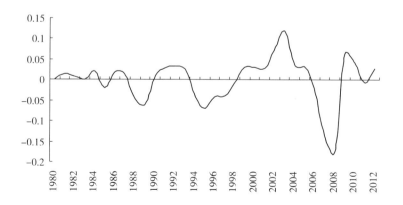

图 11. 16　以滤波方法测算的 M2 /GDP 缺口

五、小结

本章试图对 M2/GDP 问题做一个较为系统和全面的分析，这包括影响 M2/GDP 高低的因素，M2/GDP 的动态演进路径及其与通胀之间的关系等。为实现这一目标，我们没有遵循先建立模型再进行实证检验的主流方法，而是先通过剖析"典型事实"寻找可能的正确研究角度和方法，再构建相应的分析框架。研究发现，现有的关于 M2/GDP 的解释很多都是似是而非的。比较而言，我们基于货币创造理论构建的融资结构—储蓄率框架似乎能够更好地对 M2/GDP 变化进行横向和纵向的分析和解释。一个经济体，越依赖于银行融资，且储蓄率越高，其货币/GDP 一般而言就会越高。这一结论不仅有理论逻辑的严谨支持，也得到了全球主要经济体面板模型实证分析的验证。本节的分析框架，还可以纵向解释我国 M2/GDP 起伏波动的变化原因，实际上 2003 年之后我国 M2/GDP 连续多年稳中略降与银行资本大量增长密切相关。而这些都需要从货币创造的角度得到理解。我们还基于货币数量方程推导出了具有 Logistic 曲线形状的 M2/GDP 的动态演进路径。遵循这一路径，我国 M2/GDP 将呈现先加速上升、经过拐点后增速放缓并逐步趋近上限的变化轨迹。以目前数据测算，我国 M2/GDP 的增长上限为 2.2～2.3。我们的研究还发现，M2/GDP 缺口而不是 M2/GDP 值本身，与通货膨胀之间存在密切关系。短期内 M2/GDP 偏离其动态路径的过快增长，可能导致之后的通胀压力上升问题。这也要求宏观政策要保持货币总量平稳适度增长，为经济增长和结构调整创造适宜的货币环境。

本章的研究可以为未来判断 M2/GDP 的变化提供理论支持。根据我们的研究，随着未来经济结构逐步调整转型，银行融资占比趋于下降，融资渠道更加多元，居民资产组合的选择会更加丰富，同时随着消费规模上升，储蓄率逐步下降，都会使货币增长速度趋于放缓，货币总量/GDP值不会持续上升，甚至有可能逐步降低下来。因此，M2/GDP变化背后反映的实际上是经济结构的变化。经济结构调整和融资结构变化是影响未来M2/GDP变化的关键。这提示我们，在关注货币问题时，要注意观察其背后的经济结构性问题。要加快经济结构调整和改革步伐，扩大消费内需，实现经济平衡增长。货币政策则应为结构调整和转型升级创造适宜和稳定的货币环境。

当然也要看到，虽然我国M2总量较大与经济结构性因素有关，但也要注意到近几年M2及其与GDP之比上升较快，潜藏一定风险。2013年末较之2008年末，M2总量增长了2.3倍，M2/GDP值上升了约43个百分点。一是货币较快增长部分映射着全社会债务的快速上升。由于内生增长动力不足，经济对投资和债务的依赖持续上升，目前我国总债务率已高于大部分新兴经济体，高信贷、高投资和高债务模式已成为外部唱空中国的主要口实。二是M2总量较大表明金融资产较多集中在银行体系，这也可能使银行承担比较高的风险。三是货币总量较大容易激发公众的通胀预期，推升潜在的通胀压力。扩张货币的边际收益明显下降，而边际成本显著上升。

此外还需要说明的是，随着金融市场和金融创新的快速发展，准确统计货币总量的难度也在加大，货币总量与经济增长和物价之间的关系会变得更加不稳定。这会对数量型调控模式带来挑战。我们在分析和理解M2/GDP问题时要注意到这一点。着眼未来，在进一步完善货币总量统计的同时，要进一步强化流动性总闸门的调节作用，增强价格型传导和调控机制，推动金融宏观调控从数量型调控为主逐步向价格型调控为主转变，同时健全宏观审慎政策框架，保持金融体系的持续稳健发展。

第十二章　货币总量与通胀机理变化：
结构性通胀探析

一、货币总量能否解释通胀的结构性变化

在上面的章节中，我们研究了货币供求进而流动性的不同状况与产出、物价之间的交互动态。在这一章中，集中分析所谓结构性通胀问题。我们的研究从货币市场均衡开始。货币市场的均衡条件在名义或实际货币需求情况下都是成立的。从实际货币需求的角度看，货币市场均衡可以简单表述为

$$\frac{M}{P} = L(Y, r, \pi^e) \tag{12.1}$$

其中，M 为货币供给，L 为货币需求，P 代表价格水平。这样，价格水平就可以由货币供给和需求确定，即

$$P = \frac{M}{L(Y, r, \pi^e)} \tag{12.2}$$

式（12.2）显示，价格水平由货币供求决定，供给相对需求的增长将会引起物价水平上升。由于人们一般并不十分关注价格绝对水平高低，而是注重价格水平的变化，因此对式（12.2）稍做变型，可得

$$\frac{\Delta p}{p} = \frac{\Delta M}{M} - \frac{\Delta L(Y, r, \pi^e)}{L} \tag{12.3}$$

从式（12.3）可以看出，通货膨胀率等于货币供给增速与货币需求增速之差，若货币供给增速超过货币需求增速，通胀率就会上升。自 2003 年全球经济进入上行周期后，经济加速增长与流动性过剩之间

就始终相互伴随、紧密相连。不过，在流动性持续过剩的格局下，全球物价并未出现全面和普遍上涨，而始终表现出所谓"结构性通胀"特征。先是房地产和股票价格大幅上涨，而 CPI 基本平稳；美国次贷危机后全球 CPI 上涨明显加速，但主要还是由石油、食品等初级产品价格大幅上涨所带动，核心 CPI 上涨幅度很小，依然体现了"结构性"的特征。

总体来看，在当前全球生产率和制造能力持续大幅提高的状况下，出现所谓全面物价上涨的可能已经较小，因此对结构性通胀（通缩）要特别关注。实际上，结构性通胀（Structural Inflation）的思想在 20 世纪 60 年代就由部分发展经济学家提出（如 Streeten，1962；Maynard，1976），后来的学者还对结构性通胀进行了更加形式化的表述（如 Agenor 和 Montiel，1999）。在当时的结构主义学者看来，发展中国家结构刚性造成的供给无弹性（如粮食供给不足）是造成通胀的根本原因。在他们看来，由于人口增长和农村人口大量流入城市，运用传统技术耕作的农业不能提供足够的粮食来满足日益增长的食品需求，结果粮食价格就会上涨，从而进一步推动工资水平上升，形成工资—物价的螺旋式上涨。此外，发展中国家经常采取进口替代策略，由于受到供给"瓶颈"的制约，进口替代产品成本高，效率低，也会造成工业品价格水平上涨，形成通货膨胀。

对于结构性通胀还有一种重要解释，这就是所谓"巴拉萨—萨缪尔森"（Balassa – Samuelson）效应（B – S 效应）。根据 B – S 效应的表述，一国经济由可贸易部门（如部分制造品等）和不可贸易部门（如房地产、服务业等）组成。可贸易部门是带动经济增长的引擎，其生产率增长较之不可贸易部门更快。可贸易部门工资将随生产率提高同步上涨，因此可贸易部门的工资水平就比不可贸易部门要高。由于部门之间劳动力是流动的，不可贸易部门工人会要求取得与可贸易部门同等的工资。这样，不可贸易部门工资上涨将超过其生产率上升的速度，单位产品价格将会上升，从而出现由不可贸易商品价格上涨带来的结构性通货膨胀。正是利用上述逻辑，经济学家解释了发达国家和经济增长较快的经济体住房、餐饮及人工服务等不可贸易商品较相对落后国家更贵的形成机理。

可以看到，上述两种关于结构性通胀成因的解释，实际上都属于成本推动型的物价上涨。不过，无论是需求拉动还是成本推动造成通胀，其背后都离不开货币这一根本性的决定因素。所有商品的价格都需要货币来计量，如果货币总量和流通速度既定，一部分商品价格上涨，必然会有另一部商品下跌，从而使整体物价保持在基本稳定的状态。或者说，如果货币总量和流通速度不变，我们不可能看到所有商品价格整体持续上涨的现象。从另一个角度看，货币是现实购买力的表征，如果一部分商品价格上涨，则另一部分商品价格必然下降，以维持总的购买力不变。这是一个非常重要但容易被忘记的原理。

更准确地讲，决定物价水平的货币应指承担交易媒介功能的货币数量，而这又主要取决于货币供给和需求的状况。如果货币需求意愿强烈，微观经济主体倾向于储蓄，更多货币承担价值贮藏功能，那么充当交易媒介功能的货币数量将相对减少，货币流通速度也会减缓，物价总体会有紧缩的压力。反之，如公众对经济前景看好，普遍抱有繁荣预期，微观经济主体更倾向于购买或投资回报相对更高的资产，则货币需求将趋于减少，承担交易功能的货币数量增加，货币流通速度也会加快。这时，投资和消费都会比较活跃。而随着全球化和科技发展，一般制造业生产率提高很快，供给弹性非常高，很容易随需求变化进行灵活调整，出现价格持续上涨的可能已经很小。相比之下，在经济繁荣阶段，供给弹性较小的商品或资产（如能源、房产和股票等）则容易出现价格持续上涨，这一方面是因为经济快速增长增加了对这些产品的需求，另一方面其价格上涨也与供给有限、容易导致投机炒作密切相关。这样，在经济上升周期中，就会出现由房地产、股票或资源能源价格上涨引发的结构性通货膨胀。就此问题，张晓慧、纪志宏和李斌（2010）曾对通胀机理变化和结构性通胀问题进行过更细致的研究。

在本书的这一部分，我们则试图进一步研究结构性通胀问题，也就是从 CPI 和 PPI 相对变化的视角进行分析（伍戈、曹红钢，2014）[①]。在近几年的经济现实中，我们往往会看到 CPI 和 PPI 的走势出现背离，CPI 相对较高，而 PPI 则相对较低。根据测算，在国际金融危机前的 2000～2009 年，我国 GDP 年均增速为 11.3%，CPI 年均为 3.2%；但在 2010～2013 年，GDP 年均增长 8.8%，但 CPI 年均却达到 3.5%。这意味着经济增速的明显下行并没有导致 CPI 涨幅的相应下降，同样的经济增长对应的 CPI 涨幅相对更高，反映产出和消费物价之间关系的菲利普斯曲线发生了变化。这一点我们在前文中有过相关研究。但与此同时，PPI 则自 2012 年 5 月后即进入负值区间，至今已有两年多时间。CPI 与 PPI 的背离也是结构性通胀的一种表现。需要我们在理论上做出解释和研究。

在这方面，不少研究将非贸易和贸易部门的相对价格变化视做结构性通胀的典型研究对象，其背后反映的是 B－S 效应的作用（Ito，Isard 和 Symansky，1997）[②]。在实证处理过程中，非贸易品和贸易品的相对价格往往与 CPI/PPI 比例有着近似替代关系，因为 CPI 指数中包含了大量的非贸易品（如服务业），而 PPI 指数主要包含了大量的可贸易品，CPI/PPI 比例也是非贸易品相对价格的增函数。因此，为了使问题简化，不少研究者将 CPI/PPI（或 CPI/WPI）作为非贸易品与贸易品相对价格的简单近似替代，例如，Alberola 和 Cervero 等

　　① 伍戈、曹红钢：《中国的结构性通货膨胀研究：基于 CPI 与 PPI 的相对变化》，载《金融研究》，2014（6）。

　　② Takatoshi Ito，Peter Isard，Steven Symansky. Economic Growth and Exchange Rate：An Overview of the Balassa－Samuelson Hypothesis in Asia. NBER Working Paper，No. 5979，1997.

(1999) [1], Jen 和 Yilmaz (2013)[2] 等。当然，也有一些研究侧重分析 PPI 与 CPI 相互间的因果和传导关系。Clark (1995) 认为，原材料价格的变化会传导至中间产品和最终产品，最后影响消费者价格 CPI。Rogers (1998) 也对 PPI 对 CPI 的传导链条进行了系统归纳。尽管如此，Akcay (2011)[3] 运用 1995 ~ 2007 年的数据对部分欧洲国家的 PPI 和 CPI 进行的研究表明，两者之间并无直接因果联系。也有研究从 CPI 与 PPI 的不同组合来分析宏观经济的周期性与结构性问题。Jen 和 Yilmaz (2013) 认为，如果不考虑 B－S 效应，CPI 和 PPI 理论上应该呈正相关关系，即在散点图上具体表现为 CPI 与 PPI 的组合基本沿着斜率为 45 度的直线分布。若考虑 B－S 效应的作用，在散点图上 CPI 将高于 PPI，集中在 45 度线左侧分布（见图 12.1）。Jen 和 Yilmaz (2013) 还考察了位于散点图第二象限内（左上方）的中国 CPI 和 PPI 组合，认为这是中国制造业过度投资以及产能过剩的表现。从国际（地区）的实际比较来看，各国（地区）CPI 和 PPI 基本呈正相关分布。我们考察了日本、韩国、泰国、菲律宾、中国台湾等在 B－S 效应明显的时期，CPI 和 PPI 的散点确实较多分布在 45 度线左侧，即以 CPI 为近似代表的非贸易品价格高于以 PPI 为近似代表的贸易品价格增速，这说明结构性通胀在各国（地区）经济发展过程中具有普遍性。下面，我们将构建一个基本的分析框架，来研究基于 CPI 和 PPI 相对变化视角的结构性通胀问题。

---

① Enrique Alberola, Susana G. Cervero, Humberto Lopez, and Angel Ubide. Global Equilibrium Exchange Rates: Euro, Dollar, "ins," "outs," and Other Major Currencies in a Panel Cointegration Framework, 1999.

② Stephen L Jen & Fatih Yilmaz. China's Economic Transformation & Its Trend Growth. SJL Macro Partners, August 9, 2013.

③ Selcuk Akcay. The Causal Relationship between Producer Price Index and Consumer Price Index: Empirical Evidence from Selected European Countries. International Journal of Economics and Finance. Vol. 3, No. 6, November 2011.

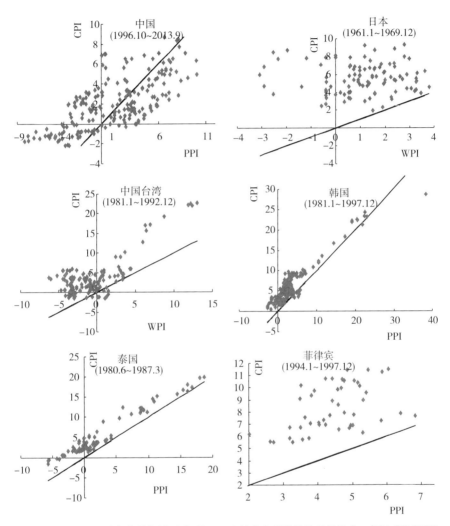

注：1. 图 12.1 选择的是各国（地区）B－S 效应表现明显的时间段内，各国 CPI 和 PPI（或 WPI）月度同比增速组合的散点图。

2. 图中斜线为 45 度线，表示 CPI 和 PPI 的月度同比增速相等。位于该线左上部分表示 CPI 同比增速快于 PPI，右下部分则相反。

资料来源：笔者根据 CEIC 和 IFS 数据整理绘制。

图 12.1　CPI 和 PPI 的组合：国际（地区）比较

二、结构性通胀的一个理论分析框架

总供给—总需求的分析框架是研究宏观经济问题的重要基石，也是分析总体价格水平决定以及通胀问题的一般方法。本章对结构性通胀的研究也立足于此。从总供给面的角度来看，近年来各界对中国经济讨论较多的结构问题是所谓 B – S 效应（Balassa，1964；Samuelson，1964），即贸易和非贸易部门劳动生产率的相对变化对结构性通胀及其实际有效汇率的影响。其具体机理为，贸易部门相对非贸易部门较高的生产率，通过劳动力市场的工资均等机制，导致贸易品相对非贸易品的价格下降。B – S 效应所描述的贸易品和非贸易品的相对价格变化其实就是结构性通胀的典型代表。尽管如此，直到 20 世纪 90 年代初该效应模型都没有经过数学和定量方面的严格验证（Tica 和 Družić，2006）[①]。20 世纪七八十年代的有关研究文章主要都集中于总供给层面，即劳动生产率与相对价格水平之间的关系。如图 12.2 所示，非贸易品与贸易品的相对价格和相对产量是由向下倾斜的相对需求曲线（D）与水平的相对供给曲线（S）决定的，均衡于 O 点。其中，横轴（$\frac{Y_N}{Y_T}$）表示非贸易品相对贸易品的产量，纵轴（$\frac{P_N}{P_T}$）表示非贸易品相对贸易品的价格。在资本等要素完全自由流动等前提下，供给曲线保持水平状态。因此，供给面的冲击会影响均衡的相对价格和贸易品的相对生产水平，但需求面的变化（D 移至 D'）仅会影响相对产量而并不会影响相对价格的变化。

Rogoff（1992）首次运用一般均衡分析框架对 B – S 效应模型进行

---

① Josip Tica, Ivo Družić. The Harrod – Balassa – Samuelson Effect: A Survey of Empirical Evidence, FEB Working Paper Series, No. 06 –07, University of Zagreb, 2006.

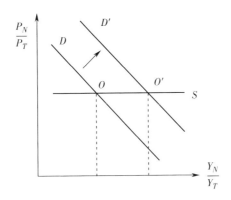

图 12.2　相对价格与产量的均衡：零斜率供给曲线的情形

了诠释①。在假设市场完全竞争、贸易品—价定律成立、国际资金自由
流动以及国内要素自由流动等前提下，他证明了非贸易品的相对价格
是相对劳动生产率变化的函数。此外，他还考察了需求面的因素（如
政府支出、偏好等）对长期相对价格的影响。Gregorio、Giovannini 和
Wolf（1993）② 在 Rogoff（1992）模型的基础上，放松了诸如商品与要
素市场完全竞争、国际资本完全自由流动以及贸易品—价定律成立等
假设条件，目的是将需求面的因素以及贸易条件引进来。这些条件的
放松使得相对供给曲线的斜率不再为零（见图 12.3）。其结果表明，
政府支出增加提升了非贸易品的需求和价格，从而证明需求面因素也
能影响相对价格。此后，大量实证研究开始逐步将需求面的指标以及
贸易条件等纳入有关研究。如图 12.3 所示，即在非零斜率的相对供给
曲线情形下，需求曲线的变化将不仅仅影响均衡的相对产出，也将影
响到相对价格的变化。

———————

　　①　Kenneth Rogoff. Traded Goods Consumption Smoothing and the Random Walk Behavior of the
Real Exchange Rate. NBER Working Paper No. 4119, 1992.

　　②　Jose De Gregorio, Alberto Giovannini, Holger C. Wolf. International Evidence on Tradables and
Nontradables Inflation. NBER Working Paper , No. 4438, 1993.

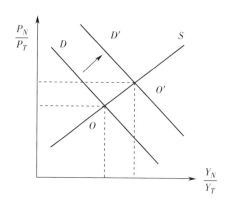

图 12.3　相对价格与产量的均衡：非零斜率供给曲线的情形

　　遵循上述研究的历史脉络及其有关成果[①]，我们梳理了以非贸易品/贸易品价格（或 CPI/PPI）为典型代表的结构性通胀研究的基本分析框架（如图 12.4 所示）。供给面的因素主要包括劳动生产率、大宗商品价格或贸易条件等，需求面的主要因素包括政府支出、人均收入以及货币因素等。除此之外，许多研究者还引入了其他因素，例如，Clague（1988）引入了开放度等来考察价格的变化。具体地，从供给面来看，劳动生产率是结构性通胀研究中最常用的经济变量。Argy（1970）、Rogoff（1992）、Gregorio，Giovannini 和 Wolf（1993）、Jen 和 Yilmaz（2013）都将其纳入结构型通胀的研究之中。该变量能反映各部门生产效率的变化，从而对各部门产品的价格产生直接的影响。此外，大宗商品价格或贸易条件等供给冲击也会对相对价格变化产生影响，例如，Edison 和 Klovland（1987）放松了贸易品一价定律的假设，增加贸易条件作为自变量来解释 B－S 效应及其相对价格变动；Rogoff

---

　　① 在以非贸易品/贸易品价格（或 CPI/PPI）为典型代表的结构性通胀研究中，Rogoff（1992）考察了劳动生产率、政府支出以及偏好等因素；Yeldan（1993）考虑了收入分配因素对结构性通胀的影响；Gregorio、Giovannini 和 Wolf（1993）考虑了劳动生产率、人均收入、政府支出以及总体通胀率等因素；Jen 和 Yilmaz（2013）则将劳动生产率和产能过剩等因素纳入其中。

（1992）将原油价格纳入解释变量来考察石油进口商价格接受者的行为及其价格影响。

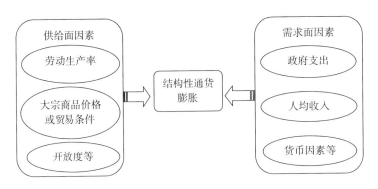

资料来源：笔者根据 Rogoff（1992），Gregorio、Giovannini 和 Wolf（1993），Clague（1988）以及 Jen 和 Yilmaz（2013）等研究思路整理绘制。

图 12.4　结构性通胀的简明分析框架

从需求面来看，政府支出对各部门的需求往往有两方面的作用（Gregorio、Giovannini 和 Wolf，1993）：一方面，政府支出的增加直接引致一系列非贸易品的生产，范围涵盖从医疗保健到公共安全等领域；另一方面，政府支出融资的增加减少了私人可支配收入，从而减少了其非贸易品的需求。但总体而言，私人部门对非贸易品消费的下降比不上政府支出增加对非贸易品需求增加，因此政府支出的净影响是造成非贸易部门生产和消费的相对增加。另外，人均收入的变化也反映了总需求面的变化，同时也能引起总需求以及产出结构的变动（Gregorio、Giovannini 和 Wolf，1993）。具体地，由于贸易品和非贸易品的收入需求弹性往往存在差异，收入的增加将造成非贸易品消费份额的变化，从而影响非贸易品/贸易品价格（或 CPI/PPI）的变化。此外，货币因素对通胀的内部结构也会产生影响，例如，Gregorio、Giovannini 和 Krueger（1993）研究了在货币信贷扩张引发的通胀过程中，由于贸易品一价定律的存在，工资上涨的压力主要体现在非贸易部门，导致非贸易品相对价格的上升和贸易品产出的相对减少。

三、结构性通胀的实证考察：中国案例

下面我们将在上述分析的基础上分别从供给和需求面对中国的结构性通胀进行实证分析，对比其与同时兼顾需求和供给因素的模型对结构性通胀解释力之间的差异，最终获取影响中国结构性通胀的主要因素。结合中国当前转型经济的特征，我们尤其注重分析贸易与非贸易部门劳动生产率等结构性因素的变化对结构性通货膨胀的影响。

（一）供给面因素对结构性通胀的影响

理论上，衡量结构性通胀的典型指标可以有很多。结合历史文献的一般做法（如 Alberola 和 Cervero 等，1999；Jen 和 Yilmaz，2013），并考察中国数据的可得性问题，本文采用 CPI/PPI 比例的形式来近似衡量以非贸易品与贸易品价格为代表的结构性通胀，即以 CPI/ PPI 的变化作为被解释变量[①]。具体地，为消除基期不同带来的影响，我们设定 2003 年 1 月的 CPI 和 PPI 各为 100，根据此后各月的环比增速计算 CPI 和 PPI 的定基比。

如图 12.4 所示，供给面因素可分为内部结构冲击和外部因素冲击。以劳动生产率变化为特征的内部结构冲击即主要体现为 B－S 效应的影响，即贸易部门生产率的提高将提升非贸易部门的价格水平，从

----

① 从我国 PPI 和 CPI 的组成结构看，构成 PPI 的基本为各类工业产品的出厂价格，因此，PPI 能较好地代表贸易品的价格水平；构成 CPI 的主要有消费品和服务的价格，其中服务被认为是典型的非贸易品。严格意义上讲，用 CPI 中服务类等分项价格指数来衡量非贸易品价格可能更为精确，但由于我国的服务类分项价格指数时间序列较短，不利于实证计量分析，因此本文参照国际上的一些做法（如 Alberola 和 Cervero 等，1999；Jen 和 Yilmaz，2013），采用 CPI 近似替代非贸易品价格。随着我国服务类分项价格指数等数据的进一步积累，未来可做进一步细致深入的研究。

而推高总体价格水平。我们用人均产值比来刻画贸易和非贸易部门的生产率。为了简化，将 GDP 生产法核算中的第一、二产业近似划为贸易部门，第三产业近似作为非贸易部门，并分别依据各产业的就业人数来计算各产业的人均产值。当然，如果有更多更细的劳动力市场以及产业数据，未来可以做更细致的研究工作。

　　外部因素冲击一般体现为大宗商品价格的波动等。事实上，国际石油价格、大宗商品价格和贸易条件等指标都能有效衡量外部冲击程度。具体地，我们尝试分别采用 OPEC 一揽子原油价格同比指数、CRB 现货同比指数和中国出口价格指数/进口价格指数，且分别代入回归方程中进行试探。我们运用 2003 年第二季度至 2013 年第二季度的近十年的季度数据进行回归，对比选取了不同供给面的指标组合对 CPI/PPI 的回归结果（见表 12.1）[①]。

表 12.1　　　　　　　结构性通胀的供给面解释因素

方程 自变量	方程 1	方程 2	方程 3	方程 4
PROD			3. 355 *** (0. 84)	
PROD（-2）	2. 128 ** (0. 848)			
PROD（-3）	3. 449 *** (0. 69)	2. 903 *** (0. 826)	2. 836 *** (0. 827)	2. 862 *** (0. 755)
PROD（-4）	4. 44 *** (0. 844)	3. 347 *** (0. 827)		3. 452 *** (0. 756)
OIL				- 2. 442 *** (0. 552)
CRB		- 0. 038 *** (0. 012)	- 0. 038 *** (0. 012)	

---

　　①　表 12.1 仅选取了代表性最强的 4 个方程。当然还有其他形式，但受制于计量结果不甚理想，此处不再一一列举。

续表

方程 自变量	方程 1	方程 2	方程 3	方程 4
TT	0.218 *** (0.035)			
TT（-1）	-0.113 *** (0.032)			
TT（-4）	0.057 ** (0.026)			
C	-15.843 *** (4.361)	4.26 *** (1.317)	4.209 *** (1.323)	3.008 *** (0.68)
R^2	0.715	0.478	0.474	0.564
DW 统计量	1.729	1.641	1.638	1.862

注：1. 被解释变量为 CPI（定基比）／PPI（定基比）×100 的一阶差分。

2. PROD、OIL、CRB、TT 分别表示贸易部门相对非贸易部门人均产值比的一阶差分、OPEC 一揽子原油价格同比指数、CRB 现货同比指数和中国出口价格指数/进口价格指数。

3. 括号内数值为相应回归系数的标准差；*** 、** 和 * 分别表示在 99%、95% 和 90% 的置信度下拒绝系数显著为零的 t 检验零假设。

从表 12.1 的各回归方程来看，贸易相对非贸易部门人均产值比及其滞后项在统计上十分显著，相应的回归系数也较大，其对被解释变量的解释力很强，这说明 B - S 效应在中国表现得很明显。外部冲击变量（原油价格、大宗商品价格等）与结构性通胀大致呈负相关关系，说明大宗商品价格等变动对 PPI 的短期冲击可能更大，从而在一定程度上削弱了 B - S 效应对结构性通胀的影响。值得一提的是，表 12.1 的各回归方程（尤其是方程 2、3、4）拟合度较低，说明在仅考虑供给面因素的回归过程中可能遗漏了重要的解释变量。因此，方程有待进一步优化。

（二）需求面因素对结构性通胀的影响

如图 12.4 所示，需求面因素可分为实体和货币两大类。其中，实

体因素包括政府支出（可用政府支出占 GDP 的比值表示）和居民人均
收入（可用城镇居民人均收入同比指数表示）等，货币因素可分别用
各层次货币供应量（主要为 M1 和 M2）以及贷款（主要为贷款余额同
比增速和新增贷款）等指标表示。我们用 2003 年第二季度至 2013 年
第二季度近十年的季度数据进行回归，并对比需求面的不同指标组合
对 CPI/PPI 的回归结果（见表 12.2）①。

表 12. 2　　　　　　　　　结构性通胀的需求面解释因素

自变量＼方程	方程 1	方程 2	方程 3
GE（-1）	0. 306 ** (0. 132)	0. 383 *** (0. 126)	0. 354 *** (0. 126)
GE（-2）	0. 513 *** (0. 135)	0. 588 *** (0. 129)	0. 569 *** (0. 129)
GE（-3）	0. 398 *** (0. 134)	0. 461 *** (0. 127)	0. 444 *** (0. 127)
GE（-4）	0. 268 ** (0. 13)	0. 33 ** (0. 124)	0. 306 ** (0. 123)
INCOME（-2）	20. 737 *** (5. 941)	15. 454 *** (5. 59)	18. 633 *** (5. 46)
M1（-1）	- 0. 104 *** (0. 025)		
M2		0. 278 *** (0. 071)	
M2（-1）		- 0. 393 *** (0. 076)	
LOAN			0. 268 *** (0. 052)

①　表 12. 2 仅选取了代表性最强的 3 个方程。当然还有其他形式，但受制于某些计量结果不
甚理想，此处不再一一列举。

续表

自变量 ＼ 方程	方程 1	方程 2	方程 3
LOAN（－1）			－ 0. 279 *** （0. 053）
C	1. 527 *** （0. 41）	1. 914 *** （0. 716）	
R^2	0. 672	0. 730	0. 725
DW 统计量	1. 351	1. 725	1. 616

注：1. 被解释变量为 CPI（定基比）／ PPI（定基比）×100 的一阶差分。

2. GE、INCOME、M1、M2、LOAN 分别表示政府支出占同期 GDP 比值的一阶差分、城镇居民人均收入同比指数的一阶差分、M1 同比增速、M2 同比增速和贷款余额同比增速。

3. 括号内数值为相应回归系数的标准差；*** 、** 和 * 分别表示在 99% 、95% 和 90% 的置信度下拒绝系数显著为零的 t 检验零假设。

从表 12.2 的各回归结果来看，政府支出、居民收入和各层次货币因素对结构性通胀均具有较强解释力。具体而言，政府支出和居民收入与结构性通胀呈现正相关关系，表明随着政府支出的扩张和居民收入的增长，CPI 增速与 PPI 增速的差距在不断拉大；反之则缩小。货币因素对结构性通胀影响的方向不确定，基本呈现当期正相关，滞后期负相关的特征，并且两期的作用力度大体相当，即货币供应增加将助推当期结构性通胀，但经充分传导后，将在 1 个季度后缓解结构性通胀，正负作用力度相对均衡可能体现了一定的"货币中性"特征。值得一提的是，表 12.2 的各回归方程中 DW 统计值偏小，说明上述回归模型具有一定的自相关性。此外，回归的拟合优度也有进一步提升空间，模型仍可能遗漏其他重要的解释变量。

（三）供给—需求面的综合因素对结构性通胀的影响

以表 12.2 回归结果表明，单纯从供给或需求面来分析结构性通胀可能都难以全面描述其变化根源。下面我们尝试结合供给和需求两方面的因素，对中国的结构性通胀作更加系统、全面的实证分析。

表 12.3　　　　　　结构性通胀的供给—需求面综合解释因素

自变量 ＼ 方程	方程 1	方程 2	方程 3	方程 4	方程 5
PROD（－2）		4.062 *** (1.07)			
PROD（－3）		4.062 *** (0.823)		1.771 *** (0.612)	1.665 *** (0.607)
PROD（－4）	1.891 ** (0.732)	9.969 *** (1.93)	5.88 *** (1.207)		
GE（－2）	0.099 *** (0.027)		0.187 *** (0.038)	0.139 *** (0.023)	0.119 *** (0.022)
GE（－4）			－0.076 *** (0.023)		
INCOME（－2）	16.292 *** (5.832)	16.899 *** (5.481)	20.335 *** (4.733)	12.595 *** (5.455)	14.506 *** (5.407)
INCOME（－3）			－8.847 ** (4.826)		
M1	－0.088 *** (0.024)				
NL		1.776 *** (0.555)	2.41 *** (0.622)		
NL（－1）		－1.483 ** (0.565)	－1.564 ** (0.599)		
NL（－2）				0.76 *** (0.229)	
TT				0.116 *** (0.023)	0.165 *** (0.027)
TT（－2）				－0.093 *** (0.024)	－0.162 *** (0.036)
TT（－3）					0.126 *** (0.037)

续表

自变量 ＼ 方程	方程 1	方程 2	方程 3	方程 4	方程 5
OIL	-2.947^{***} (0.607)	-1.824^{***} (0.415)			
OIL（-4）	-1.372^{**} (0.621)				
CRB			-0.03^{***} (0.01)		
CRB（-2）			0.024^{**} (0.009)		
C	6.662^{***} (1.503)		-6.092^{**} (2.645)	-8.277^{**} (3.073)	-12.676^{***} (3.664)
R^2	0.695	0.741	0.812	0.734	0.739
DW 统计量	2.029	1.642	1.610	1.445	1.496

注：1. 被解释变量为 CPI（定基比）／ PPI（定基比）×100。

2. 各自变量的含义同表 12.1、表 12.2。此外，NL 表示年内累计新增贷款的对数值。

3. 括号内数值为相应回归系数的标准差；***、** 和 * 分别表示在 99%、95% 和 90% 的置信度下拒绝系数显著为零的 t 检验零假设。

表 12.3 的回归结果表明，第一，从回归方程的统计特征看，相比单纯的供给分析或需求分析，方程的拟合优度有较大改进，说明"供给＋需求"更加全面地涵盖了影响结构性通胀的基本要素。也就是说，影响中国结构性通胀的因素既应包括供给面的结构性和冲击性因素，也应包括需求面的周期性等因素。

第二，B-S 效应在中国表现得非常明显。表 12.3 的 5 个方程均包括贸易和非贸易部门人均产量比为代表的劳动生产率因素，且系数相对较大。这说明 2003 年以来，中国贸易部门劳动生产率的相对快速提升在提高该部门收入水平的同时，也推高了非贸易部门的收入水平。由于非贸易部门劳动生产率相对较低，因此最终结果体现为非贸易部门价格水平相对高企，从而加剧了中国的结构性通胀。从这个角度来看，近年来中国服务业领域有关价格快速上升的事实也充分反映出了 B－S 效应的影响。

第三，政府支出和居民收入的增加助推了中国的结构性通胀，尤其是居民收入的增长对 CPI 增速的影响更大，从而推高了 CPI/PPI 指标。在表 12.3 的各个方程中，政府支出和居民收入与被解释变量基本呈正向关系，尤其是居民收入在各个方程中的系数普遍高于 12，即表明居民收入增速的变动率每提高 1 个百分点，能拉动 CPI/PPI 增速的变动率提高 0.12 个百分点以上。这些结论与 Gregorio、Giovannini 和 Wolf（1993）的研究结果有些类似。

第四，以原油和大宗商品价格等为代表的外部冲击也显著影响结构性通胀的变化。如表 12.3 的方程 1 至方程 3 所示，外部冲击因素与被解释变量呈负向关系，说明原油和大宗商品价格变动首先直接影响 PPI，从而缓解通胀的结构性差异。以贸易条件来衡量外部冲击的回归表明（见表 12.3 的方程 4、5），其与被解释变量的关系呈现当期正相关，滞后 2 个季度后负相关的关系，这可能是由于当期贸易条件改善有利于提高出口部门的当期收入水平，推升国内 CPI 的水平及 CPI/PPI 的比例，此后随着价格进一步传导到上游产业后，PPI 的相对较快上涨将压低 CPI/PPI 比例。

第五，货币因素对结构性通胀是有显著影响的，但方向上呈现出不确定的特征。从表 12.3 来看，方程 1 显示货币因素与被解释变量呈负相关关系，而方程 4 则正好相反。方程 2 和方程 3 显示，货币因素对被解释变量的影响表现为即期正相关，滞后 1 期负相关。这表明与总量性的通货膨胀相比，货币因素对结构性通胀的影响机理及其效果相对更加复杂，且难以形成一致性的解释原因。这也从一个侧面说明，对于像中国这样的发展中国家而言，由于经济结构仍在不断变化中，其结构性通胀的成因更加多元化，通胀的治理不仅需要依靠货币政策，还取决于供给方面等其他政策的配合。

四、小结

结构性通货膨胀是发展中国家经济发展过程中的普遍现象，其表现形式及其根源都较为复杂。在考察历史文献的基础上，结合中国的具体实际，本章主要研究了以 CPI 与 PPI 相对变化为主要表现形式的结构性通货膨胀问题，分析了影响其波动的内在成因。在总供给—总需求的宏观经济基本分析框架下，我们试图分别从供给面和需求面找寻结构性通货膨胀的内在根源。实证研究表明，在供给方面，贸易部门相对非贸易部门劳动生产率的快速提升，加剧了中国通胀的结构性不平衡，这也充分体现了 B－S 效应的影响。在需求方面，诸如政府支出、居民收入和货币因素等也能解释结构性通胀的变化。此外，大宗商品价格冲击等也显著影响着结构性通胀。

上述结论有着十分重要的现实和政策含义。一方面，现阶段在分析中国 CPI 与 PPI 价格变化的过程中，除了应考虑宏观经济周期波动以及短期需求面变化外，还应充分考虑经济结构转型过程中深层次结构因素的影响，注重考察诸如劳动生产率及 B－S 效应等结构面因素的潜在冲击。另一方面，在通胀的治理方面，由于转型经济体的通胀成因具有结构性特征，货币政策在保持基本稳健的同时，其他宏观经济政策（包括供给方面的政策）也应充分发挥作用，加强各类政策之间的协调配合，为宏观经济的转型与发展提供一个稳定的货币金融环境。经济结构是在不断变化的，随着更丰富的产业和劳动力数据可得性的提高，未来有必要对中国结构性通胀作进一步更精细与深入的研究。

第五部分

基本结论和政策建议

　　本书围绕货币"从哪里来"和"到哪里去"这两个大问题进行了一系列研究，从信用货币创造机制入手分析货币供给渠道及其变化，之后引入货币需求，对影响货币需求的几个重要问题进行了研究，并从短期周期变化和中长期趋势两个视角分析了货币供求与产出、通胀之间的动态变化。结构主义是贯穿全书的研究方法。我们发现，被视为总量的货币问题，往往需要运用结构化的视角来分析，而经济结构在很大程度上决定了金融结构和货币运行的状态。对于正确理解货币运行规律和货币政策而言，这些都具有十分重要的意义。

　　具体来看，在全书的不同部分，经济结构及其与货币之间的关系表现出不同的特征。在货币信用创造（即货币供给）部分，我们关注的是内外需结构变化及其对货币创造渠道的影响。当外需在推动经济增长中贡献较大时，外汇占款在相当长的时间里成为货币供给最重要的渠道之一，企业通过外汇流入获得大量资金，通过贷款获得的资金相对减少，这也成为这一时期中国整体债务率（杠杆率）趋降的重要原因。2008年国际金融危机爆发后，外需明显减弱，由信贷快速增长支持的内需扩张成为拉动经济增长的重要动力，此时贷款投放自然成为货币供给的主渠道。货币政策逐步回归常态后，信贷增速放缓，但由于房地产及部分财务软约束部门融资需求存在刚性，大量通过所谓"影子银行"获得融资，此时与影子银行有密切关联的银行同业业务成为货币供给的重要渠道。可见，货币创造渠道变化的背后，是我国经济的深层次结构性变化。在货币需求部分，我们研究了产业结构变化等及其对货币需求的影响。随着就业从制造业部门向服务业转移，全社会生产率可能下降，这会导致作为影响货币需求最重要变量之一的经济潜在产出水平发生变化。在货币供求与产出、通胀的动态变化问题上，我们研究了当经济存在"两部门"结构性问题时货币运行的规律及其与产出、通胀的关系。从经济自我演进机制的角度看，"两部门经济"的出现会导致"结构约束"，并进而形成"需求约束"，从多方面导致供给创造需求能力的下降，从而影响经济增长的可持续性。这种经济结构性特征深刻影响着货币和金融运行。从近几年的情况看，金融资源较多流向地方平台和房地产领域，并通过相互推动逐步强化。地方平台和房地产业对利率往往不够敏感，加之融资量大，容易推升利率水平，导致价格杠杆扭曲，从而对其他经济主体尤其是民营经济形成挤出，也使总量调控面临难题。在解释不同经济体货币总量和M2/GDP 的高低差异时，我们同样采取了结构化的视角，由此发现融资结构以及储蓄、消费结构对 M2/GDP 差异具有很强的解释力。而未来的经济结构变化，从根本上决定了 M2/GDP 的演化路径。我们还研究了结构性通胀与货币之间的关系，发现 B－S 效应中非贸易品部门和贸易品部门并存的结构性特征以及其他总供给—总需求因素是导致 CPI 与 PPI 出现结构性分化的重要原因。这些基于结构性视角的发现，对于理解货币经济规律以及把握好货币政策调控都具有重要的理论和现实意义。具体来看，我们的研究发现：

一是应多从"信用"货币以及资产负债表复式记账的角度来观察和理解货币创造规律。简而言之，就是逻辑上"先有贷款、后有存款"、"先有资产、后有负债"，商业银行是通过一系列资产扩张行为，如发放贷款、购买外汇、购买债券、扩张同业业务等，引起负债和存款增长，在这个过程中银行资产负债表不断扩大，存款不断增加，而这也就是所谓货币创造的过程。不能反向理解为银行吸收存款后将其分别运用于贷款、买债等各个渠道，只是既定存款在不同用途上"切蛋糕"似的分配。随着经济结构变化，不同渠道对货币供给的影响程度也在变化，货币供给变化的背后实际上反映的是经济结构的特征。随着金融创新和发展，商业银行资产方会更加复杂，负债方也会更趋多元，这些都会影响到货币供给的稳定性，加大货币总量度量和调控的难度。

二是从银行资产负债表的角度很容易看到，广义货币记录在负债方，基础货币记录在资产方，商业银行与非银行机构之间的交易，会通过其资产方变化影响负债方变化，影响的是广义货币供给，而商业银行与中央银行之间的交易影响的是基础货币。广义货币增长受制于基础货币，因此中央银行可以通过调节基础货币的量或价来调节货币条件。在金融市场相对简单的情况下，调节基础货币的量就可以起到较好的效果。但在金融创新加快和金融产品日趋复杂的情况下，中央银行准确测算适宜基础货币数量的难度会显著增加，此时逐步转向以基础货币的价作为调节目标就可能成为占优选择。

专栏9 关于数量、价格与宏观审慎政策相结合的调控框架①

近年来，中国采用了数量型调控、价格型调控以及宏观审慎政策相结合的调控模式，这是符合中国国情的现实选择。货币政策较多使用了数量型手段，这与中国处于经济转型期的发展阶段和历史传统的延续有关。加之中国在较长时期内面临着国际收支大额双顺差的格局，对冲偏多流动性是重要任务，我们运用汇率渐进升值和大规模对冲的方式较好地应对了国际收支大额顺差的挑战，在此过程中自然也较多地运用了数量型手段。

宏观审慎政策的强化与反思国际金融危机教训有关。在反思危机教训的过程中，大家普遍认识到货币稳定不等于金融稳定。在20世纪80年代至本次国际金融危机前的较长时间里，全球货币政策的主流是所谓"单一目标（CPI）和单一手段（调节短期利率）"框架，其中最为典型的就是通胀目标制（IT）。这一模式有助于缓解动态不一致性问题，提升政策透明度和规则性，从而有利于稳定市场预期。但也存在一些问题，例如，若通胀指标衡量出现偏差，政策就可能出现系统性的偏离，加之只有调节短期利率的单一手段，因而难

---

① 专栏部分内容根据《中国货币政策执行报告》各期相关内容改写。

以应对前些年普遍出现的 CPI 基本稳定但资产价格和金融市场大幅波动的局面。这就需要丰富和补充新的调控手段和政策工具。英格兰银行前行长莫文·金（Mervyn King）认为，通胀目标制仍有必要保留，但仅用通胀目标制也是不够的，需要同时采取宏观审慎措施来遏制银行的过度扩张。巴西中央银行的有关研究报告也提出，通胀目标制面临来自汇率难以完全自由浮动、信贷市场不完美以及忽视金融稳定等方面的挑战，有必要引入考虑金融稳定的宏观审慎手段来加以完善。就宏观审慎政策与货币政策的关系而言，两者都可以进行逆周期调节，都具有宏观管理的属性。因此国际上也有学者把货币政策纳入广义的宏观审慎政策框架之中。当然也有人认为两者的着力点和侧重点不同。货币政策主要针对整体经济和总量问题，侧重于经济和物价水平的稳定；而宏观审慎管理则直接和集中作用于金融体系本身，侧重于维护金融稳定，在调控上与主流的利率手段不同，更倾向于对"量"的控制。两者恰好可以相互补充和强化。

中国在实施宏观审慎政策方面有一定的基础。中国人民银行既重视利率等价格型指标，也重视货币信贷增长状况，注重通过"窗口指导"等方式加强风险提示，并注意运用信贷政策、差别准备金、调整按揭成数等手段，这些做法实际上都蕴含着宏观审慎管理的理念。汲取国际金融危机教训，中国人民银行从 2009 年年中开始系统研究并试行宏观审慎管理。2011 年引入了差别准备金动态调整制度，将信贷投放与宏观审慎要求的资本水平相联系，同时考虑了各金融机构的系统重要性、稳健状况以及经济景气状况，并制定了透明的规则，有利于引导和激励金融机构自我保持稳健。从调控实践看，动态调整措施与传统货币政策工具相配合，取得了明显的效果，有效提升了金融机构的稳健性和抗风险能力，使宏观审慎政策在中国得以率先实践。

　　近年来，中国稳步推进利率和汇率市场化改革，金融市场和金融创新发展较快，这也推动了货币政策框架向强化价格型调控的方向发展。从国际上看，随着利率市场化逐步推进，多数中央银行建立了能有效引导和调控市场利率的政策操作框架。其核心是通过宣布和调节政策利率和利率走廊，并运用公开市场操作等使市场利率围绕政策利率变化来稳定预期，并向其他品种和期限的利率传导，进而影响全社会投资、消费行为，达到稳定经济和物价的目的。从国际上看，美联储以联邦基金利率作为其政策利率，欧洲中央银行的政策利率为公开市场主要再融资利率，一些新兴市场经济体也以公开市场操作利率作为其政策利率。同时，不少经济体中央银行还建立起了利率走廊机制，使利率在走廊范围内变化。当经济偏热或有通胀风险时，中央银行可以宣布调高政策利率，并在市场上收紧流动性，进而推动整体利率水平上升，抑制需求扩张，稳定经济和物价水平。反之则可做反向的操作。由于流动性"量"的收紧与"价"的上升是同步的，因此可以传导至各类金融产品，进而对经济主体行为产生影响。20世纪80年代以后，主要经济体中央银行也开始强调政策的规则性和透明度，更加注重稳定预期在政策调控中的作用，其核心就是建立起对货币政策的信心和公信力。在有效引导预期的情况下，货币政策可能会达到事半功倍的效果，从而显著改善政策传导，提高政策的有效性。而实施价格型调控的一个优势，也在于其透明度相对更高，有利于稳定市场预期。

　　当然，货币政策以"价"作为主要调节手段和传导机制，就需要有较为完善的金融市场、利率敏感的微观主体和充分弹性的汇率机制。一般而言，基础货币的数量与价格之间存在联动关系，但对于经历了较长时期资本大量流入的新兴市场经济体而言，由于过剩流动性的存在，量与价之间的联动并不明显。随着国际收支日趋平衡，基础货币的量与价之间的联系日益紧密，就有可能越来越接近数量型工具和价格型工具可以切换的阶段。向价格型调控为主转型一般都会经历一个逐步完善和效果强化的过程。与此同时，数量和宏观审慎政策手段仍将发挥重要作用，这可使价和量相互协助，共同实现宏观调控目标。使利率调控与宏观审慎政策有效配合起来，也是主要经济体和国际组织反思国际金融危机教训基础上形成的共识。

三是存贷比并不适宜作为衡量银行体系流动性的合理指标。多发放贷款会等额派生存款，因此并不会减少存贷差，存贷差大也不一定意味着流动性充足和资金闲置。国际收支大额双顺差导致商业银行大量购汇，进而派生大量存款，扩大了存贷比分母，是前些年我国金融机构存贷比整体较低的主要原因。外汇占款减少会成为银行体系存贷比约束增强的重要原因。或者说，存贷比约束增强很大程度上是国际收支格局变化这一宏观现象在商业银行资产负债表上的微观反应，与银行流动性水平之间并无必然联系。进一步看，银行负债方的多元化也会提高存贷比，而这也是银行未来发展和金融创新大的趋势。目前发达经济体银行存贷比普遍高于100%。不合理的存贷比要求还可能使商业银行为完成存款考核扭曲经营行为，甚至通过同业等渠道派生存款来"冲时点"应对考核。因此，应从信用货币创造的视角重新审慎存贷比指标，多使用国际上推荐的 LCR、NSFR 等新指标，完善流动性管理与考核。

四是应客观看待离岸人民币市场的货币创造机制及其影响。整个境内银行体系充当离岸人民币市场的"央行"，境外主体在境内银行体系的人民币存款充当"基础货币"，由此派生出整个离岸人民币市场存款体系；人民币资金流到境外构成离岸人民币市场的初始资金来源，而境外人民币回流境内构成离岸人民币市场的存款漏损；离岸人民币市场的存款派生不影响我国货币供应量，对货币供应量可能产生影响的是人民币流到境外并存放境内或境外人民币回流境内，具体影响取决于相关货币统计口径。因此，不需要过度担心离岸人民币市场的存款创造对我国货币政策的影响。应进一步完善与离岸人民币相关的货币指标统计口径。加强对跨境人民币资金流动和离岸人民币市场的监测。促进人民币境外循环和离岸人民币市场发展。未来可以利用日益丰富的跨境和离岸人民币相关数据，更加精确地估算离岸人民币市场货币乘数并把握其变化趋势，进一步量化离岸人民币市场对我国货币供应量的影响，并考虑利率、汇率等在岸与离岸资金价格及其变化对货币政策的影响，完善用于分析离岸人民币市场对我国货币政策影响的理论模型。

五是要充分关注潜在产出变化可能对货币需求的影响。产业结构的变化会影响潜在产出水平。就业从制造业向服务业转移，将导致总劳动生产率下降进而产出增速下降，但就业依然会保持相对稳定，这都意味着潜在经济增速的下降。在此背景下，应审慎使用扩张性的货币政策等需求管理工具，避免推动成本更快上涨，进一步削弱制造业比较优势。要积极推进产业转型过程中供给面的改革，努力从总供给方寻求解决问题的突破口，促使已经上升的供给曲线适度下移，从而实现更好的宏观经济均衡。应进一步加快户籍及相关配套制度改革，促进农民工市民化；加快垄断性服务业的对内和对外开放，降低企业的经营门槛，扩大服务业的就业吸纳能力；建立有效的就业引导培训体系，降低结构性失业比率，提高劳动力素质。

六是随着资本管制逐步放松，我国货币替代率将随之上升，而投资者避险情绪、汇率及其预期等成为影响我国货币替代进而影响货币总量的重要因素。货币替代程度还受到国民收入、短期利率波动的显著影响，该影响往往会滞后几个月。应关注我国货币替代程度的变化，必要时可酌情考虑将外币存款（主要是美元）等要素纳入广义货币的考察范围，更准确地衡量实际货币需求。随着我国金融改革开放不断推进，利率市场化、汇率形成机制改革以及资本项目可兑换进程都可能使货币替代呈现出更大的波动性。作为货币政策中间目标的数量型指标，其有效性会受到更多挑战。因此，需更多关注价格型指标，完善调控体系，但该过程不可能一蹴而就，在价格型的"货币锚"全面形成之前，"数量锚"尚不宜立即放弃。

七是通胀—产出的关系并不是线性的，菲利普斯曲线的斜率可能随着平均通胀水平的变化而发生变化，具有明显的时变性。这一结论有着重要的政策含义。它很好地解释了此次国际金融危机后由于通胀水平高企引致菲利普斯曲线更加陡峭，从而使得通胀对产出更加敏感这一重要经济现象。货币政策等宏观经济金融政策应与时俱进，注重通胀—产出非线性动态变化与通胀环境之间的关联性。在物价高企特别是通胀较为严重的阶段，应高度关注由于厂商调价行为可能引致物价螺旋式加速上升的风险；在物价低迷特别是通缩时期，则应考虑到物价对产出的潜在负面影响。适度发挥好宏观政策"逆周期"调控的功能，提高政策调控的前瞻性和有效性。

八是经济的结构性因素对中国的宏观和货币运行产生了重要影响。在经济中竞争和垄断"两部门"并存的结构化背景下，货币供给会由于多方面原因而被传统货币需求函数低估，首先是储蓄快速增长，其次是传统部门产出萎缩导致的经济增速下降，最后是 CPI 计算方法引起的价格水平衡量偏差与低估，此外还有资本市场等虚拟经济部门对货币的吸纳。应当说，"中国之谜"和超额货币供给是中国经济增长与宏观运行内在机制变化在货币方面的反映。从经济自我演进机制的角度看，"两部门经济"的出现会导致"结构约束"，并进而形成"需求约束"，从多方面导致供给创造需求能力的下降。如果将"可持续增长"定义为经济体供给与需求自我繁殖、自我演进机制能够运行顺畅，那么"两部门陷阱"的存在显然会在一定程度上影响经济增长的可持续性。"两部门陷阱"始终是近些年来我国经济增长与宏观政策调控所面临的最重要挑战之一。它提醒我们必须关注以下问题:第一,在判断经济形势与制定经济政策时应当注意经济的"两部门"特点及其影响。例如,处在"两部门陷阱"结构中时,经济过热的表现会与以前的情况不同,投资快速增长的效果并不一定会传导到传统产品部门,引起一般消费品市场的通货膨胀。这时,仅通过 CPI 来判断通胀就缺乏合理性;相反,在传统产品市场有效需求不足情况下,通过大幅度提高具有需求刚性的垄断类产品价格来刺激经济的办法并不可取(例如,大幅度提高教育收费,或过度依靠房地产价格不断上涨来拉动经济),有可能影响经济增长的可持续性。第二,应当进一步关注垄断类产品部门和新产品部门(如房地产)的规范发展。应当通过政策调控,合理确定此类产品价格,抑制价格过快上升;同时应加快公共和垄断部门的改革。第三,在改革推进过程中,应注意投资改革和消费改革相互协调,共同推进。应当加快投融资体制改革,适当抑制社会供给能力的过快增长。第四,重视经济增长的协调性和可持续性。改革分配体制,缩小收入差距,进一步推动"三农"问题的解决,提高农民收入,扩大农村市场需求。应当特别关注房地产以及资本市场可能出现的泡沫经济。

九是在经济中存在大量财务软约束和对利率不够敏感的部门时,结构性问题会使货币运行路径发生变化。由于有政府信用和充足抵押品的支持,加之融资需求大,金融资源自然容易流向软约束部门和房地产领域,并通过相互推动逐步强化。软约束部门和房地产业对利率往往不够敏感,加之融资量大,容易推升利率水平,导致价格杠杆扭曲,从而对其他经济主体尤其是民营经济形成挤出。传统凯恩斯理论实际上假定经济环境是匀质的,微观主体是同质和充分竞争的,对宏观政策冲击的反应是一致的,但实际上我们面对的是结构性矛盾突出的环境,前者用单部门模型就可以分析,比较容易在一个总量到总量的逻辑中理解货币问题，而后者则需要运用多部门模型来观察。在多部门的结构化环境下，货币进入经济后的运行规律会发生变化，表现出更加复杂的结构化特征，此时宏观总量政策的边际效果会下降，总量政策往往难以应对结构性问题。在一个软约束和结构性矛盾较为突出的经济环境下，占优策略首先应是允许软约束和影子银行部门出现一定调整，释放一定风险，使之行为趋于理性，之后货币政策再及时适度微调，否则简单实施货币"放水"反而可能进一步固化经济的结构性扭曲，积累更多矛盾和风险。当然，需要把握和权衡好两者之间相互衔接的时点，在经济调整过程中也要防范出现区域性、系统性金融风险，维护好整体金融稳定。

十是要客观看待货币总量和 M2/GDP 的高低变化。研究表明，一个经济体的货币/GDP 水平，主要取决于其银行融资占比和储蓄率高低，与其融资结构和经济结构高度相关。我们基于货币数量方程推导出了具有 Logistic 曲线性状的 M2/GDP 的动态演进路径。遵循这一路径，我国 M2/GDP 将呈现先加速上升、经过拐点后增速放缓并逐步趋近上限的变化轨迹。之所以会有这样的变化，是因为随着经济结构逐步调整转型，银行融资占比趋于下降，融资渠道更加多元，居民资产组合的选择会更加丰富，随着消费规模上升，储蓄率也会逐步下降，从而都会使货币增长速度趋于放缓，甚至有可能使 M2/GDP 值逐步降低下来。在关注货币问题时，应注意观察其背后的经济结构性特征及其变化。要加快经济结构调整和改革步伐，扩大消费内需，实现经济平衡增长。货币政策则应为结构调整和转型升级创造适宜和稳定的货币环境。还应看到，随着金融市场和金融创新的快速发展，准确统计货币总量的难度也在加大，货币总量与经济增长和物价之间的关系会变得更加不稳定。这会对数量型调控模式带来挑战。着眼未来，在进一步完善货币总量统计的同时，要进一步强化流动性总闸门的调节作用，增强价格型传导和调控机制，推动金融宏观调控从数量型调控为主逐步向价格型调控为主转变，同时健全宏观审慎政策框架，保持金融体系的持续稳健发展。

十一是考虑到通胀结构化的特点，宏观调控应进一步对更广泛意义上的物价变动给予关注和反应。在当今经济技术格局下，一般消费品价格全面大幅上涨的可能性下降，即使 CPI 出现上涨，可能也主要与资产价格上涨引发的财富效应以及流动性过剩导致的能源、粮食等初级产品价格上行有关。因此，在衡量周期变化上 CPI 会相对滞后，CPI 明显上涨时，往往已处在经济金融泡沫破裂的前夜。同样，现阶段在分析 CPI 与 PPI 价格变化的过程中，除了应考虑宏观经济周期波动以及短期需求变化外，还应考虑经济转型过程中深层次的结构性因素，注重考察诸如劳动生产率及其 B – S 效应的冲击。加强各类政策之间的协调配合，为宏观经济的转型与发展提供稳定的货币金融环境。

参考文献

［1］ Abel, Andrew B. , Ben S. Bernanke, *Macroeconomics*, Addison – Wesley, 2005.

［2］ Adom A. D. , Sharma S. C. , Morshed A. K. M. M. Currency Substitution in Selected African Countries, Discussion Papers of the Department of Economics at Open SIUC, Paper 64, 2007.

［3］ Agenor, Pierre – Richard and Peter J. Montiel. *Development Macroeconomics*, Princeton University Press, 1999.

［4］ Alberro, Jose. The Lucas Hypothesis on the Phillips Curve: Further International Evidence, Journal of Monetary Economics, 7, 1981.

［5］ Aliber, R. The New International Money Game, 6th edition, Chicago: University of Chicago Press, 2002.

［6］ Altman, O. L. , Canadian Markets for U. S. Dollars, International Monetary Fund Staff Paper, 9, 1962.

［7］ Altman, O. L. , Recent Developments in Foreign Markets for Dollars and Other Currencies, International Monetary Fund Staff Papers, 10, 1963.

［8］ Altman, O. L. . Eurodollars: Some Further Comments, International Monetary Fund Staff Paper, 12, 1965.

［9］ Altman, O. L. . Foreign Markets for Dollar, Sterling and Other Currencies, International Monetary Fund Staff Paper, 8, 1961.

［10］ Argy, Victor. Structural Inflation in Developing Countries, *Ox-*

ford Economics Papers, Vol. 22, No. 1, 1970.

[11] Balassa, B.. The Purchasing Power Parity Doctrine: A Reappraisal, *Journal of Political Economy*, 72, 1964.

[12] Balbach, A and Resler, D.. Eurodollars and the US money supply, Federal Reserve Bank of St Louis, Review, June – July, 1980.

[13] Ball, Laurence, and Mazumder, Sandeep. Inflation Dynamics and the Great Recession, Brookings Papers on Economic Activity, 42, 2011.

[14] Ball, Laurence, and Romer, David. The Equilibrium and Optimal Timing of Price Change, NBER Working Paper No. 2412, 1987.

[15] Ball, Laurence, Mankiw, N. Gregory, and Romer, David. The New Keynesian Economics and the Output – inflation Trade – off", Brookings Papers on Economic Activity, Vol. 1988, No. 1.

[16] Bartolini, L., Hilton, S. and Prati, A. Money Market Integration, Federal Reserve Bank of New York Staff Reports, No. 227, 2005.

[17] Baskurt O., Financial Dollarization and Currency Substitution in Turkey, Thesis of the Middle East Tchnical University, 2005.

[18] Baumol, William J.. Macroeconomics of Unbalanced Growth: The Anatomy of Urban Crisis, The American Economic Review, Vol. 57, No. 3, June 1967.

[19] Bell, Geoffrey L.. Credit Creation through Euro – dollars, The Banker, CXV: 494 – 502, August 1965.

[20] Bernstein, E. M.. The Euro – dollar Market and National Credit Policy, Model, Roland & Co., Inc. Quarterly Review and Investment Survey, II Quarter, 1969.

[21] BIS: Reserve requirements on euro – currency deposits, by Sub – Group Studying the Establishment of Reserve Requirements on Euro – curren-

cy Deposits, 20 February, 1980, in BIS Archives, 1.3a (3) j – Working Party on Constraining Growth of International Bank Lending, Vol 2.

[22] Black, Stanley W.. An Econometric Study of Euro – Dollar Borrowing by New York Banks and the Rate of Interest on Euro – Dollars, The Journal of Finance, Vol. 26, No. 1, Mar. , 1971.

[23] Blanchard, Olivier J.. The Wage Price Spiral, NBER Working Paper No. 1771, 1985.

[24] Blanchard, Olivier J.. Price Desynchronization and Price Level Inertia, NBER Working Paper No. 900 , 1982.

[25] Bollard, Alan. Easy Money – Global Liquidity and Its Impact on New Zealand, BIS Review, No. 25, 2007.

[26] Bordo and Jonung. The Long – run Behavior of the Income Velocity in Five Advanced Coutries, 1870 – 1975: An Institutional Approach. *Economic Inquiry*, 19, 1981.

[27] Bordo, M. D. , Choudhri E. U. , Currency Substitution and the Demand for Money: Some Evidence for Canada, Journal of Money, Credit and Banking, Vol. 14, No. 1, 1982.

[28] Branson, W. H.. Asset Markets and Relative Prices in Exchange Rate Determination, Inflation and Employment in Open Economies, Amsterdam: North – Holland, 1979.

[29] Brimmer, Andrew F.. Eurodollar Flows and the Efficiency of U. S. Monetary Policy, The Wall Street Transcript, 1969.

[30] Calvo G. A. , Vegh C. A. , Currency Substitution in Developing Countries: An Introduction, IMF Working Paper, 92/40, 1992.

[31] Carli, G.. Eurodollars: A Paper Pyramid? Banca Nazionale del Lavoro, Quarterly Review, June 1971.

[32] Caruana, Jaime. Global Economic and Financial Challenges: A

Tale of Two Views, www. bis. org.

［33］Chaisrisawatsuk S. , Sharma S. C. , Chowdhury A. . Money Demand Stability under Currency Substitution: Some Recent Evidence, Applied Financial Economics, Vol. 14, No. 1, pp. 19 – 27, 2004.

［34］Chetty V. K. , On Measuring the Nearness of Near – Moneys, The American Economic Review, Vol. 59, No. 3, 1969.

［35］Clendenning, E. W. . Euro – dollars and Credit Creation, International Currency Review, 3, 1971.

［36］Clendenning, E. Wayne. The Euro – dollar Market , Oxford: Oxford University Press, 1970.

［37］Cochrane, Susan Hill. Structural Inflation and the Two – Gap Model of Economic Development, *Oxford Economics Papers*, Vol. 24, No. 3, 1972.

［38］Cooper, R. Eurodollars, Reserve Dollars, and Asymmetries in the International Monetary System, Journal of International Economics, 2 (September 1972).

［39］Cuddington J. T. , Currency Substitution, Capital Mobility, and Money Demand, Journal of International Money and Finance, Vol. 2, 1983.

［40］Defina, Robert H. . International Evidence on a New Keynesian Theory of the Output – inflation Trade – off, Journal of Money, Credit, and Banking, Vol. 23, No. 3, 1991.

［41］Dotsey, Michael, King, Robert G. , and Wolman, Alexander L. , State – Dependent Pricing and the General Equilibrium Dynamics of Money and Output, The Quarterly Journal of Economics, Vol. 114, No. 2, 1999.

［42］Duca, J. , Financial Technology Shocks and the Case of the Missing M2, Journal of Money, Credit and Banking, Vol. 32, 820 – 839, 2000.

［43］Dufey, G. and Giddy, I. . The International Money Market, 1st and 2nd editions（1978, 1994）, Englewood Cliffs, NJ: Prentice Hall.

［44］Edwards S , Khan, M. S. , Interest Rate Determination in Developing Countries: A Conceptual Framework, IMF Staff Paper, September, 1985.

［45］Einzig, P. . The Euro – dollar System, London: Mac – millan Company, 1970.

［46］Elkhafif M. A. T. , Exchange Rate Policy and Currency Substitution: The Case of Africa's Emerging Economies, African Development Bank Economic Research Papers, No. 71, 2002.

［47］Ericco, L. and Musalem, A. . Offshore Banking – An Analysis of Micro – and Macroprudential Issues, IMF Working Paper 99/5, 1999.

［48］Ericsson, Neil R. , and Kamin, Steven B. . Constructive Data Ming: Modeling Argentine Broad Money Demand, Prepared for a conference in honor of David F. Hendry, Oxford University, England, 2007.

［49］Feige E. L. . The Dynamics of Currency Substitution, Asset Substitution and De facto Dollarization and Euroization in Transition Countries, Monetary Policy and Currency Substitution in the Emerging Markets, the 8th Dubrovnik Economic Conference, 2002.

［50］Fratianni, M. and Savona, P. Euro – dollar Creation: Comments on Professor Machlup's Proposition and Developments, Banca Nazionale del Lavoro Quarterly Review, June 1971.

［51］Freedman, C. . A Model of the Eurodollar Market, Journal of Money, Credit and Banking, Vol. 9, No. 2, May 1977.

［52］Freitas, M. L. , Veiga F. J. . Currency Substitution, Portfolio Diversification, and Money Demand, The Canadian Journal of Economics, Vol. 39, No. 3, 2006.

［53］ Friedman, A. , Veretsky A. . Currency Substitution in Russia, Economics Education and Research Consortium Working Paper Series, No. 01/05, 2001.

［54］ Friedman, M. . The Eurodollar Market: Some First Principles, The Morgan Guaranty Survey, October, 1969.

［55］ Friedrich, K. . The Euro – dollar System and International Liquidity, Journal of Money, Credit and Banking, III（Aug. ）, 1970.

［56］ Frydl, E. . The Debate over Regulating the Eurocurrency Markets, Federal Reserve Bank of New York Quarterly Review 4, Winter 1979 – 80.

［57］ Frydl, E. . The Eurodollar Conundrum, Federal Reserve Bank of New York, Quarterly Review, Vol 7, No. 1, Spring, 1982.

［58］ G. Dell' Ariccia, D. Igan, L. Laeven. Credit Booms and Lending Standards: Evidence from the Subprime Mortgage Market, Journal of Money, Credit and Banking, Volume 44, Issue 2 – 3, 2012.

［59］ Gao, H. . Internationalization of the Renminbi and its Implications for Monetary Policy, in Shu, C. and Peng W. （eds. ）, Currency Internationalization: International Experiences and Implications for the Renminbi, Basingstoke: Palgrave Macmillan, 2010.

［60］ Garcia, G. and Pak, S. Some Clues in the Case of the Missing Money, American Economic Review, Vol. 69, No. 2, 1979.

［61］ Gibson, William E. . Eurodollars and U. S. Monetary Policy, Journal of Money, Credit and Banking, Vol. 3, No. 3, 1971.

［62］ Giddy, I. . The Eurocurrency Market, in International Finance Handbook, Volume 1, eds. George, A and I. Giddy, 1983.

［63］ Girardin, E. . Is There a Long Run Demand for Currency in China? Economy Planning, Vol. 29, 1996.

［64］ Girton L. , Roper D. , Theory and Implications of Currency Substitution, Journal of Money, Credit and Banking, Vol. 13, No. 1, 1981.

［65］ Goidsmith, R. . *Financial Structure and Development*, Yale University Press, 1969.

［66］ Goldfeld, S. . The Case of Missing Money, Brookings Papers on Economic Activity, No. 3, 1976.

［67］ Gorton, Gary and Metrick, Andrew. Regulating the Banking System, 2010, http://ssrn. com/abstract = 1676947.

［68］ Greenberg, Ronald D. . The Eurodollar Market: The Case for Disclosure, California Law Review, Vol. 71, No. 5, 1983.

［69］ H. Chenery, S. Robinson, M. Syrquin. Industrialization and Growth: A Comparative Study, Oxford University Press, 1986.

［70］ Hatzius, Jan, Phillips, Alec, Stehn, Jari, and Wu, Shuyan. A Flatter and More Anchored Phillips Curve, Goldman Sachs Economics Research, No. 12/45, 2012.

［71］ Hausman, J. . Sources of Bias and Solutions to Bias in the Consumer Price Index, Journal of Economic Literature, Vol. 17, 2003.

［72］ Hawley, James P. . Protecting Capital from Itself: U. S. Attempts to Regulate the Eurocurrency System, International Organization, Vol. 38, No. 1, Winter, 1984.

［73］ Hayes, Douglas A. . Bank Lending Policies: Domestic and International. Bureau of Business Research, Graduate School of Business Administration, Michigan Business Studies, Vol. 18, No. 4, 1971.

［74］ He, Dong and McCauley, Robert N. . Eurodollar Banking and Currency Internationalization, BIS Quarterly Review, June 2012.

［75］ He, Dong and McCauley, Robert N. . Offshore Markets for the Domestic Currency: Monetary and Financial Stability Issues, Monetary and

Economic Department of BIS, September 2010.

[76] Helene, Rey. The Global Financial Cycle and Monetary Policy Independency, CEPR Discussion Paper, Aug. 2013.

[77] Henderson, D and Waldo, D.. Reserve Requirements on Euro-currency Deposits: Implications for Eurodeposit Multipliers, Control of a Monetary Aggregate, and Avoidance of Redenomination Incentives, Board of Governors of the Federal Reserve System, International Finance Discussion Papers, July 1980.

[78] Hendry, D. F. and Krolzig, Hans – Martin. Automatic Econometric Model Selection Using PcGets 1.0, London: Timberlake Consultants Ltd., 2001.

[79] Hess, Gregory D., and Shin, Kwanho. Some Intranational Evidence on Output Inflation Trade – offs, Macroeconomic Dynamics, 3, 1999.

[80] Hewson J. and E. Sakakibara. A General Equilibrium Approach to the Eurodollar Market, Journal of Money, Credit and Banking, 8 (3), 1976.

[81] Hewson J. and E. Sakakibara. The Euro – dollar Deposit Multiplier: A Portfolio Approach, IMF Staff Papers, 21 (2), 1974.

[82] Hewson, J. and Sakakibara, E.. A General Equilibrium Approach to the Eurodollar Market, Journal of Money, Credit and Banking, Vol. 8, No. 3, Aug., 1976.

[83] Hewson, J. and Sakakibara, E.. A Qualitative Analysis of Euro – Currency Controls, The Journal of Finance, Vol. 30, No. 2, Papers and Proceedings of the Thirty – Third Annual Meeting of the American Finance Association, San Francisco, California, December 28 – 30, 1974 (May, 1975).

[84] Hewson, J.. Liquidity Creation and Distribution in the Eurocur-

rency Markets, Lexington Books, D. C. Heath and Co. , 1975.

［85］ Hodgman, Donald R. . Eurodollars and National Monetary Policies. New York: Irving Trust Company, 1970.

［86］ Imrohoroglu S. , GMM Estimates of Currency Substitution Between the Canadian Dollar and the U. S. Dollar, Journal of Money, Credit and Banking, Vol. 26, 1994.

［87］ Ishii, Shogo. Īnci, Ötker – Robe. and Li, Cui. Measures to Limit the Offshore Use of Currencies, IMF Working Paper 01/43, 2001.

［88］ Jen, Stephen L & Fatih Yilmaz. China's Economic Transformation & Its Trend Growth, SLJ Macro Partners, August 9, 2013.

［89］ Johansen S. , K. Juselius. Maximum Likelihood Estimation and Inference on Cointegration with Applications to the Demand for Money, Oxford Bulletin of Economics and Statistics, No. 2, 1990.

［90］ Johnston, R. B. . The Economics of the Euro – Market: History, Theory and Policy , London: The McMillan Press Ltd. , 1982.

［91］ Julio H. G. Olivera, On Structural Inflation and Latin – American Structuralism. *Oxford Economics Papers*, Vol. 16, No. 3, 1964.

［92］ Kalecki, M. . Essays on Developing Economies, Hassocks, UK: Harvester Press, 1976.

［93］ Kiley, Michael T. . Endogenous Price Stickiness and Business Cycle Persistence, Journal of Money, Credit, and Banking, 32, 28 – 53, 2000.

［94］ Kindleberger, C. . The Euro – dollar and the Internationalization of United States Monetary Policy, Banca Nazionale del Lavoro Quarterly Review, March 1969.

［95］ Klopstock, F. H. , The Eurodollar Market: Some Unresolved Issues, Essays in International Finance, No. 65, Princeton, N. J. : Princeton

University, International Finance Section, 1968.

[96] Klopstock, Fred F. H.. Money Creation in the Euro – dollar Market: A Note on Professor Friedman's Views, Federal Reserve Bank of New York, Monthly Review, 1970.

[97] Klopstock, Fred H.. Euro – dollars in the Liquidity and Reserve Management of United States Banks, Monthly Review, Federal Bank of New York, Jul. 1968.

[98] Kormendi, Roger C., and Meguire, Philip G.. Cross – Regime Evidence of Macroeconomic Rationality, Journal of Political Economy, 92, 1984.

[99] Kreicher, L.. Eurodollar arbitrage, Federal Reserve Bank of New York Quarterly Review, Summer, 1982.

[100] Krugman, Paul R., Obstfeld, M. and Melitz, Marc J.. International Economics: Theory & Policy, Boston, MA: Pearson Education Limited, ninth edition, 2012.

[101] Kvasnicka, J. G.. Euro – dollars: An Important Source of Funds for American Banks, Federal Reserve Bank of Chicago, Business Conditions, June 1969.

[102] Laxton, Douglas, Meredith, Guy, and Rose, David. Asymmetric Effects of Economic Activity on Inflation: Evidence and Policy Implications, International Monetary Fund Staff Papers, Vol. 42, No. 2, 1995.

[103] Lazea V., Cozmanca B. O.. Currency Substitution in Romania, Conference Organized by the Bulgarian National Bank in June 2003.

[104] Lebow, D. and Rudd, J.. Measurement Error in the Consumer Price Index: Where Do We Stand? Journal of Economic Literature, Vol. XLI, 2003.

[105] Lee, Boyden E.. The Euro – dollar Multiplier. Journal of Fi-

nance, Vol. 28, 1973.

[106] Lewis, W. Arthur. Economic Development with Unlimited Supplies of Labor, The Manchester School, volume 22, issue 2, May 1954.

[107] Lichtenstein, Cynthia C.. U. S. Banks and the Eurocurrency Markets: The Regulatory Structure, Banking Law Journal, 66 June – July 1982.

[108] Little, Jane S.. Euro – Dollars: The Money Market Gypsies, New York: Harper & Row, 1975.

[109] Little, Jane S.. Liquidity Creation by Euro – Banks: 1973 – 1978, New England Economic Review, January – February 1979.

[110] Lucas, Robert E.. Some International Evidence on Output – Inflation Trade – offs, American Economic Review, 63, 1973.

[111] Luther, Kusum A. N.. Eurocurrency Markets and Liquidity: The State of the Issue, Social Science Journal, 18, April 1981.

[112] M. Black. Seigniorage, *The New Palgrave: A Dictionary of Economics*, The Macmillan Press, 1987.

[113] Machlup F.. The Eurodollar System and its Control, in International Monetary Problems, Papers and Proceedings of a Conference sponsored by the American Enterprise Institute for Public Policy Research in September 1967 , Washington, 1972.

[114] Machlup, F.. Euro – dollar Creation: A Mystery Story, Banca Nazionale Del Lavoro Quarterly Review, No. 94, 219 – 260, 1970.

[115] Machlup, F.. The Magicians and Their Rabbits, Morgan Guaranty Survey, 1971.

[116] Makin J. H.. Demand and Supply Functions for Stocks of Euro – Dollar Deposits: An Empirical Study, Review of Economics and Statistics, 54, 1972.

［117］ Makin J. H.. Identifying a Reserve Base for the Euro – Dollar System, Journal of Finance, 28 , 1973.

［118］ Masera, Rainer S.. Deposit Creation, Multiplication and the Euro – Dollar Market, in A Debate on the Euro – Dollar Market (paper presented at the Seminar sponsored by the Banca d'Italia on the analytical and policy aspects of Euro – currency banking activity, Rome, January 27, 1972.

［119］ Mayer, H. W.. Multiplier Effects and Credit Creation in the Euro – dollar Market, Banca Nazionale del Lavoro Quarterly Review, September 1971.

［120］ Mayer, H. W.. Some Theoretical Problems Relating to the Euro – dollar Market, International Finance Section, Princeton University, Essays in International Finance, No. 79, 1970.

［121］ McClam, W.. Credit Substitution and the Eurocurrency Market, Banca Nazionale del Lavoro Quarterly Review, 25, December 1972.

［122］ McKenzie, George W.. Economic Interdependence and the Eurocurrency System, British Journal of International Studies, 3, 1977.

［123］ McKenzie, George W.. Regulating the Euro – Markets, Journal of Banking and Finance, 5, 1981.

［124］ McKenzie, George W.. The Economics of the Euro – Currency System, New York: Halsted, 1976.

［125］ Michal B. , Tomasz C. and Joanna N.. Substitution between Domestic and Foreign Currency Loans in Central Europe, ECB Working Paper Series, No. 1187, 2010.

［126］ Miles M. A. , Currency Substitution, Flexible Exchange Rates, and Monetary Independence, The American Economic Review, Vol. 68, No. 3, 1978.

［127］Mishin，F. S.．《货币、银行和金融市场经济学》（第6版），北京：北京大学出版社，2002。

［128］Mizen P.，Pentecost E. J.．Evaluating the Empirical Evidence for Currency Substitution：A Case Study of the Demand for Sterling in Europe，The Economic Journal，Vol. 104，No. 426，1994.

［129］Nichols，D.．Some Principles of Inflation Finance，*Journal of Political Economy*，82，1974.

［130］Niehans J. and J. Hewson，The Eurodollar Market and Monetary Theory，Journal of Money，Credit and Banking，8（1），1976.

［131］Niehans J.．Geldschöpfung und Kreditvermittlung im Eurodollar – markt in Verstehen und Gestalten der Wirtschaft，Essays in Honor of F. A. Lutz on his 70th Birthday on December 29，1971.

［132］Niehans，J.．Innovation in Monetary Policy，Journal of Banking and Finance，6，March 1982.

［133］Okun，Arthur M.．Potential GNP：Its Measurement and Significance. Cowles Foundation Paper，Yale University，No. 190，1962.

［134］Olga L.．Currency Substitution and Foreign Exchange Intervention in Emerging Markets，Dissertation of Center for Economics Research and Graduate Education Charles University Prague，2010.

［135］Ortiz G.．Currency Substitution in Mexico：The Dollarization Problem，Journal of Money，Credit and Banking，Vol. 15，No. 2，1983.

［136］Ossola，R.．Central Bank Interventions and Eurocurrency Markets，Banca Nazionale del Lavoro，Quarterly Review ，March 1973.

［137］P. Agenor and P. Montiel. *Development Macroeconomics*，Princeton University Press，1999.

［138］Panageas，Kedran Garrison. The Decline and Fall of the Securitization Markets，J. P. Morgan Report，2009.

［139］ Qin, D.. Money Demand in China: The Effect of Economic Reform, Journal of Asian Economy, Vol. 5, 1994.

［140］ Rich, G.. A Theoretical and Empirical Analysis of the Eurodollar Market, Journal of Money, Credit and Banking, Vol. 4, No. 3, 1972.

［141］ Ros, J.. Development Theory and the Economics of Growth, The University of Michigan Press, 2000.

［142］ Savona, P.. Controlling the Euromarkets, Banca Nazionale del Lavoro, Quarterly Review , June 1974.

［143］ Scanlon, C. J.. Definitions and Mechanics of Eurodollar Transactions, in The Eurodollar, ed. H. V. Prochnov. Chicago, 1970.

［144］ Schaffner P. P.. Euro – bank Credit Expansion, Euromoney, 1970.

［145］ Severo, Tiago. Emerging Markets: EM Macro Daily—Decomposing Exchange Rate Variations across the LA – 5, Goldman Sachs Research Paper, 2014.

［146］ Sprenkle, C.. The Case of Missing Currency, Journal of Economic Perspectives, Vol. 7, 1993.

［147］ Swoboda, Alexander K. , Credit Creation in the Euromarket: Alternative Theories and Implications for Control, Group of Thirty (New York), 1980.

［148］ Swoboda, Alexander K.. The Euro – dollar Market: An Interpretation, Essays in International Finance, No. 64, 1968, Princeton University, International Finance Section.

［149］ Taylor, John B. , Aggregate Dynamics and Staggered Contracts, Journal of Political Economy, Vol. 88 , 1980.

［150］ Thomas L. R. , Portfolio Theory and Currency Substitution, Journal of Money, Credit and Banking, Vol. 17, No. 3, 1985.

［151］ Tilton, Andrew, Jonathan Sequeira. Shock Therapy: How EM Asia Central Banks Respond to Capital Outflow Pressures, Asia Economics Analyst, Issue No: 14/14 , 2014.

［152］ Tobin, J. . Commercial Banks as Creators of "Money", in Financial Markets and Economic Activity, edited by Donald D. Hester and James Tobin, Mono – graph 21, Cowles Foundation for Research in Economics , Yale University Press, 1967.

［153］ Trestrail, Richard W. . The Eurodollar Obsoletes the Definition of Money, Financial Analysts Journal, Vol. 28, No. 3, 1972.

［154］ Usher, Stephen E. . A Mixed Policy Approach to Euromarket Regulation, Federal Reserve Bank of New York Research Paper, No. 8002, 1980.

［155］ Veirman, Emmanuel De. Which Nonlinearity in the Phillips Curve? The Absence of Accelerating Deflation in Japan, Reserve Bank of New Zealand Discussion Paper Series 2007/14, 2007.

［156］ Wallich, Henry C. . Why the Euromarket Needs Restraint, Columbia Journal of World Business , Fall 1979.

［157］ Weatherstone, D. : Euromarket, Born of Control, Now Capable of Looking after Itself, Money Manager, 19 March 1979.

［158］ Whalen E. L. . A Rationalization of the Precautionary Demand for Cash, Quarterly Journal of Economics, 80, 1966.

［159］ William D. Nordhaus. Alternative Methods for Measuring Productivity Growth including Approaches When Output is Measured with Chain Indexes, Cowles Foundation Discussion Papers, Yale University, No 1282, 2002.

［160］ Xu, Y. . Money Demand in China: A Disaggregate Approach, Journal of Comparative Economics, Vol. 26, 1998.

［161］ Yeager L. . International Monetary Relations：Theory，History and Policy，New York，1966.

［162］ Yi，G. . The Monetization Process in China during the Economic Reform，China Economic Review，Vol. 2，1991.

［163］ Young，A. . Increasing Returns and Economic Progress，The Economic Journal，Vol. 38，1928.

［164］巴曙松、黄少明：《香港离岸人民币市场的发展路径及其影响》，载《中国审计》，2003（12）。

［165］巴曙松：《转轨经济中的货币乘数波动与货币控制》，载《国际金融研究》，1998（1）。

［166］本·伯南克：《系统重要性金融机构、影子银行与金融稳定》，2012年度亚特兰大联邦储备银行金融市场会议上的演讲（李志军、司马亚玺译），载《中国金融》，2012（12）。

［167］蔡昉：《从人口学视角论中国经济减速问题》，载《中国市场》，2013（2）。

［168］陈乐一：《论中国菲利普斯曲线与经济周期阶段》，载《山西财经大学学报》，2006（5）。

［169］程建胜：《货币乘数持续爬升，央行操作更宜谨慎》，载《中国金融》，1997（9）。

［170］杜金富：《货币与金融统计学》（第2版），北京：中国金融出版社，2006。

［171］樊纲：《公有制宏观经济理论大纲》，上海：上海三联书店、上海人民出版社，1994。

［172］樊士德：《结构主义经济学研究动态述评与中国经济结构》，载《社会科学战线》，2009（6）。

［173］范从来、卞志村：《中国货币替代影响因素的实证研究》，载《国际金融研究》，2002（8）。

［174］弗里德曼：《货币数量论研究》（中译本，1969 年），北京：中国社会科学出版社，2001。

［175］格里高利·曼昆：《经济学原理（宏观经济学分册)》（第 5 版），北京：北京大学出版社，2009。

［176］耿强、付文林、刘荃：《全球化、菲利普斯曲线平坦化及其政策含义——中国数据的实证分析》，载《学海》，2011（2）。

［177］郭凯、艾洪德、郑重：《通胀惯性、混合菲利普斯曲线与中国通胀动态特征》，载《国际金融研究》，2013（2）。

［178］国际货币基金组织：《中华人民共和国第四条磋商工作人员报告》（2013 年、2014 年），www.imf.org。

［179］国家发改委课题组：《走向全面、协调、可持续发展的中国社会》，载《管理世界》，2004（1）。

［180］国务院发展研究中心：《中国货币流通速度变化与经济波动》，载《国务院发展研究中心调查研究报告》第 160 号，2003。

［181］韩平、李斌、崔永：《我国 M2/GDP 动态增长路径、货币供应量与政策选择》，载《经济研究》，2005（10）。

［182］何田：《银行存差：去向解析与问题探讨》，载《金融研究》，2004（4）。

［183］胡海鸥、赵慈拉：《“存差”概念应当淡出我国金融理论与实践》，载《上海经济研究》，2002（7）。

［184］胡庆康：《现代货币银行学教程》，上海：复旦大学出版社，1996。

［185］胡晓炼：《汇率与货币政策研究文集》，北京：中国金融出版社，2014。

［186］胡援成：《中国的货币乘数与货币流通速度研究》，载《金融研究》，2000（9）。

［187］黄达：《货币银行学》，北京：中国人民大学出版社，2000。

［188］黄启才：《我国菲利普斯曲线的非线性与体制转移特征分析》，载《金融理论与实践》，2012（8）。

［189］纪尚伯：《中国菲利普斯曲线的动态变化研究》，载《统计与决策》，2012（14）。

［190］江其务：《关于中国金融系统"存差"的金融分析》，载《财贸经济》，2003（4）。

［191］姜波克、李心丹：《货币替代的理论分析》，载《中国社会科学》，1998（3）。

［192］姜波克：《货币替代研究》，上海：复旦大学出版社，1999。

［193］姜梅华：《非对称的"产出—价格"菲利普斯曲线机制研究》，载《求索》，2011（4）。

［194］金荦、李子奈：《中国资本管制有效性分析》，载《世界经济》，2005（8）。

［195］科尔奈：《硬化预算约束是一场战争》，载《中国改革》，1999（9）。

［196］李斌、王小龙：《体制转轨、经济周期与宏观经济运行》，载《中国经济周期研究报告》，北京：社会科学文献出版社，2006。

［197］李斌、伍戈、李文喆：《理解 M2/GDP：一个新的分析框架及其政策含义》，载《经济研究》工作论文（WP579 号），2014。

［198］李斌：《从流动性过剩（不足）到结构性通胀（通缩）》，载《金融研究》，2010（4）。

［199］李斌：《存差、金融控制与铸币税》，载《管理世界》，2006（3）。

［200］李斌：《经济发展、地区分工与地方贸易保护》，载《经济学（季刊）》，2002（1）：3。

［201］李斌：《经济发展、结构变化与"货币消失"——兼对"中国之谜"的再解释》，载《经济研究》，2004（6）。

［202］李斌：《经济增长、B－S效应与通货膨胀容忍度》，载《经济学动态》，2011（1）。

［203］李斌：《投资、消费与中国经济内生增长：古典角度的实证考察》，载《管理世界》，2004（9）。

［204］李斌：《信贷差异、内需扩张与通胀变化的关联度》，载《改革》，2010（10）。

［205］李斌：《央行的利率调控机制与利率市场化》，载《经济社会体制比较》，2014（1）。

［206］李波、伍戈、裴诚：《升值预期与跨境贸易人民币结算——基于结算货币选择视角的实证研究》，载《世界经济》，2013（1）。

［207］李波、伍戈：《如何应对资本流入》，载《中国金融》，2011（11）。

［208］李波、伍戈：《影子银行的信用创造功能及其对货币政策的挑战》，载《金融研究》，2011（12）。

［209］李德、陈颖玫：《我国银行存贷差问题的分析与对策》，载《中国人民银行金融研究报告》，2004（40）。

［210］李富国、任鑫：《中国货币替代模型实证研究》，载《金融研究》，2005（11）。

［211］李强：《关于完善部门服务业统计工作的若干思考》，载《统计研究》，2011（12）。

［212］李涛：《资金流动周刊：下调货币供应量增速预测》，载《中银国际证券研究报告》，2012－06－05。

［213］李文喆、李斌：《同业业务及其对货币创造的影响》，工作论文，2013。

［214］梁怡：《"结构主义"成就了发展经济学》，载《上海证券报》，2007－01－15。

［215］林毅夫：《新结构经济学（增订版）》，北京：北京大学出

版社，2014。

[216] 刘明志：《中国的 M2/GDP（1980—2000）：趋势、水平和影响因素》，载《经济研究》，2001（2）。

[217] 刘绍保：《人民币汇率与货币替代关系的实证研究》，载《国际金融研究》，2008（1）。

[218] 刘树成：《论中国的菲利普斯曲线》，载《管理世界》，1997（6）。

[219] 刘伟等：《改革开放以来中国产业结构的变迁》，载《中国都市经济研究报告》，2010（1）。

[220] 鲁比尼：《影子银行体系正逐步瓦解》，载英国《金融时报》中文版，2008（9）。

[221] 罗纳德·麦金农：《经济市场的次序——向市场经济过渡时期的金融控制》，周庭煜等译，上海：上海三联出版社、上海人民出版社，1993。

[222] 马骏：《人民币离岸市场发展对境内货币和金融的影响》，载《国际融资》，2011（5）。

[223] 马骏、徐剑刚等：《人民币走出国门之路：离岸市场发展与资本项目开放》，北京：中国经济出版社，2012。

[224] 马明：《我国货币乘数的三波规律及预测公式》，载《金融研究》，1996（5）。

[225] 马颖：《论发展经济学的结构主义思路》，载《世界经济》，2002（4）。

[226] 米尔顿·弗里德曼著：《美国货币史：1867—1960》，巴曙松等译，北京：北京大学出版社，2009。

[227] 米什金著，李扬等译：《货币金融学（第四版）》，北京：中国人民大学出版社，1998。

[228] 裴平、张谊浩：《人民币外溢及其经济效应》，载《国际金

融研究》，2005（9）。

［229］彭文生：《渐行渐远的红利——寻找中国新平衡》，北京：社会科学文献出版社，2013。

［230］彭兴韵：《流动性、流动性过剩与货币政策》，载《经济研究》，2007（11）。

［231］秦朵：《居民储蓄——准货币之主源》，载《经济学季刊》，2002（1）：2。

［232］阮健弘等：《对我国货币乘数决定因素的分析》，载《中国货币》，2005（2）。

［233］沈建光：《新一轮新兴市场危机与昨夏有何不同?》，中国金融四十人论坛，http：//www. cf40. org. cn，2014。

［234］宋国青：《货币度量有问题》，载《财经》，2007（13）。

［235］宋国青：《货币流通速度一些问题》，人民银行演讲稿，2012。

［236］孙工声：《关于存差现象的分析报告》，载《中国人民银行参阅件》，2005（17）。

［237］孙国峰：《关于当前"存差"问题的思考》，载《财贸经济》，2002（10）。

［238］孙国峰：《信用货币制度下的货币创造与银行运行》，载《经济研究》，2001（2）。

［239］汤震宇、刘博、林树、李翔：《从美国次贷危机看金融创新过程中信用创造的缺陷》，载《开放导报》，2009（9）。

［240］汪涛：《外汇占款下降无碍货币政策》，载《财经》，2012（2）。

［241］汪涛：《中国经济长期潜在增速将放缓》，载英国《金融时报》，2014 - 05 - 10。

［242］汪涛：《中国与其他新兴经济体有何不同?》，http：//review. cnfol. com，2013。

［243］汪洋：《中国 M2/GDP 比率问题研究综述》，载《管理世界》，2007（1）。

［244］汪洋：《铸币税：基于不同视角的理解》，载《经济学（季刊）》，2005（4）：3。

［245］王金明：《我国通货膨胀决定因素的计量分析》，载《统计研究》，2012（4）。

［246］王庆：《担心通胀？先弄清楚货币供应量》，摩根士丹利研究报告，2009。

［247］王曦：《金融转型中的货币供给与货币乘数：微观基础》，载《中国社会科学评论》，2005（9）。

［248］吴晓灵、伍戈：《"新怀特计划"还是"新凯恩斯计划"——如何构建稳定与有效的国际货币体系》，载《探索与争鸣》，2014（8）。

［249］伍戈（Wu，Ge）．Broad Money Demand and Asset Substitution in China，IMF Working Paper，No. 09/131，2009.

［250］伍戈（Wu，Ge）．Study of Major Effects on China's Inflation 1994－2009：Using GETS Modeling，China Economist，Vol. 7，No. 1，2012.

［251］伍戈、曹红钢：《中国的结构性通货膨胀研究：基于 CPI 与 PPI 的相对变化》，载《金融研究》，2014（6）。

［252］伍戈、顾及：《资本管制、避险情绪与货币替代》，载《财经研究》，2014（12）。

［253］伍戈、李斌：《成本冲击、通胀容忍度与宏观政策》，北京：中国金融出版社，2013。

［254］伍戈、李斌：《宏观审慎管理与货币信用的关联：因由中国情境》，载《改革》，2012（6）。

［255］伍戈、李斌：《货币创造渠道的变化与货币政策的应对》，载《国际金融研究》，2012（10）。

［256］伍戈、李三：《成本冲击、通货膨胀与货币政策》，中国人民银行货币政策二司研究论文，2012 年 7 月。

［257］伍戈、李三：《刘易斯拐点是否必然导致通胀的系统性抬升？》，载《国际经济评论》，2012（4）。

［258］伍戈、刘琨：《破解中国经济困局》，载《国际经济评论》，2013（5）。

［259］伍戈、刘琨：《中国通胀与产出的动态研究：基于时变性的菲利普斯曲线》，载《财贸经济》，2014（11）。

［260］伍戈、裴诚：《境内外人民币汇率价格关系的定量研究》，载《金融研究》，2012（9）。

［261］伍戈、王梅：《调结构条件下的潜在经济增速取向：透视日本与韩国》，载《改革》，2014（3）。

［262］伍戈、杨凝：《离岸人民币市场货币创造机制及其对我国货币供应量的影响》，中国人民银行货币政策二司研究论文，2013 年 12 月。

［263］伍戈、杨凝：《离岸市场发展对本国货币政策的影响：一个综述》，载《金融研究》，2013（10）。

［264］伍戈：《对金融危机后货币政策目标的再思考》，载《宏观经济研究》，2009（8）。

［265］伍戈：《对中国通货膨胀的实证研究——从一般到特殊的建模方法》，载《数量经济技术经济研究》，2011（6）。

［266］伍戈：《公众的通胀预期需正确引导》，载《中国发展观察》，2007（10）。

［267］伍戈：《豪斯克—麦奇不对称效应与经常账户失衡的结构成因》，载《世界经济》，2006（1）。

［268］伍戈：《货币政策与资产价格：经典理论、美联储实践及现实思考》，载《南开经济研究》，2007（4）。

［269］伍戈：《流动性、合理流动性水平与宏观管理的现实情境》，载《改革》，2010（4）。

［270］伍戈：《论通胀预期及其管理》，载《价格理论与实践》，2010（6）。

［271］伍戈：《实际利率与宏观经济：中国的若干典型特征》，载《国际经济评论》，2010（6）。

［272］伍戈：《输入型通胀与货币政策应对：兼议汇率的作用》，载《国际经济评论》，2011（6）。

［273］伍戈：《信贷规模规避与货币政策调控》，载《财经科学》，2010（9）。

［274］伍戈：《中国的货币流动性分析》，载《金融与经济》，2010（12）。

［275］伍戈：《中国的货币需求与资产替代：1994—2008 年》，载《经济研究》，2009（3）。

［276］伍戈：《中国货币供给的结构分析：1999—2009 年》，载《财贸经济》，2010（11）。

［277］伍戈：《转型中国的货币政策：挑战与应对》，载《21 世纪经济报道》，2012 - 12 - 15。

［278］伍志文、鞠方、赵细英：《我国银行存差扩大成因的实证分析》，载《财经研究》，2004（4）。

［279］伍志文：《货币供应量与物价反常规关系：理论综述及一个假说》，载《经济学季刊》，2003（3）：1。

［280］希勒：《非理性繁荣》，北京：中国人民大学出版社，2008。

［281］谢平、张怀清：《融资结构、不良资产与中国 M2/GDP》，载《经济研究》，2007（2）。

［282］许罗丹、梁志成：《软预算约束与社会主义国家的经济转轨——软预算约束理论二十年发展述评》，载《经济科学》，2000（4）。

［283］许宪春：《加快服务业统计改革与发展》，载《统计研究》，2008（4）。

［284］杨海珍：《香港人民币离岸中心建立模式与效应分析》，载《中国科学院研究生院虚拟经济与金融研究中心研究报告》，2003。

［285］杨军：《中国货币替代弹性的实证研究》，载《金融研究》，2002（4）。

［286］杨凝：《货币供应量统计口径演变历程及其影响》，载《中国货币市场》，2012（2）。

［287］叶云燕：《规模持续扩张，驱动中间业务增长——银行理财业务及其影响分析》，载《中国银河证券行业研究报告》，2011（7）。

［288］易纲、吴有昌：《货币银行学》，第1版，上海：上海人民出版社，1999。

［289］易纲、张帆：《宏观经济学》，北京：中国人民大学出版社，2009。

［290］易纲：《中国的货币、银行和金融市场：1984—1993》，上海：上海人民出版社，1996。

［291］易纲：《中国的货币供求与通货膨胀》，载《经济研究》，1995（5）。

［292］殷孟波、贺向明：《存款激励与贷款约束——四万亿存差生成的制度分析》，载《财经科学》，2003（4）。

［293］于宁：《细解央行再贷款》，载《财经》，2005（15）。

［294］余永定：《"一石二鸟"的政策选择》，载《财经》，2007（23）。

［295］余永定：《M2/GDP的动态增长路径》，载《世界经济》，2002（12）。

［296］余永定：《社会融资总量与货币政策的中间目标》，载《国际金融研究》，2011（9）。

［297］张红地：《对于我国金融机构存差问题的认识》，载《中国金融》，2003（13）。

［298］张杰：《国有银行的存差：逻辑与性质》，载《金融研究》，2003（6）。

［299］张杰：《中国的货币化进程、金融控制及改革困境》，载《经济研究》，1997（8）。

［300］张晓慧、纪志宏、李斌：《通货膨胀机理变化及政策应对》，载《世界经济》，2010（3）。

［301］张晓慧：《关于资产价格与货币政策问题的一些思考》，载《金融研究》，2009（7）。

［302］赵同录：《加快服务业统计改革，完善 GDP 核算》，载《统计研究》，2006（9）。

［303］郑联盛：《影子银行体系：发展、内涵与未来》，载《中国社会科学院世界经济与政治研究所国际金融研究中心报告》，2009（5）。

［304］中国人民银行调查统计司：《中国人民银行统计季报（2012年第 2 期）》，北京：中国金融出版社，2012。

［305］中国人民银行国际司：《近年全球经济失衡的原因、潜在影响及调整途径分析》，载《国际金融调研》，2006（15）。

［306］中国人民银行货币政策分析小组：《中国货币政策执行报告（2012 年第二季度）》，北京：中国金融出版社，2012。

［307］中国人民银行通货膨胀监测分析小组：《中国货币与通胀关系分析：综合资产市场和产出缺口因素》，载《金融发展评论》，2010（2）。

［308］周莉萍：《影子银行体系：运行机制与发展》，载《中国社会科学院金融研究所金融论坛》，2010（9）。

［309］周小川：《国际金融危机：观察、分析与应对》，北京：中国金融出版社，2012。

［310］朱国林、范剑勇、严燕：《中国的消费不振与收入分配：理论与数据》，载《经济研究》，2002（8）。

［311］朱民：《世界经济结构的深刻变化和新兴经济的新挑战》，载《国际金融研究》，2011（10）。

［312］左孝顺：《货币流通速度的变化：中国的例证》，载《金融研究》，1999（6）。

索　引

后　　记

　　货币一般都被视为总量问题，但理解这一总量问题却需要结构化的视角。作为最终结果的货币总量变化，往往是经济结构及其变化的外化反映。这不仅体现在货币的供给和需求层面，还反映在货币总量与经济增长以及通货膨胀的动态变化上。尤其是对于转型经济体而言，总量与结构问题更是相互交织、相互影响，这也使得对中国货币问题的分析变得更加复杂和困难。但或许正因为其挑战性，才会激发我们浓厚的研究兴趣。这本小书所呈现的大都是近年来我们在货币政策工作实践中曾经遇到的现实问题和理论困扰。点点滴滴的思考，似可贯穿成涓涓细流，虽浅薄见底，或蜿蜒曲折，但依稀可见其持续前行的方向。

　　21世纪以来，国内外经济金融领域发生了许多重大的结构性变化，这些都构成了货币数量变化的客观条件和现实基础，反过来，货币数量也会作用于经济结构。例如，宏观经济结构的内外持续失衡，使得中国过去传统的以贷款为主的货币信用创造渠道发生了显著变化，外汇占款一度成为货币信用创造的主渠道；但随着我国经常账户与GDP之比逐步下降，货币创造渠道又有新的变化，货币政策逐步回归常态背景下商业银行同业业务扩张等新的货币信用创造渠道快速膨胀。与此同时，跨境资本的频繁流动以及离岸人民币市场的发展对货币信用创造的影响机制也成为各界关注的热点。从货币需求的角度看，近年来，中国潜在经济增速出现趋势性下降、货币替代程度不断加深以及菲利普斯曲线表现出的动态演变等，都已成为目前货币分析和政策研究中不可忽视的重要因素。在经济金融结构变迁大背景下，对均衡货币总量与合意流动性规模等问题进行探讨，构成了货币问题分析和货币政策研究的本质与核心，而对这些问题的讨论都离不开结构主义的分析视角和理论框架。

应当说，上述问题中有许多是传统货币经济学教科书较少涉及的领域，我们尝试立足于中国国情，用规范和简练的经济学语言对此进行阐释并试图做出创新性的探讨。随着国内外经济金融形势发展，很多货币经济问题（即使是老问题）都需要放在新的经济环境和历史条件下重新审视和思考，既不能刻舟求剑，更不能唯本本主义。这既是这些问题的魅力所在，同时也"迫使"我们做研究须与时俱进，持之以恒，不可有丝毫懈怠。当然，限于个人的能力、时间与精力，我们的研究难免存在问题和不足，在很多方面或许只是提出了问题，还未来得及深入剖析，这些都需要未来更精细化地探索。文中的内容也仅代表作者个人的学术观点，与所供职单位无关，文责自负。

这是我们继《成本冲击、通胀容忍度与宏观政策》后合作出版的第二本著作。我们要再次感谢中国金融四十人论坛（CF40）给予的研究资助及提供的良好交流探讨的平台。要特别感谢世界银行前任首席经济学家兼副行长、北京大学国家发展研究院林毅夫教授和中国社会科学院副院长、学部委员李扬教授百忙中为本书作序。感谢中国人民大学黄达先生、孙冶方经济科学基金会李剑阁理事长、清华大学白重恩教授以及香港大学许成钢教授提携后学，给予我们鼓励和帮助。感谢中国人民银行周小川、胡晓炼、易纲、张晓慧、李波、纪志宏、邢毓静、陆磊、金中夏、朱隽、马骏等领导及同事们给予的关怀和指点。感谢吴敬琏研究员（国务院发展研究中心）、张卓元研究员（中国社会科学院）、钱颖一教授（清华大学）、吴晓灵研究员（清华大学）、余永定研究员（中国社会科学院）、魏尚进教授（哥伦比亚大学）、海闻教授（北京大学）、姜波克教授（复旦大学）、周其仁教授（北京大学）、何炼成教授（西北大学）、黄益平教授（北京大学）、袁志刚教授（复旦大学）、贾明德教授（西北大学）以及何东先生（国际货币基金组织）等专家的批评指正。我们还要感谢斯坦福大学麦金农（Ronald I. McKinnon）教授，2013年圣诞前夕小聚时他欣然答应审读本书的初稿，无奈完稿之时大师已去，谨以此书寄托我们对他的哀思。此外，要感谢 CF40 秘书长王海明的大力支持。感谢中国金融出版社张驰主任的悉心编排，使此书得以顺利出版。感谢家人们一直以来的理解和对我们研究工作的支持。

光阴似箭。回首在央行工作的十多年青春岁月，忙碌的货币政策工作和崇尚研究的专业氛围，让我们在感受到时光飞逝的同时，也收获了人生的充实与快乐。不知不觉地，研究思想的时常交流和学术观点的激烈碰撞似已成为我们生活中不可或缺的部分，工作之余完成的这本小书就是在这样的环境中孕育而生的。拭去夏日的辛劳与汗水，远眺窗外，已近京城最美的金秋时节。

李斌　伍戈
2014 年 10 月于北京金融街